내 성격의 문을 열다

12가지

12DNA, Unlock Your True Personality

성격 DNA

진정한

자신을
발견하는
여정

내 성격의 문을 열다

12가지

12DNA, Unlock Your True Personality

성격
DNA

incoaching

12DNA, Unlock Your True Personality

진단 코드 사용 방법

1. 12dna.me에 접속하여 회원가입을 진행하세요.
2. 로그인을 하고, "진단 코드 입력하기"를 누르거나, 위 QR을 스캔하세요.
3. 아래 고유 코드를 입력하세요.
4. 진단을 시작해보세요!

고유 코드

DMLFd-HcuvF-oi5WG-PUa423x

발급기관 인코칭

문의사항은 https://12dna.me/inquiry/ 에 남겨주세요.

우리는 모두 자신만의 고유한 성격 DNA를 가지고 있습니다.
이는 단순히 직업이나 소유물로 정의되지 않으며,
누군가의 부모, 형제, 연인이라는
역할 그 이상의 의미를 지닙니다.

진정한 자신이 된다는 것은 이러한 본질적 가치를 발견하고,
삶에서 말과 행동이 일치하는 여정을 걸어가는 것입니다.

당신의 생각과 말, 그리고 행동이 하나로 어우러질 때
비로소 온전한 자신이 될 수 있습니다.
많은 사람들이 타인의 기대나 사회적 압력에 맞추어
살아가느라 자신의 진정한 모습을 잃어버리곤 합니다.
하지만 자신의 성격 DNA를 이해하고 받아들일 때,
우리는 더 효율적으로 일하고, 더 만족스러운 관계를 맺으며,
더 행복한 삶을 살 수 있습니다.

이 책은 당신의 고유한 성격 DNA를 발견하고
이를 삶의 다양한 영역에서 최적화하는 방법을 안내할 것입니다.

이제 당신만의 특별한 여정을 시작해보시기 바랍니다.

Personality DNA - Discovering Your True Personality:
a non-fiction by Larry M. Cash Ph.D. and Carlos Davidovich, M.D.
Copyright © Larry M. Cash and Carlos Davidovich. 2021
All rights reserved.

All internet addresses given in the book were correct at the time of publication.
The authors regret any inconvenience caused if addresses have changed
or sites have ceased to exist but can accept no responsibility for any such changes.

Korean Translation Copyright © Incoaching, Co. Ltd. 2025
Korean translation edition is published by arrangement
with Larry M. Cash Ph.D. and Carlos Davidovich, M.D. through Pathfinder IP Inc.

이 책의 한국어판 저작권은 Pathfinder IP, Inc.를 통한 저작권자와의 독점계약으로
(주)인코칭에 있습니다. 저작권법에 의해 한국 내에서 보호를 받는 저작물이므로
무단전재와 복제를 금합니다.

12가지 성격 DNA

12DNA, Unlock
Your True Personality

내 성격의 문을 열다

**래리 M. 캐시, Ph.D.,
카를로스 다비도비치, M.D** 지음

— 목차 —

프롤로그: 당신만의 성격 DNA 유형과 만나다	2
추천사	9
저자 서문	10
번역자/편집자의 글	14

PART 01 성격 DNA 유형의 이해 16

나를 발견하는 여행	17
기존 성격 진단의 한계	18
성격 유전자의 정의	23
6가지 성격 요인으로 보는 12가지 DNA	25
소유와 공유	28
계획과 실행	34
성찰과 관계	39
부분과 전체	45
의무와 자율	50
상징과 실용	55
다면적 성격조합	60

PART 02　12가지 성격 DNA 유형의 문을 열다　72

기회형(Opportunist): 세상을 경영하라!　73
이타형(Altruist): 세상을 이롭게 하라!　93
과정형(Process-Driven): 완벽한 질서를 창조하라!　112
결과형(Results-Driven): 목표를 돌파하라!　129
통찰형(Insightful): 깊이 있는 지혜를 발견하라!　148
사교형(Inclusive): 관계의 네트워크를 확장하라!　169
분석형(Analytic): 정확한 진실을 찾아내라!　188
통합형(Holistic): 큰 그림을 그려내라!　206
책임형(Responsible): 사명을 완수하라!　222
개인형(Individualistic): 자유로운 가치를 지켜라!　238
예술형(Imaginative): 아름다움을 창조하라!　256
발명형(Inventive): 아이디어를 실현하라!　274
하이브리드형: 다양성으로 시너지를 만들어라!　291
카멜레온형: 유연한 적응력을 발휘하라!　304
다재다능형: 무한한 잠재력을 실현하라!　316

부록: 12DNA 진단의 과학적 이해　330
참고문헌　341

Thanks to

평생 우리를 믿고 격려해준 가족들과
그 어떤 스승보다 값진 가르침을 준 모든 고객분들께
이 책을 바칩니다.

추천사

30년간 리더십을 발휘하며 수많은 사람들을 만나는 과정에서, 리더십을 자연스럽게 즐기는 사람과 리더의 역할을 힘들어하며 주변에 불편을 주는 사람들의 차이를 발견했습니다. 그 이유를 살펴본 결과, 자기 자신에 대한 이해도가 핵심 요인임을 알게 되었습니다. 자신이 편안하게 즐길 수 있는 일을 선택한 사람들은 자신과 타인에게 여유를 가지며 행복한 삶을 살아갑니다. 반면, 목표를 세우고 열심히 노력하지만 기대에 못 미치는 결과에 실망하며 스스로를 불행하게 만드는 경우도 흔히 볼 수 있었습니다.

많은 사람들은 자신에 대해 알고 있다고 믿거나 알고 싶어 하지만, 이는 대개 주관적인 경우가 많습니다. 그 결과, 내가 생각하는 나와 타인이 보는 나 사이의 차이가 매우 커질 수 있습니다. 이러한 차이는 행복한 삶을 유지하는 데 있어 큰 장애물이 될 수 있습니다. 그렇다면 모두가 원하는 행복한 삶은 어떻게 유지하거나 만들어갈 수 있을까요?

이런 고민을 하던 중에 12DNA를 발견하게 되었습니다.

수백만 개의 데이터를 기반으로 한 12DNA는 개인의 성격 유형을 진단하고, 이를 바탕으로 커리어에서 성공하기 위한 역량, 리더십 스타일, 철학적 가치관, 관계 역학, 의사소통 방식 등을 깊이 있게 다룹니다. 단순한 재미가 아닌 과학적 체계를 갖춘 이 진단은, 자신을 이해하고 그에 맞는 대처 방안을 찾는 데 도움을 줍니다.

12DNA가 우리 사회 구성원들에게 행복을 찾는 길이 될 수 있기를 바랍니다. 자기 이해를 통해 각자의 강점과 약점을 파악하고, 더 나은 선택을 통해 즐거운 삶을 살아가도록 돕는 것이 이 책의 목표입니다. 자기 자신을 아는 것에서 출발하는 행복의 여정에 많은 사람들이 함께할 수 있기를 기대합니다.

홍의숙
인코칭 회장/Ph.D.

저자 서문

당신 안에 숨겨진 특별한 DNA를 찾아서

"모든 아이는 특별하게 태어납니다.
하지만 때로는 그 특별함을 알아보고 믿어주는 눈이 필요합니다."

저는 어린 시절 '말을 거꾸로 하는 아이'였습니다. IQ 46, 3학년을 세 번이나 반복했고, 11살이 되어서도 알파벳조차 제대로 말하지 못했습니다. 다른 아이들과 달리 이상한 행동도 많았죠. 바람이 불어 바지가 다리에 스치는 것도 참을 수 없어서 한여름에도 긴 청바지를 입어야 했고, 당근이나 셀러리 같은 음식을 먹을 때면 그 아삭거리는 소리에 온몸이 떨리곤 했습니다.

선생님들과 의사들은 한결같이 말했습니다. "이 아이는 특수학교로 보내야 합니다. 그곳이 아이를 위한 최선의 선택입니다."
하지만 단 한 사람, 제 어머니만은 달랐습니다. 겨우 고등학교 1학년까지만 다닌 시골 출신의 어머니는 선생님들을 만날 때마다 이렇게 말씀하셨습니다.
"우리 아들은 꼭 박사가 될 거예요. 그렇게 될 수 있도록 도와주세요."
당시 사람들은 어머니를 이해하지 못했습니다. IQ 46인 아이가 어떻게 박사가 될 수 있겠냐고 했죠. 하지만 어머니는 제가 태어났을 때 "이 아이는 어떤 분야일지 모르겠지만 반드시 박사가 될 것"이라는 확신이 있었다고 합니다.

그러던 어느 날, 어머니는 놀라운 발견을 하셨습니다. 제가 말을 거꾸로 하는 것은 희귀한 청각 실어증 때문이었던 것을 발견하신 것입니다. 대부분의 아이들이 글자를 거꾸로 읽는 난독증과 달리, 저는 제대로 들은 말을 거꾸로 말했던 거죠. 예를 들어 "God"이라는 말을 들으면 "doG"라고 말하는 식이었습니다. 글자를 거꾸로 써서 보여주고 거꾸로 발음하게 하면, 제가 정상적으로 말할 수 있다는 것을 발견해 주셔서 그 이후 저는 제대로 말할 수 있게 되었습니다.

이 발견을 계기로 제 인생은 완전히 바뀌었습니다. 말하기가 편해지자 학업 성취도 빠르게 향상되었고, 고등학교를 졸업하기 전에 화학 대학 과정을 마칠 정도로 발전했습니다. 결국 심리학 박사가 되어 토론토 대학 교수까지 역임하게 되었습니다. 나중에 다시 측정한 제 IQ는 156이었습니다. 어린 시절 46이었던 것이 믿기지 않는 변화였습니다.

이 경험을 통해 저는 세 가지 중요한 진실을 깨달았습니다:

첫째, 우리는 남들이 정의한 모습이 아닌, 우리 안의 진정한 가능성을 믿어야 합니다.

둘째, 우리 모두에겐 태어날 때부터 특별한 재능과 목적이 있습니다.

셋째, 우리 모두는 특별한 재능을 타고났으며, 삶의 목적을 이루는 데 필요한 모든 능력을 이미 가지고 있습니다.

저는 심리학자로서 '자기효능감(self-efficacy)'이라는 놀라운 힘을 연구하고 있습니다. 이는 우리가 가진 무한한 가능성을 믿고, 그것을 현실로 만들어내는 내면의 힘입니다. 과거의 상처나 한계가 우리를 정의하지 않습니다. 우리는 언제든 우리 본연의 모습을 '다시 발견'할 수 있습니다.

이 책 '12가지 성격 DNA'는 단순한 성격 유형 검사가 아닙니다. 이는 당신 안에 숨겨진 진정한 가능성을 발견하고, 당신만의 특별한 재능을 깨우는 여정을 만들어 주기 위한 선물입니다.

마치 구름 사이로 비치는 햇살처럼, 당신의 진정한 모습은 언제나 그 자리에 있습니다. 이제 그것을 발견하고, 당신만의 특별한 이야기를 써 내려갈 차례입니다.

이것이 바로 제가 나누고 싶은 희망의 메시지입니다. 우리는 모두 특별한 DNA를 가지고 있으며, 그것을 발견하는 순간 진정한 인생이 시작됩니다.

저의 변화처럼 한국의 독자 분들도 자신만의 특별한 이야기를 써 내려갈 것을 믿고 기대합니다.

래리 캐시
Larry M. Cash, Ph.D.

공동저자 서문

래리 박사와 함께 이 책을 집필하게 된 것은 저에게 큰 행운이었습니다. 수많은 역경을 겪어온 그는 진정한 천재로서, 위대한 인물들이 그렇듯 놀라운 업적들을 이루어냈습니다. 그는 우리가 인간의 성격을 이해하는 방식은 물론, 그 이상의 영역에서도 지대한 영향을 미치며 세상에 의미 있는 발자취를 남기고 있습니다.

저는 래리가 제시한 탁월한 개념들을 신경과학적 관점에서 보완하며 이 여정을 함께 시작했습니다. 이 과정은 저에게 깊은 배움과 성장을 안겨준 즐겁고도 의미 있는 시간이었습니다.

이 책을 읽는 한국의 독자 여러분은 모두가 영웅입니다. 여러분께서 12DNA라는 문을 열고 영웅의 여정을 떠나시며, 자신의 정체성과 현재 겪고 있는 역경의 의미를 발견하시길 바랍니다. 또한 함께하는 이들을 알아보고, 성장에 필요한 요소들을 깨달으며, 자신의 소명을 발견하시길 희망합니다.

한국어판 출간의 기쁨과 더불어, 이 과정을 함께 해주신 분들께 깊은 감사를 전합니다. 인코칭의 김재은 대표님, 김순희 부장님, 오유진 파트장님, 그리고 최진영 전문위원님의 헌신적인 노력이 있었기에 가능했습니다. 특히 홍의숙 회장님, 허영숙 코치님, 그리고 김재은 대표님의 든든한 지원이 이 결실을 맺는 데 큰 힘이 되었습니다.

이 책은 한국의 문화와 상황에 최적화하기 위해 모두가 진심을 다해 협력한 결과물입니다. 수차례의 수정 과정에서 12가지 성격유형의 사람들이 모여 서로를 보완하고 지지하며 한 걸음씩 전진해 온 여정이었습니다. 우리의 귀한 만남과 협업이 한국의 많은 분들께 인생의 목적을 깨닫고 셀프 코칭과 팀 코칭을 통해 성장하는 기회가 되기를 소망합니다. 한국어판 출간을 진심으로 기쁘게 생각하며, 한국의 독자 여러분을 직접 만나뵙게 될 날을 고대합니다.

카를로스 다비도비치
Carlos Davidovich, M.D

"어떤 만남은 우리 인생의 방향을 바꾸어 놓습니다."

래리 캐시 박사를 처음 만났을 때의 느낌을 아직도 생생히 기억합니다. 그의 글로벌 리더십 진단 시스템인 '성공진단(SuccessFinder)'에 깊은 감명을 받고 찾아간 그 만남이, 제 인생에서 가장 잘한 선택 중 하나였습니다.
첫 대면에서 저는 마치 현대의 성인을 만난 것 같은 특별한 느낌을 받았습니다. 그의 세상을 바라보는 통찰력, 인간에 대한 깊은 이해와 애정, 그리고 학문적 깊이는 제가 만난 어떤 석학들과도 비교할 수 없을 만큼 특별했기 때문입니다.

"잠을 자면 뭐하겠어요? 사람들의 삶을 변화시킬 수 있는 책을 쓰고 진단을 만들어야지요."
밤 늦게까지 연구하고 몰입하는 이유를 유쾌하게 말씀하는 그의 모습에서, 저는 진정한 학자의 소명과 즐거움을 보았습니다.
빨리 퇴직하고 싶어하거나, 현재의 일은 그냥 하는 거라는 수 많은 사람들을 보아온 저에게 60년 동안 신나게 몰입할 수 있는 일이 있고, 그것이 다른 사람이 자신을 발견하도록 하는 멋진 일이라는 것이 얼마나 좋아 보였는지 모릅니다. 시간 날 때마다 아내 손을 잡고 도서관과 서점에서 계속 공부하고 이야기를 나누며 사이 좋게 지내는 모습을 보면서 저도 저렇게 살고 싶다는 생각을 하게 되었습니다. 그가 자신의 DNA를 찾았기 때문에 그 분야에서 엄청난 종적을 남겼고 또 현재진행형으로 살아가는 것이라고 생각합니다.

그의 모습을 보면서, 왜 한국의 많은 노년층은 저렇게까지 즐겁게 일하거나 부부가 사이 좋게 지내지 않는지를 생각해 보게 되었습니다. 세계에서 가장 빠른 경제 성장을 이루었지만, 정작 행복을 찾지 못해 방황하는 사람들이 많은 우리 사회. MBTI와 같은 성격 유형 검사에 몰입하는 것도 결국은 '나는 누구인가'라는 근본적인 질문에 대한 해답을 찾으려는 갈망 때문일 것입니다.

12DNA는 단순한 성격 유형 검사가 아니라 우리가 어떤 렌즈로 세상을 바라보는지, 우리가 가진 특별한 재능은 무엇이며, 그것을 어떻게 세상에 '기여'할 수 있는지를 알려주는 나침반이 되어주는 진단입니다.
제가 결과형 섹션을 읽으며 크게 웃을 수 있었던 것도, 그동안 당연하게만 여겼던 제 관점이 사실은 저만의 특별한 렌즈였다는 것을 깨달았기 때문입니다. 이런 자기 이해는 곧 다른 사람을 이해하는 출발점이 되어주었습니다. 제가 저지를 수 있는 실수도 미리 예방할 수 있는 기회도 갖게 되었습니다.

12DNA 진단을 개발한 래리 캐시 박사와 이 책을 공동 집필한 카를로스 박사를 만난 것은 저에게 인생 최고의 스승을 만난 축복입니다. 래리 캐시 박사의 통찰력을 더 명료하고 쉽게 풀어주고 다른 관점에서 바라보며 생각을 확장하게 해 준 칼로스 박사에게 존경을 보냅니다. 놀라운 통찰력과 따뜻한 인간미를 동시에 지닌 그들은, 제 인생의 멘토가 되어주었습니다.

이제 이 특별한 만남이 준 깨달음을 한국의 독자들과 나누고 싶습니다.
이 책이 여러분 각자의 특별한 DNA를 발견하는 여정에 믿음직한 동반자가 되어주길 바랍니다.

김재은
인코칭 대표

PART 01.

성격 DNA 유형의 이해

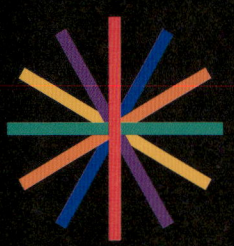

나를 발견하는 여행

✳

이 책은 당신에게 특별한 선물을 드립니다.

첫째, 12dna.me 웹사이트에서 제공하는 "12DNA 성격 진단"을 통해 당신만의 고유한 성격 코드를 발견하게 됩니다.

둘째, 과학적 데이터에 기반한 12가지 성격 유형 분석으로 당신의 진정한 모습을 만나게 됩니다. 이는 단순한 성격 이해를 넘어 인생의 중요한 순간마다 더 현명한 선택을 할 수 있는 나침반이 될 것입니다.

셋째, 12DNA 진단 완료 후 받게 되는 맞춤형 결과 레포트를 통해 당신만의 특별한 성격유형의 문을 열고 나라는 사람의 지도를 그릴 수 있습니다.

개인 개발

리더십 스타일
다른 사람을 이끄는
가장 효과적인 방법을 발견하기.

핵심 역량
커리어 성공을 위한 필수 기술을
식별하고 개발하기.

가치관과 철학
개인적인 신념 체계와
세계관을 확립하기.

독특한 성격 특성
자신의 독특한 특성을
이해하고 수용하기.

관계의 비밀
깊고 의미 있는 관계를
구축하고 유지하기.

이 책에서 발견하게 될 소중한 통찰은 아래와 같습니다.

- 당신만의 독특한 성격 특성
- 커리어 성공을 위한 핵심 역량
- 당신에게 최적화된 리더십 스타일
- 당신만의 고유한 가치관과 철학
- 깊은 관계를 구축할 수 있는 인간관계의 비밀
- 효과적인 의사소통 방법
- 당신과 같은 DNA를 가진 영감을 주는 인물들
- 당신만의 웰빙을 위한 라이프스타일 가이드
- 당신의 DNA를 발휘할 수 있는 직업 제안

수백만 개의 데이터와 혁신적인 연구를 바탕으로, 이 책은 12가지 성격 유형에 대한 가장 정확하고 통찰력 있는 안내서가 될 것입니다. 이 책을 통해 당신은 일의 효율성을 높이고, 리더십을 강화하며, 의사소통 능력을 개선하고, 더 풍요로운 인간관계를 만들어갈 수 있습니다.

우선 기존 성격 진단의 한계를 살펴보고, 왜 12DNA 진단이 특별하고 효과적인지 함께 알아보겠습니다.

기존 성격 진단의 한계

✳

미국의 성격 진단 산업은 연간 20-40억 달러 규모의 시장을 형성하고 있습니다. 하지만 놀랍게도 가장 대중적인 성격 진단들조차 과학적 정확성이 부족하다는 것이 역사적으로 입증되어 왔습니다. 이는 우리의 삶에서 중요한 결정을 내릴 때 중요한 영향을 미칠 수 있습니다.

예를 들어, 가장 오래된 성격 진단 방식인 12궁 별자리는 2천 년이 넘는 역사를 가지고 있습니다. 그러나 점성술의 전성기로 불리는 1975년에 186명의 천문학자, 물리학자를 비롯한 주류 과학자들이 '점성술 반대' 공동 성명문을 발표했습니다.

> "출생 시점의 별과 행성의 배열이 우리의 미래를 결정한다고 생각하는 것은 근본적인 오류입니다."

기존 성격 진단들의 한계를 더 자세히 살펴보겠습니다.

- 애니어그램(Enneagram)은 많은 사람들의 관심을 받았지만, 그 신뢰성에 대해서는 지속적인 의문이 제기되어 왔습니다. 과학적 회의주의자 로버트 토드 캐롤(Robert Todd Carroll) 박사는

  "애니어그램의 9가지 성격 유형은 그 정의가 모호하고 상황에 따라 달라지기 때문에 실질적인 적용이 어렵습니다"라고 지적했습니다.

- MBTI(Myers-Briggs Type Indicator)의 경우는 어떨까요? 저명한 과학 저널리스트 애니 머피 폴(Annie Murphy Paul)의 연구 결과는 충격적입니다.

  "MBTI 테스트 참여자의 75%가 재검사에서 다른 성격 유형으로 분류되었습니다. 이는 MBTI의 16가지 성격 유형이 과학적 근거가 부족하다는 것을 보여줍니다."

- Big 5(성격의 5요인 모델)는 외향성, 친화성, 성실성, 신경성, 경험에 대한 개방성이라는 다섯 가지 특성으로 성격을 설명합니다. 하지만 이 모델은 인간 성격의 복잡한 측면을 충분히 담아내지 못한다는 평가를 받고 있습니다. 심리학계의 권위자이자 베스트셀러 작가인 댄 P. 맥아담스(Dan P. McAdams) 교수는 이렇게 설명합니다.

  "Big 5 모델은 개인의 고유한 특성과 상황에 따라 달라지는 성격의 다양한 측면을 포괄하지 못하는 한계를 보여줍니다."

12DNA 진단의 특별한 차별성

우리의 12DNA 진단이 가진 혁신적인 차별성은 무엇일까요? 12DNA는 전례 없는 연구와 수백만 개의 데이터에 기반한, 12가지 성격 유형에 대한 정확하고 획기적이며 통찰력 있는 내용을 담고 있습니다. 화학자들이 주기율표를 설계할 때 적용한 정밀 과학의 원리를 성격 진단에 도입했습니다. 탄탄한 통계적 방법론을 기반으로, 개인의 고유한 성격을 더 정확하게 파악하고 깊이 있는 통찰을 제공합니다.

인생의 중요한 순간, 최선의 선택을 위하여

우리는 살면서 때로 잘못된 선택으로 인한 아픔을 경험합니다. 인생에서 우리가 진정으로 통제할 수 있는 중요한 선택의 순간은 그리 많지 않습니다.

통제할 수 없는 것들:

- 우리의 탄생
- 부모님의 선택
- 태어난 도시와 국가
- 사랑에 빠지는 순간
- 생명의 마지막 순간

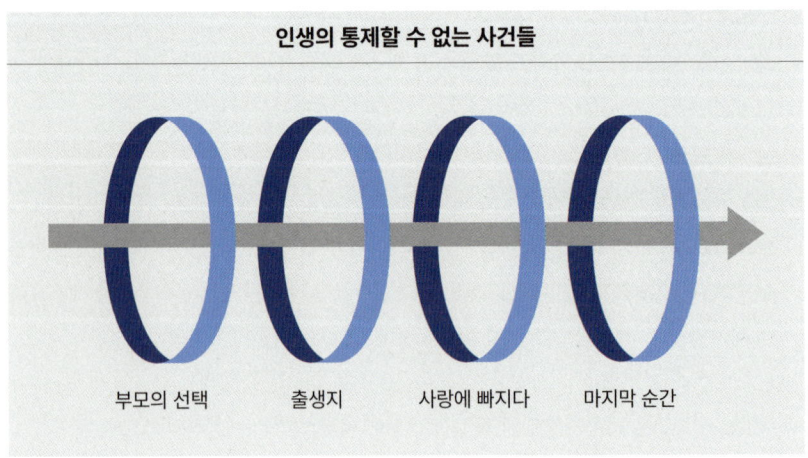

하지만 우리가 결정할 수 있는 두 가지 매우 중요한 선택이 있습니다:

- 평생의 동반자 선택
- 인생의 진로 결정

중요한 인생 결정

진로 　　　 인생의 동반자

이러한 선택들은 우리의 삶을 완전히 다른 방향으로 이끌 수 있습니다. 한 번 선택하면, 그것이 우리의 유일한 길이 됩니다. 이렇게 중요한 인생의 결정을 내릴 때 우리는 '미래가 어떻게 될 수 있었는지'를 상상하는 것에서 '어떻게 될 것인지' 현실로 바꿉니다. 하지만 우리는 아쉽게도 이런 결정을 내릴 때 좋은 선택을 내리지 못하는 경우가 많습니다.

현실적인 도전과 해결책

최근 통계를 보면 우리의 중요한 선택들이 얼마나 어려운지 알 수 있습니다:

- 초혼의 42~45%가 이혼으로 끝납니다[1]
- 재혼의 60%, 세 번째 결혼의 73%가 이혼으로 이어집니다
- 직장인의 70%가 현재 직업이나 전공 선택에 만족하지 못합니다[2]
- 대학생의 50%가 1학년 내 전공을 변경합니다[3]
- 평균적으로 대학생들은 재학 중 3번의 전공 변경을 경험합니다[4]

인생의 가장 큰 영향을 주는 배우자를 선택하는 것도, 올바른 진로를 결정하는 것도 힘든 일입니다.

예를 들어 당신은 농장에서 살면서 농촌 풍경을 그리는 삶을 꿈꾸는데, 당신의 배우자가 뉴욕 맨해튼에서 꽤 괜찮은 직업을 얻었다고 생각해 보세요. 같이 뉴욕으로 가는 것이 좋을까요 아니면 농촌에 머무르는 것을 선택하는 것이 좋을까요. 이런 결정은 하루하루의 행복에 영향을 주는 가능성과 현실적인 문제 그리고 도전과제를 가져다줍니다. 무엇보다 나의 선택에 대한 확신을 갖기 위해서는 나 자신을 잘 아는 것이 중요합니다.

왜 더 정교한 성격 진단이 필요한가

기존의 성격 진단들은 화려한 마케팅과 달리, 실제 직무 성과나 성공을 정확히 예측하지 못했습니다. 텍사스 대학교의 폴 W. 이스트윅 교수는 "현재까지의 연구에서 성격 유사성이 관계 만족도를 높인다는 증거는 매우 미약합니다"라고 지적합니다.

12DNA 진단은 300개 이상의 직업 영역에서 높은 예측 정확도를 보여줍니다. 다만, 우리는 결혼의 성공이나 행복까지 예측할 수 있다고 주장하지는 않습니다. 이는 아직 심리학의 미개척 영역이며, 앞으로 AI와 빅데이터의 발전으로 더 깊은 이해가 가능해질 것입니다.

간단한 성격 테스트로 가벼운 대화를 나누는 것은 즐거울 수 있습니다. 하지만 인생의 중대한 결정을 위해서는 더 정교하고 과학적인 접근이 필요합니다. 마치 모노폴리 게임의 승리로 실제 부동산 투자를 결정하지 않는 것처럼, 우리의 중요한 선택에는 더 신중하고 체계적인 접근이 필요합니다.

나를 이해한다는 것, 그것은 어떤 의미일까요?

이 책에서는 당신의 일상에 숨겨진 핵심 특성들을 발견하고, 왜 자신의 인생을 지금처럼 살고 있는지에 대한 의미 있는 통찰을 얻게 될 것입니다. 이 책은 나만의 고유한 시선으로 세상을 바라보고, 나의 존재 이유를 발견하며, 나에게 주어진 특별한 재능과 선물을 알아가는 여정을 선물합니다. 12DNA는 단순히 당신을 어떤 유형으로 분류하거나 레이블을 붙이지 않습니다. 정해진 틀에 당신을 맞추려 하지도 않습니다. 대신, 당신이 무엇에 끌리고 어떤 것을 피하는지, 어떤 상황에서 빛나고 어떤 순간에 에너지가 소진되는지를 이해하도록 도와줍니다. 우리의 궁극적인 목표는 이러한 자기 이해를 바탕으로, 타인의 기대나 잘못된 판단의 덫에 걸리지 않고 인생의 중요한 순간마다 더 지혜로운 선택을 할 수 있도록 돕는 것입니다. 12DNA는 당신이 최선의 자아로 성장하는 여정에서 신뢰할 수 있는 나침반이 되어줄 것입니다.

성격 유형 유전자의 정의

✳

성격이란 정확히 무엇일까요? 그 가치는 무엇이며, 왜 성격을 이해하는 것이 중요할까요? 성격을 이야기할 때, 우리는 각자의 독특한 사회적, 도덕적, 심리적, 정서적, 지적, 미적인 특성을 고려하게 됩니다. 이러한 성격 유형이 심리적, 철학적, 도덕적 현실과 개인적 성향을 지닌 통합된 인간으로서의 모습을 형성할 때에만, 우리는 각자 자신만의 방식으로 인생을 경험할 수 있습니다.

12가지 광범위한 성격 유형 중 하나로 분류되는 것이 불편하게 느껴지실 수도 있습니다. 하지만 같은 인간으로서 우리는 유전자 정보를 다른 사람과 공유한다는 사실을 간과할 수 없습니다. 우리는 수백만 년에 걸친 유전자 변이를 통해 무한한 조합의 유전 암호와 우성 또는 열성 기질을 물려받았습니다. 그리고 이를 통해 나와 다른 11가지 성격 유형을 구성하는 91.6666666667%로부터 자신을 차별화하고 표현하는 방법을 만들어냈습니다.

내 성격이 완전히 유일한 유형이 아니라는 사실은 오히려 희망이 될 수 있습니다. 왜 희망일까요? 당신이 주변 사람들과 유전자와 성격에서 8.3333333333%를 공유한다는 것은 매우 의미 있는 일이기 때문입니다. 당신이 이 세상에서 누군가와 완전히 다르지도, 또 다른 누군가와 완전히 똑같지도 않다는 점에 가치가 있습니다. 자연의 법칙은 다른 것은 몰라도 음과 양의 균형은 잘 지킵니다. 세상은 상대적인 균형과 조화를 이루기 위해 서로 다른 유형의 존재가 필요하지만, 동시에 어느 정도의 유사성도 필요로 합니다.

예를 들어, 사람의 혈액형은 A+, A-, O+, O-, B+, B-, AB+, AB-의 8가지로 알려져 있습니다. 만약 당신이 자연적, 화학적, 유전적으로 이 8가지 유전자 혈액형 중 하나를 누군가와 공유하지 않는다면, 수혈이 필요한 상황에서 심각한 문제가 생길 수 있습니다.

따라서 우리는 각자가 처한 상황에서 인생을 살아가는 가장 좋은 방법을 찾고 받아들여야 합니다. 각자의 유전 암호에 깃든, 물려받은 재능을 인식하고 끌어내어 활용해야 하는 것이죠. 이런 재능이 유전자와 유전 암호로 결정된다는 사실은 과학적 연구를 통해 점점 더 분명해지고 있습니다.

우리는 4,600만 건 이상의 유전자 및 성격 연구 자료를 분석하여 성격이 유전자에 크게 영향을 받는다는 사실을 확인했습니다. 마치 화학 원소의 주기율표처럼 성격 특성들을 배열하여, 각 특성이 통계적으로 어떻게 결합하여 복합 성격 요인을 형성하는지를 분석했습니다. 이러한 접근을 통해 성격 특성들이 어떻게 상호작용하는지, 그리고 특정 성격 유형이 어떻게 형성되는지를 보다 명확히 이해할 수 있게 되었습니다.

4만여 명의 데이터를 요인 분석한 결과, 놀랍게도 통계적으로 구별되고, 복합적이면서 광범위한 성격 요인 6가지를 파악할 수 있었습니다. 각 요인은 10~15개의 독립적인 특성으로 구성된다는 사실도 밝혔습니다. 이는 외향성, 개방성, 신경성, 친화성, 성실성 등 Big 5의 5가지 성격 요소와는 다른 것입니다. Big 5와 같이 광범위한 요인들 중 한 가지에만 집중하면 성격의 복합성을 설명하기 어렵습니다.

6가지 성격 요인은 연속적인 성격 상에서 극단적인 특성을 보여줍니다. 이를테면 성격의 연속체에서 양 극단에 기회형과 이타형이 존재하는 것입니다. 우리는 이를 통해 통계적으로 차별화된 12가지 성격을 식별해냈습니다.

이러한 연구를 통해 12DNA 진단이 개발되었으며, 이는 개인의 성격이 경험보다 유전적 요인에 더 큰 영향을 받는다는 것을 시사합니다. 물론 주변 환경과 후천적인 요인도 타고난 자아를 효과적으로 외부에 표현하는 데 큰 역할을 합니다. 그렇지만 우리는 살아있으며 회복 가능한 존재들입니다. 우리에게는 각자 타고난 성향이 있고, 이 성향의 진가를 파악하고 이해하여 자신에게 유리하게 형성할 수 있습니다. 또한 이를 통해 세상에 훌륭한 기여를 할 수 있습니다.

이 타고난 재능은 우리가 세상을 이해하고 세상과 소통하는 방식을 결정합니다. "우리는 세상을 있는 그대로 바라보지 않고, 우리의 모습대로 세상을 바라봅니다." 마찬가지로 당신이 세상을 보는 방식은 당신의 성격 유형이 결정하게 됩니다.

6가지 성격 요인으로 보는 12가지 DNA

✳

"우리의 6가지 성격 DNA 요인은 12개의 전혀 다른 성격 유형을 형성하며,
각 유형은 인간 사회를 이루는 특징적인 목표와 중요한 주축을 나타냅니다."
- 래리 캐시

모든 성격 유형은 인간 사회의 성공, 지속적인 조화 그리고 영속에 필수입니다. 이것이 우리의 기본 전제입니다. 인류 역사에서 경제적인 동력을 일으킨 자본주의 정신이 없었다면 문화가 이어지고 번영할 수 있었을까요? 분석적 사고를 하는 과학자, 수학자와 엔지니어들이 기여하지 않았다면 지금과 같은 사회를 상상할 수 있었을까요? 화가, 건축가, 요리사, 무

용수, 작곡가들의 미적 감각과 창의력 없이 지금 같은 세상을 상상할 수 있었을까요? 모든 분야에 걸친 혁신가들의 독창적인 역량은 또 어떻습니까? 그리고 우리 중에 남을 도우려는 마음으로 의미 있는 헌신을 하는 사람들에게서 영향을 받지 않은 사람이 어디 있을까요?

우리가 발견한 6가지 성격 요인은 본질적으로 편향되어 있습니다. 각 요인은 상반된 사고방식과 삶에 대한 다른 접근 방식, 주변 세계에 대한 다양한 관점을 나타냅니다. 또한 특정 방식으로 행동하려는 성향과 의향, 혹은 타고난 경향을 대표합니다. 이기적이거나 이타적인 성향처럼 말입니다.

각 성격 요인이 가진 고유한 본성에 대해 이해하면 할수록 12가지 성격 유형이 모두 효용을 가진다는 사실이 더욱 분명해집니다. 우리의 역할은 전혀 다른 성격 유형들 중에 무엇이 더 좋거나 나쁘다고, 혹은 더 가치가 있거나 없다고 판단하는 것이 아닙니다. 그저 각각의 성격 유형이 어떻게 타고났는지 이해하고, 그것들이 우리에게 주는 이점에 대해 감사해야 할 것입니다.

12DNA는 복합적인 통계학적 분석 모델에 근거한 과학적 성격 요인 분석을 통해 개발되었습니다.
- 정교한 통계분석을 통해 6가지 성격DNA 요인 및 12가지 성격유형을 도출
- 각 성격유형은 단일한 특성이 아니라 여러 성향의 조합으로 구성되어 성격의 복합성을 반영

40,000 여명의 성격 데이터

요인 분석 통해 성격 요인 도출 및 유형 식별

6가지 성격DNA 요인 및 12가지 성격 유형

기회형 Opportunist	소유 vs 공유	이타형 Altruist
과정형 Process-Driven	계획 vs 실행	결과형 Results-Driven
통찰형 Insightful	성찰 vs 관계	사교형 Inclusive
분석형 Analytic	부분 vs 전체	통합형 Holistic
책임형 Responsible	의무 vs 자율	개인형 Individualist
예술형 Imaginative	상징 vs 실용	발명형 Inventive

성격 DNA 요인 #1　　　소유와 공유

기회형 Opportunist　　　소유

기회를 찾아 수익을 창출하고
강한 의지로 도전과 위험에 맞서는 사람

자신의 재능과 역량을 최대한 활용하여 비즈니스를 수익성 있게 성장시키고 관리하는 데 주력합니다. 도전과 위험을 기꺼이 감수하며, 지속적인 수익 기회를 찾아 기업을 발전시키는 사업가입니다. 다양한 관리 책임을 맡으며 조직을 이끌고자 합니다.

세상을 경영하라
Manage Our World Profitably

야망가　카리스마　경쟁　설득력

이타형 Altruist　　　공유

타인의 복지를 최우선으로 생각하며
진심 어린 관심을 베푸는 사람

타인의 복지를 진심으로 우선시하며, 인간뿐만 아니라, 위기에 빠진 자연, 동물, 환경을 보호하고 돕는 것까지도 중요하게 여깁니다. 자신의 이익보다 다른 사람과 지역사회의 행복에 집중하며, 이타적인 성향으로 타인을 위해 헌신합니다.

세상을 구원하라
Save Our World

인도주의자　나눔　봉사　사회적 평등

기회형과 이타형의 공존과 필요성에 대해 조사할수록 두 유형이 왜 통계적으로 같은 선상의 양극에 있는지 더 잘 이해하게 됩니다.

첫 번째 요인에서 기회형과 이타형은 긴밀히 연관되어 있음을 볼 수 있습니다. 기회형은 흔히 진취적이고 확고한 비즈니스 마인드를 가진 '테이커(taker)'로 묘사됩니다. 축적하는 사람으로서 가치를 소유하고, 주인의식이 있으며, 사물에 금전적 가치를 부여합니다. 반면 이타형은 본질적으로 '기버(giver)'이자 인도주의자입니다. 자신의 이익보다 남들과 공유하는 것, 사회적 평등, 이타심, 관대함을 중시합니다.

두 상반된 유형의 공통점은 '충분함'에 대한 개념입니다. 둘 다 극단에 가까워질수록 내적 불만을 갖기 쉽습니다. 극단적인 기회형은 "돈이 더 필요해"라고 말하는 반면, 극단적인 이타형은 "더 많은 세계 평화가 필요해"라고 말하는 등 둘 다 '더 많은' 것에 대한 욕망을 표현합니다.

하지만 우리의 전제는 사회, 정치, 문화, 인종을 막론하고 한 문명이 경제적으로 견고하고 건강하게 유지되기 위해서는 두 유형이 균형을 이루어야 한다는 것입니다. 두 유형 사이의 불균형이 커질수록 '가진 자와 못 가진 자'의 격차는 더 커지게 됩니다. 이처럼 조화가 깨지면 사회에서 필요하지 않은 존재처럼 느끼는 사람들은 분노하고 권리를 박탈당했다고 생각하며 소외감을 느끼게 됩니다. 한 유형이 너무 우세하면 우리가 알고 있는 문명화된 사회는 붕괴되고 사회적, 도덕적, 경제적으로 제 기능을 하지 못하게 됩니다. 두 유형 중 어느 쪽도 혼자서는 존재할 수 없는 것입니다.

기회형 성격 DNA

※

당신의 도전과제: 세상을 경영하는 것
기회형 성격을 타고난 당신은 결단력 있는 리더입니다.

당신은 갖가지 도전과제와 위험이 있는 상황에서도 비즈니스를 수익성 있게 개발, 조직, 관리하기 위해 자신의 역량과 재능을 극대화하는 데 우선순위를 두고 집중합니다. 이러한 노력을 통해 기업을 성장시키고 지속적인 수익 창출의 기회를 확보하고자 합니다. 당신의 마음가짐은 늘 다양한 수준의 관리 책임을 가진 사업가이자 기업 리더로서의 활동을 지향합니다.

내 성격을 한마디로 표현하면: 기회형 성격으로 살아간다는 것

> "프로젝트가 결실을 맺지 못할 때도 저는 스스로를 완벽하게 동기부여합니다. 매일 이해관계자들의 가치를 높이기 위해 필요한 일들을 열정적으로 해내죠. 혼란스러운 상황 속에서도 도전 자체에서 순수한 기쁨을 느끼는 제 모습이 놀랍기도 합니다. 누군가는 재정적 성공을 이루어야 한다고 생각하는데요, 그 사람이 바로 저입니다!"

> "나는 상당히 큰돈을 벌어들이곤 합니다. 돈은 어떤 유명인사보다 저를 감동시킵니다. 물론 세상을 더 나은 곳으로 만들려는 아름다운 마음씨를 갖는 것도 필요하고 다 좋습니다. 이상주의적인 분들 덕분에 제가 한 가지 분명한 방향에 집중할 수 있어서 감사할 따름입니다. 그들이 운영하는 비영리 재단의 임대료를 제가 지불할 수 있으니까요."

"나는 사업이 전반적으로 뭔가 잘못되고 있을 때 우리 사업의 문턱을 호시탐탐 노리는 외부 세력으로부터 요새를 지켜야 합니다. 내가 책임지고 있는 한 무능력 때문에 사업을 망쳐버리는 일은 없을 겁니다. 나는 벼랑 끝에 있는 사업을 회복시키고, 다음 날 이윤을 내고 다른 방식으로 운영을 강구할 구원자입니다."

"나는 달변가이면서 재주가 뛰어나고 무신경하게 직설적이기도 합니다. 내 이익만 추구하고 잔인하며 사교적으로 재미있기도 합니다. 카리스마 넘치고 상상력이 있고 세련되며 무례할 수도 있습니다. 때로는 하루에 이런 모습을 다 보여줄 때가 있어요. 나는 마음에 들지 않는 사람들과는 곧바로 인연을 끊어버립니다."

이타형 성격 DNA

✹

당신의 도전과제: 세상을 구원하는 것
이타형 성격의 당신은 도덕적인 십자군입니다.

이타형 성격인 당신은 타인의 복지에 대해 이타적인 관심을 가지고 있습니다. 여기서 말하는 타인은 오래된 숲, 강압에 시달리는 인간, 생존을 위해 싸우는 동물, 과부화가 걸린 환경 등 모든 것을 망라합니다. 당신은 온화한 성품으로 자신보다 다른 사람을 우선하며, 개인과 지역사회에 똑같이 관심을 갖습니다.

내 성격을 한마디로 표현하면: 이타형 성격으로 살아간다는 것

"나는 우리의 능력과 잠재력에 대해 확고한 신념을 가지고 있어요. 진심 어린 따뜻함과 연민으로 사람들의 마음을 사로잡는 재능이 있습니다. 내 목적과 역할은 진정한 변화를 만드는 것이라고 생각하고 그렇게 하려고 노력합니다."

"더 나은 길이 열려 있다고 확신하는 나로서는 더 나은 선택을 해야 할 의무감을 느낍니다. 정말 반드시 해내야 할 '올바른 것'들이 있기 마련입니다. 나를 여러분의 또 다른 영적인 자아이며 최상의 자리로 인도하는 도덕적 나침반이라고 생각해주세요. 우리 모두를 위해서 말입니다."

"여러분이 비관적일 때 저는 긍정적인 관점을 제시하고 싶습니다. 잘못된 생각을 하면 바로잡아주고 싶고요. 언젠가는 더 나아질 거라는 걸 압니다. 인생에서 영원한 것은 없으니까요. 내일이면 또 다른 기회가 찾아올 거에요!"

"다른 사람들에게 가르쳐주고 싶은 것이 있다면, 바로 연민과 타인을 향한 공감 능력이에요. 잘못된 것을 볼 수 있도록 민감하게 만들고 싶고, 바꾸라고 당부하고 싶어요. 다른 누군가가 여러분을 홀대할 때도 저는 주저 없이 여러분 편에서 끝까지 지지하고 목소리를 높일 겁니다."

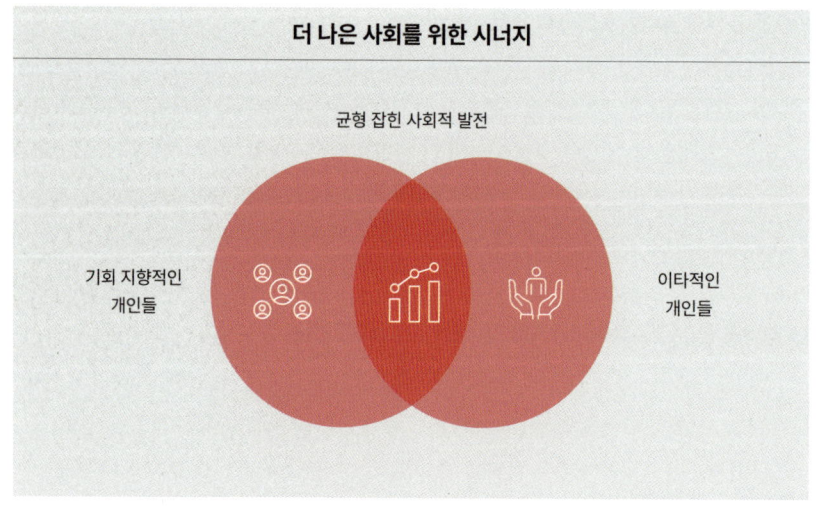

위의 두 성격 유형에서 보듯이, '소유'와 '공유'라는 서로 다른 가치를 추구하는 이들이 함께 할 때 사회는 가장 건강하게 발전할 수 있습니다. 기회형이 경제적 가치를 창출하고 성장의 동력을 만든다면, 이타형은 그 혜택이 사회 전체에 고르게 퍼질 수 있도록 균형을 잡아줍니다. 이처럼 두 유형은 서로의 극단성을 견제하고 보완하며, 함께할 때 더 나은 세상을 만들어낼 수 있습니다.

성격 DNA 요인 #2 　　　　　계획과 실행

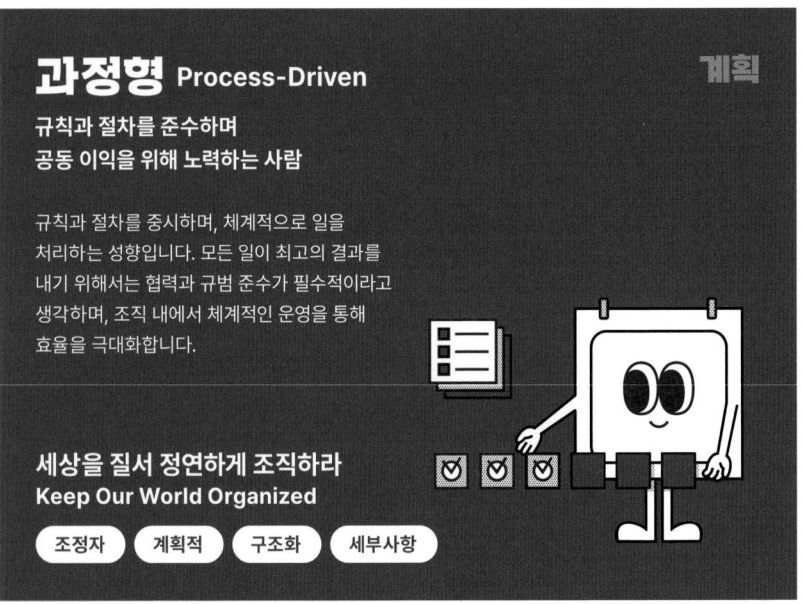

과정형 Process-Driven
규칙과 절차를 준수하며
공동 이익을 위해 노력하는 사람

규칙과 절차를 중시하며, 체계적으로 일을 처리하는 성향입니다. 모든 일이 최고의 결과를 내기 위해서는 협력과 규범 준수가 필수적이라고 생각하며, 조직 내에서 체계적인 운영을 통해 효율을 극대화합니다.

세상을 질서 정연하게 조직하라
Keep Our World Organized

조정자　계획적　구조화　세부사항

계획

결과형 Results-Driven
목표 달성을 위해 신속하게 집중하고
효율적인 방법을 모색하는 사람

결과 중심적으로 목표를 설정하고, 이를 달성하기 위해 필요한 자원과 시간을 효율적으로 활용합니다. 주어진 임무를 신속하고 효과적으로 완수하며, 상황에 맞게 결단력 있게 행동하는 리더형 인물입니다.

효율적으로 목표를 달성하라
Get Things Done Efficiently

실행자　결단력　효율성　성과달성

실행

'계획'과 '실행'은 떼려야 뗄 수 없을 만큼 서로 밀접하게 연결되어 있지만, 놀랍게도 서로를 가장 답답하게 만드는 능력도 가지고 있습니다. 계획만으로는 아무것도 이룰 수 없고, 계획 없는 행동은 시간과 노력을 헛되이 낭비하게 만듭니다. 이를 보면, 우리는 인류 문명의 효율성을 유지하기 위해서는 두 가지 유형의 '실행가'가 모두 필요하다는 것을 알 수 있습니다. 질서 없이 혼자서 행동하는 개인만으로는 실질적이고 장기적인 가치 있는 성과를 이루어낼 수 없기 때문입니다.

따라서 어떤 과제를 완수할 때 각 유형이 기여하는 바를 동등하게 인정한다면 최상의 결과를 얻을 수 있습니다. 계획력과 실행력이 서로를 보완할 때 비로소 최고의 성과가 나타나는 것입니다. 결국 두 유형 모두가 필수적입니다.

과정형은 전략적으로 성공을 극대화하기 위해 철저한 계획 수립을 우선시합니다. 반면 결과형은 어떤 방해도 받지 않고 결단력 있게 행동하는 데 집중하며, 우선순위에 따라 신속하게 일을 처리합니다. 이처럼 인류 사회의 공동 이익을 위해서는 이 두 유형의 균형이 매우 중요합니다.

과정형 성격 DNA

✳

당신의 도전과제: 세상을 질서 정연하게 조직하는 것
과정형 성격의 당신은 우리가 원하는 정리정돈 전문가입니다.

체계적인 과정을 중시하는 당신은 규칙 준수의 중요성을 누구보다 잘 이해하고 있습니다. 이러한 절차와 규칙들이 최적의 협력과 효율을 이끌어내기 위해 만들어졌다고 생각합니다. 당신은 최상의 결과를 얻기 위해 모든 관계자가 수용해야 하는 절차와 사회적 기대를 창출하고 이를 준수하는 데 탁월한 능력을 보입니다.

내 성격을 한마디로 표현하면: 과정형 성격으로 살아간다는 것

"제게는 많은 별명이 있는데, 그중에는 듣기 좋지 않은 것들도 있습니다. '탁상행정가', '골치 아픈 사무원', '소몰이꾼', '통제광' 같은 것들이죠. 하지만 사실 제가 가장 좋아하는 별명은 '사람 조직자'입니다."

"업무적으로 다방면에서 지원을 잘한다고 여기저기서 인정받고 있지만, 실제로 제 업무 영역이 얼마나 다양하고 어떤 역할을 잘하는지는 대부분의 사람들이 잘 모르시더군요."

"아마도 제가 맡은 일이 가치만큼 오해받고 평가절하 되는 직무두 없을 것 같습니다. 비행기를 타기 위해 차분히 기다려야 하거나, 물품 반송을 위해 운송장을 작성해야 할 때, 그 체계적인 시스템을 설계한 사람이 바로 저와 같은 사람일 텐데 말이죠."

"이런 상상을 한번 해보세요. 237마리의 침팬지를 비행기에 태워야 하는데, 이 침팬지들이 자발적으로 규칙을 따르고, 정해진 좌석에 앉아, 정시에 출발할 수 있도록 체계적인 과정을 만들어야 하는 상황을요. 이제 제가 하는 일이 어떤 것인지 이해되시나요?"

결과형 성격 DNA

✻

당신의 도전과제: 세상에서 임무들을 완수하는 것
결과형 성격을 타고난 당신은 효율과 긴급성에 집중합니다.

결과형 성격의 당신은 어떤 결과가 중요한지를 정확히 파악하고 결정을 내리며, 리더십을 발휘하여 그 결과를 달성하기 위해 모든 자원을 집중하는 데서 자부심을 느낍니다. 당신은 일을 제대로 완수하기 위해 지금 당장 무엇을 해야 하는지 파악하길 원하며, 이미 마음속으로는 최종 목표를 그리면서 그곳에 도달하는 가장 빠른 방법을 찾고 있습니다. 결과형 성격의 리더들은 현재 순간에 가장 필요한 일을 처리하는 데 최고의 집중력을 보입니다.

내 성격을 한마디로 표현하면: 결과형 성격으로 살아간다는 것

"제가 결과형 성격을 가졌다는 것이 자랑스럽습니다. 결과를 추구하는 것은 마치 중독과도 같죠. 저는 항상 다섯 가지 핵심에 집중합니다. 꿈꾸고, 간절히 원하고, 가능성을 믿고, 즉시 시작하고, 반드시 이루어내는 것입니다. 단순해 보일 수 있지만, 이 방식은 언제나 성공으로 이어졌습니다."

"저의 성공 비결은 단순합니다. 끊임없이 노력하고, 절대 포기하지 않으며, 목표를 향해 온전히 헌신하는 것입니다. 이 세 가지가 조화를 이루면 실패란 있을 수 없고, 어떤 것도 저를 막을 수 없다고 믿습니다."

"결과 중심적으로 산다는 것이 항상 좋은 것만은 아니라는 점은 인정합니다. 결과 지향적인 사람으로 낙인 찍히는 것은 마치 영화 속 정형화된 캐릭터가 된 것 같은 기분이죠. 하지만 저는 해결사입니다. 누군가 일을 마무리 짓고 싶을 때 저에게 맡기기만 하면 곧바로 해결됩니다. 사실 저는 될 때까지 포기하지 않는 사람이니까요."

"일을 해내는 것 자체는 전혀 문제가 되지 않습니다. 다만 제가 하는 일의 결과를 즉시 확인하고 싶어 하는 성향이 있죠. 구체적인 성과를 내지 못할 때면 이루 말할 수 없는 좌절감을 느낍니다. '내가 뭘 잘못한 걸까? 어떤 부분이 부족했던 걸까? 무엇이 문제였을까?' 이런 질문들이 저를 괴롭히곤 합니다. 아무래도 모든 일에서 완벽한 결과를 이뤄내야 직성이 풀리는 성격이라서 그런 것 같습니다."

위의 두 성격 유형에서 보듯이, '과정'과 '결과'라는 서로 다른 초점을 가진 이들이 함께할 때 가장 효과적인 성과를 낼 수 있습니다. 과정형이 체계적인 계획과 절차로 기반을 다진다면, 결과형은 그 위에서 빠르고 효율적인 실행을 이끌어낼 수 있습니다. 이처럼 두 유형은 서로의 부족한 점을 보완하며, 함께 일할 때 시너지를 만들어낼 수 있습니다.

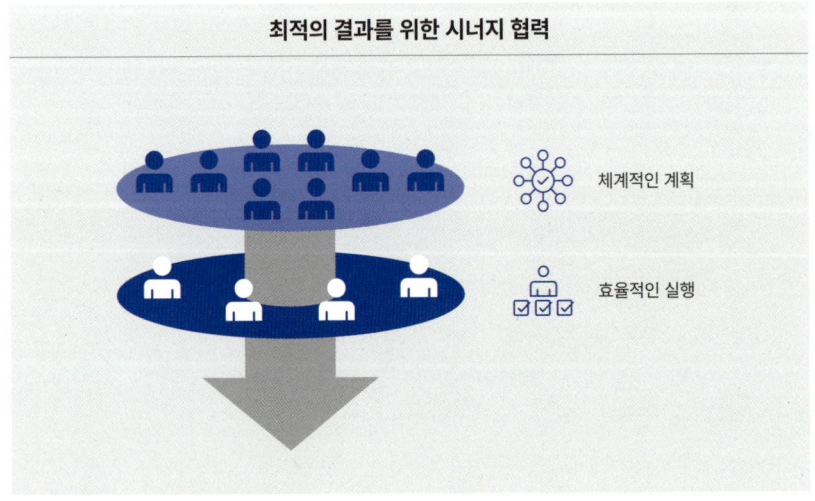

성격 DNA 요인 #3 — 성찰과 관계

통찰형 Insightful
깊은 성찰과 지혜로 세상을 개선하고 자기 인식을 높이는 사람

자신의 내면을 깊이 성찰하여 감정과 동기를 이해하려는 경향이 강합니다. 철저한 내향적 성격으로 지속적인 자기 성찰을 통해 학습하고 발전합니다. 자기 탐구를 통해 삶의 통찰을 얻고, 이를 바탕으로 세상을 바라봅니다.

세상의 복잡함을 꿰뚫어보라
See Through Our World's Complexities

`사상가` `현명함` `깊은 통찰` `내적 성찰`

성찰

사교형 Inclusive
대인관계에 능숙하고 소통을 즐기며 활기차게 사람들과 어울리는 사람

사람들과의 관계에서 에너지를 얻으며, 다른 사람들과 쉽게 교류하고 친밀감을 형성합니다. 타인을 모으고 팀을 만드는 데 재능이 있으며, 인간관계를 통해 타인에게 따뜻함과 소속감을 제공합니다.

세상을 하나로 연결하라
Bring Us Together in Our World

`연결자` `감성지능` `외향적` `친근함`

관계

인간 사회가 직면한 가장 심각한 문제는 '사람' 자체에 있다고 말하는 이들이 있습니다. "왜 우리는 같은 인간이면서도 분열하고 대립하며 전쟁을 반복하는가?"와 같은 근본적인 질문을 하는 것입니다.

통찰형은 학문적 지성을 가진 사람으로서, 내면적 성찰을 통해 이러한 '왜'라는 질문의 답을 찾으려 합니다. 하지만 문제 해결을 위해서는 내면적 접근과 외면적 접근을 함께 활용하는 것이 가장 효과적인 전략입니다. 하나의 관점이나 사고방식만으로는 다른 시각을 이해하기 어렵고, 문제의 본질을 파악하기도 힘들기 때문입니다.

사교형은 사회적, 정서적 지성이 뛰어난 것으로 알려져 있습니다. 이들의 외향적 태도는 대인관계에 적극적으로 뛰어들어 해결책을 찾고, 다양한 사람들을 하나로 모으는 전략을 선호합니다. 그래서 이들은 '왜' 그래야 하는지보다는 '무엇을' 해야 하는지에 더 큰 관심을 보입니다.

사교형은 직접 몸으로 부딪히며 사람들과 눈을 맞추고 대화하기를 즐기는 사회적 존재입니다. 이들은 갈등이 일어나기 전에 이를 예방하는 촉매제이자, 문제가 생겼을 때 효과적인 중재자 역할을 합니다. 결과를 얻기 위한 협상에도 주저 없이 나서며, 사람들 사이의 긴장을 해소하는 데 있어 타의 추종을 불허하는 능력을 보여줍니다.

반면 통찰형 지식인들은 이러한 접근이 당장의 긴장을 완화하는 단기적 해결책으로는 효과적일 수 있다고 봅니다. 하지만 이를 통해 더 근본적인 '원인'을 찾고 해결하기 위한 깊이 있는 논의가 가능한 차분한 환경이 마련되어야 한다고 생각합니다. 역사적, 사회적, 문화적 맥락이 복잡하게 얽힌 깊은 갈등은 일시적인 해결책만으로는 부족하기 때문입니다. 통찰형은 깊이 있는 분석을 통해서만 인류가 직면한 큰 규모의 문제들에 대한 진정한 해결책을 찾을 수 있다고 믿습니다.

그러나 결국 이 두 가지 접근법은 모두 필요하며, 서로 보완적으로 활용되어야 합니다. 통찰형의 깊이 있는 분석과 사교형의 실질적인 중재 능력이 만날 때, 우리는 현실적이면서도 근본적인 해결책을 찾을 수 있습니다.

통찰형 성격 DNA

※

당신의 도전과제: 담대한 아이디어로 세상을 변화시키는 것
통찰형 성격의 당신은 원대한 아이디어로 의미 있는 해결책을 모색합니다.

남다른 통찰력을 지닌 당신은 자신의 내면에 깊이 몰입하는 성향을 가지고 있습니다. 철저하게 내향적이면서도 끊임없이 주변 세상을 마음속으로 이해하려 노력하죠. 내면을 들여다보고 자신의 감정, 동기, 목적을 파악하는 데 매우 뛰어난 능력을 보입니다. 또한 내면의 성찰을 통해 독립적으로 학습하는 유형으로, 자신의 이해 범위를 계속해서 넓혀가는 것이 자연스럽습니다. 당신은 생각하고 통찰한 것들, 그리고 느낀 감정들을 기록하기 위해 꾸준히 일기를 쓰곤 합니다.

내 성격을 한마디로 표현하면: 통찰형 성격으로 살아간다는 것

> "저는 세상을 변화시킨 위대한 사상가들을 동경합니다. 그래서 저 역시 새로운 아이디어를 제시하는 사상적 리더가 되고자 합니다. 인생과 세상에 대한 제 철학적 관점은 때로 예언적일 수 있습니다. 개인이든, 정부든, 국가나 사회든, 인간의 잠재력을 밝혀내려는 열망으로 세상을 바라보려 노력합니다."

> "제 지혜의 원천은 과거를 되돌아보고, 현재와의 관련성을 찾으며, 전체적인 흐름을 꿰뚫어보는 관점에 있습니다. 글쓰기를 통해 심도 있고 열정적인 토론을 이끌어내는 것으로도 알려져 있죠. 인간의 본성, 호기심, 열정에 대해 깊은 관심을 가지고 있으며, 사람들이 인생, 정치, 과학, 태도, 경제 등 복합적인 현실의 문제들을 더 깊이 이해할 수 있도록 돕고 싶습니다."

"아이디어가 끊임없이 샘솟는 것이 저의 특징입니다. 다채로운 시각을 가진 사상가라고 할 수 있겠죠. 이미 익숙해진 것들을 새로운 관점으로 바라보고 해석하여 앞으로 나아갈 길을 제시하는 것이 제가 가진 특별한 재능입니다."

"저는 현상 유지를 넘어서려는 사상가입니다. 변화가 필요한 순간에 획기적인 생각을 제시하죠. 진실에 도전하고, 침묵하는 다수의 목소리를 대변하며, 역사를 기록하고, 우리 사회의 결점을 치유하고자 합니다. 날카롭고 때로는 논쟁적일 수 있는 통찰을 더 많은 사람들과 나누고 싶습니다."

사교형 성격 DNA

✳

당신의 도전과제: 세상을 하나로 연결하는 것
사교형 성격을 가진 당신은 사회적 관계에 초점이 맞춰져 있습니다.

사교형 성격의 당신은 다른 사람들과의 교류를 통해 에너지를 얻습니다. 사람들과 가까이 지내면서 더 큰 행복을 느끼죠. 타고난 매력으로 사람들의 관심을 자연스럽게 끌어모으며, 낯선 이와도 쉽게 관계를 맺습니다. 팀을 구성하고 인맥을 넓혀가는 데 탁월한 재능이 있으며, 당신의 대인관계에서는 진정성과 활력이 늘 함께합니다. 다른 이들에게 먼저 다가가 손을 내밀며, 모든 사람이 환영받는 분위기를 만들어냅니다.

내 성격을 한마디로 표현하면: 사교형 성격으로 살아간다는 것

"저는 어떤 모임에서든 자연스럽게 어울릴 수 있습니다. 함께할 수 있는 그룹을 찾아 그 안에 편안히 녹아들죠. 다른 사람들과의 교류 속에서 에너지를 얻는 타입이에요. 내향적인 분들이 일대일 대화나 좋은 책 한 권에 집중할 때 행복을 느끼신다면, 저는 여러 사람이 함께하는 파티에서 웃고 떠들며 진정한 기쁨을 느낍니다."

"저는 어떤 상황에서든 다양한 관점에서 폭넓게 바라보려 노력합니다. 제 생각이 특별하다거나 혼자만의 것이라고 착각하지 않으려 하죠. 늘 밝은 모습을 보이려 하고, 우울한 기분이 들 때도 웃으면서 긍정적인 에너지를 찾으려 합니다. 겉보기에 그다지 웃긴 농담이 아니어도 크게 웃어주곤 하는데, 그것이 사소한 순간에도 기쁨을 발견하고 나누는 방법이라고 믿기 때문입니다."

"많은 사람들이 모인 공간에서 저는 특별한 에너지를 느낍니다. 누구든 환영하며, 대화를 나누면서 새로운 활력을 얻죠. 옆자리의 낯선 이웃부터 우연히 마주친 사람까지, 모든 만남이 저에게는 의미 있는 순간입니다. 새로운 인연을 만드는 것 자체가 진정한 기쁨이 되며, 이렇게 서로 긍정적인 에너지를 주고받는 것이 삶의 큰 행복이 됩니다."

"새로운 사람들과의 만남과 그들을 알아가는 과정이 저에게는 무한한 즐거움을 줍니다. 물론 오랜 친구들, 마음으로 맺어진 소중한 인연들과의 깊은 유대 관계도 매우 소중하죠. 보통 '사랑하는 친구들'이라고 하면 오랫동안 알고 지낸 이들을 떠올리지만, 저는 모든 사람이 사랑받을 자격이 있다고 믿습니다. 사랑이 아픔이 아닌 기쁨이 될 수 있다는 것을 보여주고 싶어요. 함께하는 순간의 즐거움을 나눌 때 어떤 어려움도 극복할 수 있다고 믿기에, 저는 자발적으로 감정을 나누고 교감하려 노력합니다."

위의 두 성격 유형에서 보듯이, '깊이 있는 성찰'과 '활발한 관계'라는 서로 다른 접근 방식을 가진 이들이 함께할 때 인간 사회의 문제를 가장 효과적으로 해결할 수 있습니다. 통찰형은 문제의 근본 원인을 파악하고 장기적인 해결책을 제시하는 지혜를 가지고 있고, 사교형은 이러한 아이디어를 현실에서 실천하고 사람들을 하나로 모아 변화를 이끌어내는 힘이 있습니다. 마치 뿌리 깊은 나무와 꽃을 피우는 가지처럼, 서로의 부족한 면을 보완하며 함께할 때 우리는 더 나은 세상을 만들어 갈 수 있을 것입니다.

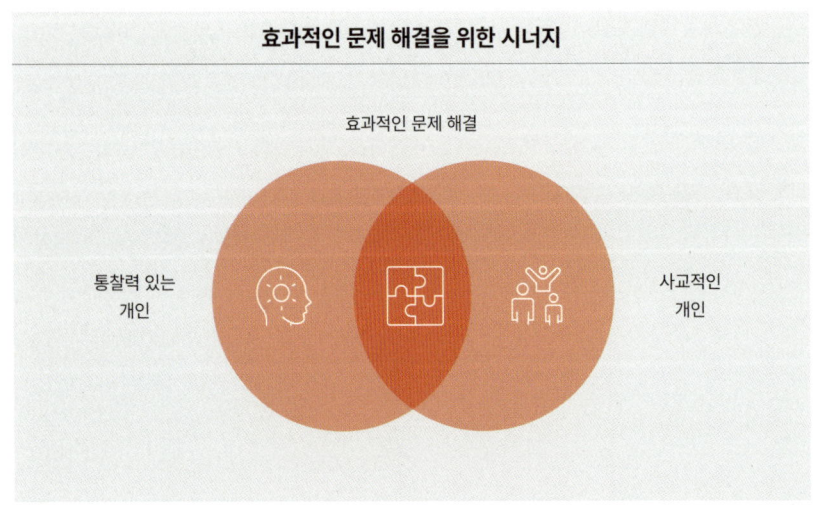

성격 DNA 요인 #4 부분과 전체

분석형 Analytic — 부분

다양한 정보를 다각도로 분석하며
원리를 이해하는 사람

논리적이고 과학적인 사고를 통해 문제를
체계적으로 해결하는 데 뛰어난 능력을
발휘합니다. 데이터를 빠르게 분석하고, 복잡한
정보를 명확하게 정리하며, 문제 해결에 있어
지적인 면모를 보여줍니다.

이성과 이해를 전파하라
Bring Understanding to Our World

`분석가` `데이터` `논리적` `과학적`

통합형 Holistic — 전체

열린 마음으로 변화에 적응하고
직관적으로 사람들을 이끄는 사람

세상을 혁신적인 시각으로 바라보며, 늘 새로운
가능성을 탐구합니다. 자신의 직관과 통찰을
바탕으로 문제를 해결하고, 타고난 리더십으로
새로운 방향성을 제시하며, 창의적인 해결책을
찾습니다.

새로운 세상을 상상하고 실현하라
Envision Our New World

`비전가` `직관` `개방적` `포괄적`

'전체'를 이해하기 위해서는 모든 '부분'을 깊이 들여다봐야 하듯이, 분석형은 세상을 과학적으로 접근합니다. 상호 작용하는 부분들이 어떻게 더 큰 전체를 만들어내는지를 면밀히 관찰하고 이해하려 하죠. 분석형에게는 어떤 것을 완전히 이해하기 위해 그것을 분해하고 더 깊이 파고들려는 본질적인 욕구가 있습니다. 마치 거대한 퍼즐을 맞추듯 모든 부분을 하나하나 살펴보고 조립해야만 전체 그림이 보이는 것입니다. 이러한 과정이 완료되어야만 분석형의 논리적이고 분석적인 마음이 비로소 평화를 찾습니다.

반면 통합형은 세부적인 요소들의 복잡성을 직관적이고 자연스럽게 파악하는 능력이 있습니다. 다양한 조각들의 아름다움을 쉽게 이해하고, 마음속에서 자연스럽게 완벽한 '전체'를 그려내는 것처럼 보입니다.

이러한 차이는 음악을 만드는 과정에서도 잘 드러납니다. 분석형 작곡가는 모든 음표를 가장 완벽하고 정확하게 배치하는 데 집중하는 반면, 통합형 작곡가는 전체적인 음악적 흐름을 보며 아름다운 선율을 만들어내는 음들 사이의 관계에 집중합니다. '모든 음이 마치 마법처럼 서로의 춤추는 파트너가 되어 머릿속에서 춤을 추는 것 같다'는 말처럼, 통합형은 복잡성을 직관적으로 이해하고 '종합'해냅니다.

대부분의 분석형은 통합형의 이런 접근 방식을 이해하기 어려워합니다. 하지만 두 유형의 고유한 역량과 재능이 함께 발휘될 때, 우리는 전체와 부분이 조화롭게 어우러져 의미 있는 시너지를 만들어내는 것을 볼 수 있습니다.

분석형 성격 DNA

✳

당신의 도전과제: 세상을 이해시키는 것
분석형 성격을 갖고 있는 당신은 과학적인 통찰을 추구합니다.

분석형 성격의 당신은 다른 사람들에게 뛰어난 과학적 재능을 지닌 지적인 사람으로 비춰

집니다. 문제를 체계적으로 해결하며, 누구보다도 빠르게 데이터를 수학적으로 분석할 수 있는 능력이 있습니다. 이러한 성격 특성 덕분에 광범위한 데이터, 그래프, 참고자료, 숫자, 사실 및 수치와 관련된 모든 정보를 효과적으로 찾아내고 활용합니다.

내 성격을 한마디로 표현하면: 분석형 성격으로 살아간다는 것

"저는 새로운 사실을 배우고 주변 세계를 이해하는 것에 무한한 호기심과 감사함을 느낍니다. 대부분의 질문에 대해 먼저 스스로 깊이 생각해보려 하지만, 일단 어떤 결론에 확신이 서면 그것을 바탕으로 더 많은 질문을 이어가고 싶어지죠!"

"모든 일을 상세히 기록하는 것은 저의 제2의 천성입니다. 늘 앞을 내다보며 여러 가지를 동시에 생각하다 보니, 때로는 좋은 아이디어를 놓치지 않기 위해 기록하는 것이 필수가 되었습니다. 수년간 머릿속에 담아두었던 훌륭한 아이디어들을 잊어버린 경험이 있기 때문이죠."

"배운 내용을 완벽하게 기억하고 다시 찾아볼 필요가 없도록 모든 것을 꼼꼼히 기록해둡니다. 맞춤법이나 서식의 오류는 절대 용납할 수 없어서 항상 검수 과정을 거치죠. 심지어 엑셀에도 맞춤법 검사 기능이 있다는 것까지 파악해 두었답니다!"

"가끔은 지나치게 '분석에만 매몰되지' 않도록 경계하려 합니다. 분석적 능력 못지않게 좋은 사람이 되려 노력하고 있어요. 친절하고 성실한 태도로 다가갈 때 다른 사람들에게도 더 의미 있는 영향을 줄 수 있다고 믿기 때문입니다. 분석가로서의 능력과 인간적인 면모가 조화를 이룰 때 진정한 성공을 이룰 수 있다고 생각합니다."

통합형 성격 DNA

✷

당신의 도전과제: 새로운 세상을 품고 그려내기
통합형 성격을 타고난 당신은 타고난 리더십을 보여줍니다.

당신은 꿈꾸는 사람이며, 우리가 하는 모든 일에 대해 '왜'라는 근본적인 질문을 던지는 사람입니다. 내면과 그 너머를 바라보는 당신은 끊임없이 질문하고, 의문을 품으며, 모든 것의 관계성을 탐구합니다. 자기 인식이 없다면 진정한 발전도 없다고 믿으며, 타고난 지혜와 직관, 혁신적 사고로 세상과 사람들을 바라봅니다. 논리의 틀에 얽매이지 않기에 다른 이들이 보지 못하는 가능성을 발견하는 전략적 비전을 가진 리더입니다.

내 성격을 한 마디로 표현하면: 통합형 성격으로 살아간다는 것

"저는 변화를 끊임없이 추구하며, 어떤 장애물도 제가 그리는 원대한 목표 달성을 방해하지 못하도록 만드는 사람입니다. 모든 도전을 기회로 바꾸려 노력하죠."

"제 책임하에 있는 사람들이 어려운 상황에서도 안정감을 느끼고 긍정적인 시각을 유지할 수 있도록 돕습니다. 위기 속에서도 성과를 만들어내는 영향력을 발휘하죠. 많은 사람들이 자신들의 꿈같은 아이디어를 현실로 만들고 더 나은 사람이 되는 여정에서 저의 리더십을 신뢰합니다."

"다른 사람들에게 행동할 수 있는 용기와 활력을 불어넣는 것이 제 역할입니다. 미래에 대한 희망을 강조하고, 우리가 하나의 팀이라는 소속감을 일깨워주죠. 제가 비전을 제시하는 것만으로도 팀원들의 성과가 25% 이상 향상되는 것을 보아왔습니다."

"우리가 직면한 대부분의 문제들은 즉각적인 해결이 어렵습니다. 저는 다른 리더들보다 상황을 더 깊이 이해하고, 때로는 상황이 좋아지기 전에 더 악화될 수 있다는 것도 인정합니다. 하지만 제가 제시하는 비전과 리더십은 사람들에게 안정감을 줍니다. 일시적인 좌절감이 있을 수 있지만, 저는 결코 희망을 잃지 않기 때문입니다."

위의 두 성격 유형에서 보듯이, '세부적 분석'과 '통합적 전체'라는 서로 다른 접근 방식을 가진 이들이 함께할 때 우리는 가장 완벽한 이해에 도달할 수 있습니다. 분석형이 정교한 데이터 분석과 체계적인 검증으로 단단한 기반을 만든다면, 통합형은 그 위에서 창의적 통찰과 혁신적인 비전을 제시합니다. 마치 현미경으로 세상의 비밀을 들여다보는 과학자와 망원경으로 우주의 가능성을 바라보는 천문학자처럼, 두 유형은 서로 다른 관점에서 진실을 탐구합니다. 분석형의 치밀한 논리와 통합형의 직관적 통찰이 만날 때, 우리는 세상을 더 깊고 넓게 이해할 수 있게 됩니다. 이처럼 두 유형의 시너지는 인류의 지식과 혁신을 더욱 풍요롭게 만들어줍니다.

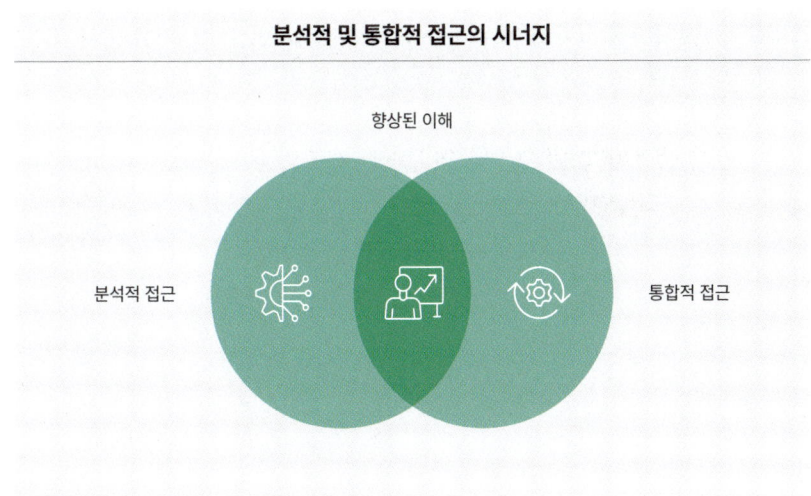

성격 DNA 요인 #5   의무와 자율

책임형 Responsible   의무

자기 의무를 책임감 있게 받아들이고
매사에 최선을 다하는 신뢰할 수 있는 사람

주어진 일을 신중하게 처리하며, 책임감을 갖고 끝까지 완수합니다. 중요한 일에는 세부 사항까지 꼼꼼히 챙기며, 자신에게 주어진 역할을 충실히 수행하는 신뢰할 수 있는 사람입니다.

최고의 품질과 탁월함을 추구하라
Do The Best We Can

지원군   신뢰성   근면성실   언행일치

개인형 Individualist   자율

개인의 권리와 자유를 중요시하며
독립적인 사고와 행동을 하는 사람

자유를 추구하고, 자신의 신념에 따라 독립적으로 살아갑니다. 타인의 간섭을 거부하고, 자신의 길을 스스로 개척하며 자율성을 중요하게 여깁니다. 개인의 선택과 자유를 중시하는 성향을 지닙니다.

자유와 권익을 보호하라
Defend Our Rights

자유   독립적   자율성   다양성

이 성격 요인은 강한 개인적 책임감과 평등, 공정, 정의를 추구하는 내면의 힘과 직접적으로 연결되어 있습니다. 여기서 두 가지 서로 다른 접근 방식이 나타나는데, 하나는 의무를 중심으로, 다른 하나는 자율을 중심으로 이러한 가치들을 실현하고자 합니다.

책임형은 "무엇을 도와드릴까요?" 또는 "제가 어떤 일을 해야 할까요?"라는 질문을 자주 던집니다. 도움을 요청받았을 때 '못 하겠습니다'라고 말하는 것에 큰 부담을 느끼지만, 한 가지 확고한 원칙이 있습니다. 바로 '남을 위해 하는 일이라면 제대로 하든지, 아니면 아예 하지 말자'는 것입니다.

한편 개인형은 인류 문명의 발전을 위해 또 다른 형태의 책임감을 보여줍니다. 이들은 사회가 최선이라 믿는 것에 무조건 순응하라는 끊임없는 압력으로부터 개인의 자유를 지키는 파수꾼 역할을 합니다.

개인형은 '집단의지'에 개인이 함몰되는 것을 막아야 한다는 강한 사명감을 가지고 있습니다. 책임형이 "더 큰 이익을 위해 제가 무엇을 할 수 있을까요?"라고 물을 때, 개인형은 "이건 너를 위한 거야" 또는 "공동의 이익을 위해 이 일을 해야 해"라는 말에서 '심리적 조작'의 가능성을 경계합니다. 개인형에게 있어 '나'라는 존재는 어떠한 집단, 사회, 문화, 종교적 신념이나 권위에도 굴복하지 않고 동등하게 맞설 수 있어야 합니다. 흥미롭게도 개인형 역시 강력한 책임감을 가지고 있습니다. 다만 그들의 책임감은 자신뿐만 아니라 모든 이의 자유를 지키는 데 향해 있습니다. 마치 이타형이 타인의 고통 앞에서 침묵할 수 없듯이, 개인형은 누군가의 자유가 침해되는 것을 보면 강력히 저항하고 맞서지 않을 수 없습니다.

책임형 성격 DNA

✺

당신의 도전 과제: 이 세상에서 최선을 다해 일을 수행하는 방법을 보여주는 것
책임형 성격의 당신은 탁월함과 완성도로 승부합니다.

당신은 우선순위에 따라 한결같이 신중하게 일을 진행하면서도, 인생이 던져주는 도전과 책임을 기꺼이 받아들입니다. 힘들게 노력하는 과정 자체에서 기쁨을 느끼며, 중요한 일이라면 사소한 디테일 하나까지도 심혈을 기울입니다. 어떤 일이든 온 마음을 다해 완벽하게 해내려 하며, 원칙을 지키며 끝까지 최선을 다합니다. 자신이 쏟는 노력과 정성이 결과물의 질을 결정한다고 믿기에, 다른 사람들의 기대 이상으로 신뢰할 수 있고 책임감 있는 모습을 보여줍니다.

내 성격을 한마디로 표현하면: 책임형 성격으로 살아간다는 것

"저는 항상 높은 목표를 설정하고 제 한계를 뛰어넘으려 노력합니다. 마치 올림픽 선수처럼 '금메달'을 목표로 삼고, 시작한 모든 일에 제가 가진 모든 것을 쏟아붓는 데 주저함이 없죠. 이런 태도가 저를 내적으로 더욱 단단하게 만들어주는 것 같습니다."

"단순한 완벽함보다는 결점 없는 탁월한 결과를 추구합니다. 존 W. 가드너가 말했듯이 '탁월함이란 평범한 것을 비범하게 해내는 능력'이라는 점을 늘 마음에 새기고 있습니다."

"모든 일에서 효율성을 고민하고 탁월함을 추구하려 합니다. 어떤 일이든 진정한 열정을 가지고 임하죠. 일을 대충 하면 결국 그런 태도가 그대로 드러나기 마련이니까요."

"언제나 뛰어난 성과를 내기 위해 도전합니다. 좋아하는 일이든 아니든 최선을 다하려 노력하고, 한번 시작한 일은 어떤 어려움이 있더라도 끝까지 해내고자 합니다."

개인형 성격 DNA

✺

당신의 도전과제: 개인의 권익을 보호하는 것
개인형 성격을 가진 당신은 자유의 수호자이자 사회적 혁신가입니다.

자유로운 영혼을 지닌 당신은 스스로의 길을 개척하며 자신만의 신념에 따라 살아갑니다. 어떠한 형태의 통제나 제한도 받아들이지 않으며, 진정한 해방감을 느끼는 것에 가장 큰 가치를 둡니다. 확고한 소신을 바탕으로 의견을 표현하고 행동하는 데 주저함이 없으며, 건강한 개인주의를 추구합니다. 자아실현을 인생의 최우선 과제로 여기며, 자신을 믿고 살아가는 삶의 가치를 중요하게 생각합니다. 사회, 국가, 집단, 제도 등 외부로부터의 부당한 간섭에 대해서는 단호히 맞섭니다.

내 성격을 한마디로 표현하면: 개인형 성격으로 살아간다는 것

> "많은 사람들이 이미 걸어간 잘 닦인 길을 따라가는 것도 나쁘지 않습니다. 하지만 저는 그 너머에 있는 것들을 추구합니다. 아직 아무도 가보지 않은 수많은 길이 있고, 비록 제 힘으로 개척해야 하더라도 그 도전은 충분한 가치가 있다고 믿습니다."

> "어떤 이들은 저를 체제 불순응자나 반골이라고 부르겠죠. 대다수가 가는 길을 거부하고 늘 더 많은 것을 추구한다고 말할 겁니다. 사실 저는 기존 질서에 새로운 긴장감을 불어넣고, 다름의 가치를 보여주는 역할을 즐기고 있습니다."

> "때로는 제가 늘 반대만 하는 사람처럼 보일 수 있습니다. 하지만 저는 결코 의도적인 반항이나 자극을 추구하지 않습니다. 제 관점이 시대에 뒤처진 것이라면 기

꺼이 수정할 수 있습니다. 다만 개인의 자유와 사생활은 반드시 보호받아야 한다고 믿습니다."

"살아남는다는 것이 반드시 타협하거나, 고독을 선택하거나, 남들과 같은 길을 가야 하는 것은 아닙니다. 때로는 자유를 추구하는 사람이 오히려 다른 이들의 단단한 버팀목이 될 수 있습니다."

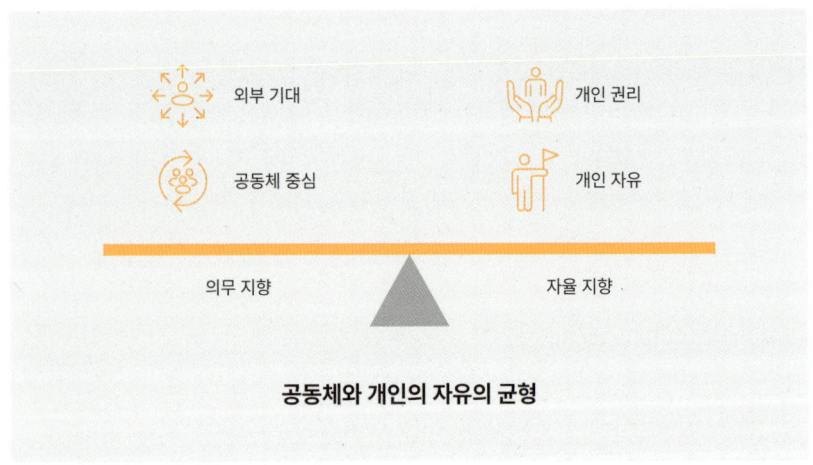

공동체와 개인의 자유의 균형

의무와 자율의 성격유형간 상호보완적 관계를 살펴보면, 우리는 서로를 깊이 이해할 수 있습니다. 책임형은 공동체를 위해 무엇을 해야 할지 끊임없이 고민하며, 완벽한 수행과 최선을 다하는 데 초점을 맞춥니다. 반면 개인형은 개인의 자유를 지키고자 하는 강력한 사명감을 가지고, 외부의 부당한 간섭으로부터 개인의 권리를 지키는 데 집중합니다.

주목할 점은 이들 모두 강력한 책임감을 지니고 있다는 사실입니다. 책임형은 더 큰 공동체를 위해, 개인형은 모든 이의 자유를 지키기 위해 노력합니다. 이처럼 서로 다른 방식으로 정의와 윤리를 실현하고자 하는 이들이 협력할 때, 세상은 더 건강해질 수 있습니다.

성격 DNA 요인 #6 — 상징과 실용

예술형 Imaginative — 상징

풍부한 상상력으로 독창적이고 예술적인 표현을 추구하는 창의적인 사람

창의성을 삶의 근본으로 여기며, 다양한 예술 매체를 통해 자신의 감정을 표현합니다. 어떠한 환경에서도 적용하고, 독창적인 방식으로 문제를 해결하는 능력을 가지고 있습니다. 예술적 감각을 통해 세상과 소통합니다.

아름다움을 창조하라
Bring Beauty to Our World

`아티스트` `창의적` `독창적` `표현력`

발명형 Inventive — 실용

창의적 아이디어를 실용적으로 발전시켜 효용 가치를 창출하는 사람

실용적인 창의성을 바탕으로 혁신적인 아이디어를 발전시키며, 이를 통해 실질적인 가치를 창출합니다. 개선의 가능성을 믿고, 기발한 발상으로 실용적 해결책을 제시하는 데 능숙합니다.

아이디어를 실현하라
Turn Ideas into Reality

`혁신가` `개척가` `실용적` `시행착오`

상상력과 발명은 서로를 보완하며 공존하면서 문명의 진보에 지대한 공헌을 해왔습니다. 우리는 이러한 서로 다른 성격의 소유자들이 만들어낸 다양한 발명품과 해결책의 혜택을 누리며 살아가고 있습니다. 예술형 성격은 창의적인 예술 작품 창작에 탁월한 능력을 보이며, 발명형 성격은 혁신적 사고와 문제 해결에 뛰어난 강점을 지니고 있습니다.

예술형 성격의 소유자들은 주변 세계를 순수하고 예술적이며 창의적으로 표현하는 데 능숙합니다. 반면 발명형 성격의 소유자들은 예술의 아름다움과 상징적 의미에만 머무르지 않습니다. 이들은 자신의 비전을 현실화하고 사회에서 실용적으로 활용될 수 있도록 구체화하는 데 주력합니다.

예술형 성격의 소유자들은 자신의 창의적 통찰력을 상징과 비유로 표현하여 타인과의 관계에서 존재감을 드러내고자 합니다. 발명형 성격의 소유자들 역시 뛰어난 아이디어와 비전, 창의성을 갖추고 있으나, 실용성과 근본적인 필요의 충족에 더 큰 비중을 둡니다. 그래서 이들은 주로 기존의 것을 개선하고 발전시키는 데 집중하는 경향이 있습니다.

이처럼 상상력과 발명은 유사하면서도 상호 보완적인 관계를 이루고 있습니다. 예를 들어 예술가가 캔버스에 아름답고 독창적인 그림을 그리면, 발명형 디자이너는 이를 의복에 응용하여 대중이 실생활에서 활용할 수 있는 제품으로 만들어냅니다.

예술형 성격 DNA

✺

당신의 도전과제: 아름다움을 세상에 소개하는 것
예술형 성격을 갖고 있는 당신은 틀을 벗어난 사고를 추구합니다.

창의성은 예술형 성격을 지닌 분들의 삶의 원동력입니다. 당신은 어떠한 상황에서도 유연하게 적응하고 목표를 달성할 수 있는 놀라운 재능을 가지고 있습니다. 춤, 음악, 글쓰기, 시, 사진, 무대와 스크린, 그림, 조각, 요리, 정원 가꾸기 등 다양한 예술 매체를 통해 당신만의 독창적인 표현을 펼쳐나갈 수 있습니다.

내 성격을 한마디로 표현하면: 예술형으로 살아간다는 것

"수많은 연기자, 뮤지션, 작가를 비롯한 여느 예술가들처럼 예술가들처럼 저도 예민한 감성을 지니고 있습니다. 화가든 뮤지션이든 작가든 예술을 하는 사람이라면 창의적일 수밖에 없어요. 저는 독특한 성향을 가지고 있어서 규격화된 틀에 갇히지 않는 사람입니다."

"예술 작품을 통해 저는 내면의 자아, 타인, 그리고 제 작품과 더 깊은 교감을 나눌 수 있습니다. 저만의 독특한 아이디어를 가지고 있으며, 그러한 상상을 다른 이들과 나누고 때로는 작품으로 선보일 용기도 생깁니다."

"예술형 성격인 저는 마치 영화 <에이리언> 속 주인공과 같습니다. 제 아이디어에 천천히 생명력을 불어넣기 때문입니다. 무언가 내 안에서 구부러지고 접히며 제 아이디어가 구체화되는 신비로운 과정에 늘 감사함을 느낍니다."

"저는 체계적이지 않은 상황에서도 오히려 일을 즐기며 해낼 수 있습니다. 저만의 독창성과 상상력을 마음껏 발휘할 수 있기 때문입니다. 제가 지닌 에너지를 아름답고 창조적인 것으로 승화시켜 다른 이들의 마음을 울리는 작품으로 만들어냅니다. 저에게 있어 창의성은 결코 없어서는 안 될 삶의 근원입니다."

발명형 성격 DNA

✳

당신의 도전과제: 신선한 사고를 일깨우고 참신한 질문을 던지는 것
발명형 성격의 당신은 아이디어를 현실로 구현하는 사람입니다.

당신이 제시한 새로운 아이디어, 해결책 또는 필요한 변화를 구현한 제품은 사회적, 실용적, 경제적 가치가 크다고 믿습니다. 당신은 모든 것이 더 나은 방향으로 개선될 수 있다고 생각합니다. 진정한 창의적 해결책은 단순한 미적 만족을 넘어 실질적인 가치로 발전해야 한다고 믿습니다. 구체적인 결과물을 만들어내는 과정에서 큰 만족감을 얻으며, 독창적 사고를 통해 실용적인 혁신을 실현합니다.

내 성격을 한마디로 표현하면: 발명형으로 살아간다는 것

"독창적인 생각은 제게 여러 층위의 의미를 줍니다. 이는 내면의 자원을 활용하는 능력입니다. 과거의 지식, 순간의 통찰력과 영감, 그리고 마음속의 3D 이미지를 결합하는 능력이지요. 저는 단순한 상상에 그치지 않고 모든 구성 요소에서 새로운 활용 가능성을 발견합니다. 그래서 언뜻 보기에 하찮은 것들도 일단은 보관해 두는 습관이 있습니다."

"토머스 에디슨은 '천재는 1%의 영감과 99%의 노력'이라고 말했습니다. 전화기를 발명한 알렉산더 그레이엄 벨은 '성공의 열쇠는 준비'라고 했지요. 발명가이자 배우였던 헤디 라마르는 저와 같은 사람을 '예기치 않은 일을 시도하는 사람'이라고 정의했을 것입니다."

"저만의 특별한 능력은 세상을 늘 새롭고 독특한 시각으로 바라본다는 점입니다. 이것이 바로 발명가적 마인드의 본질이지요. 모든 것이 어떻게 개선될 수 있는지, 다른 용도로 변경될 수 있는지 탐구하는 것은 제 본능과도 같습니다."

"나는 항상 더 잘 작동하는 디자인을 위한 새로운 해결책을 생각합니다. 종종 다른 사람의 창의성에서 자극을 받기도 해요. 보통 생각 그 자체로는 실용적이지 않죠. 나는 천재는 아니지만 호기심이 많고, 제대로 된 것 하나를 만들어내려고 실수를 셀 수 없이 반복하는 재능도 있습니다."

예술형과 발명형 성격 간의 상호보완적 관계를 살펴보면, 우리는 창조성의 서로 다른 두 얼굴을 발견할 수 있습니다. 예술형은 세상의 아름다움을 창조적으로 표현하고 감동을 전하는 데 집중하며, 발명형은 혁신적 아이디어를 실용적 가치로 구현하는 데 주력합니다.

주목할 점은 이들 모두 창의적 영감을 바탕으로 세상에 새로운 가치를 더한다는 사실입니다. 예술형은 인간의 감성을 깊이 있게 표현하여 영혼을 울리고, 발명형은 실생활의 문제를 해결하며 삶의 질을 높입니다. 이처럼 서로 다른 방식으로 창조성을 발현하는 이들이 협력할 때, 우리의 삶은 더욱 풍요롭고 아름다워질 수 있습니다.

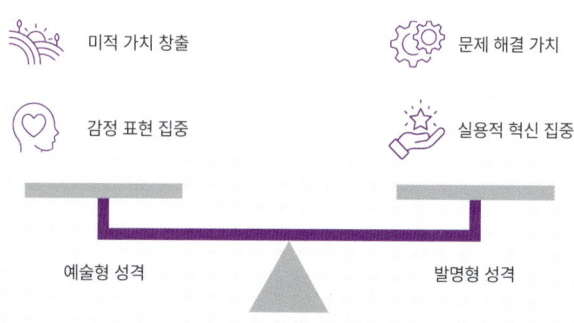

창의성의 균형: 예술성과 혁신의 만남

다면적 성격 조합

12가지 성격 유형이 여러 차원으로 조합되면
다음과 같은 혼합 성격 유형이 나타나기도 합니다.

- 하이브리드형
- 카멜레온형
- 다재다능형

하이브리드형 성격 DNA

당신의 도전과제:
인간은 복합적인 존재임을 세상에 상기시키는 것
하이브리드형 성격의 당신은 무척 다면적인 사람입니다.

하이브리드형 성격은 두 가지의 뚜렷한 성격 유형이 공존하며, 각각 고유한 특성과 재능을 지니고 있습니다. 마치 양손잡이처럼 서로 다른 사고방식과 성향을 자유자재로 활용하며, 때로는 상반된 듯 보이는 특성들을 자연스럽게 조화시킵니다. 이러한 특징으로 인해 당신은 더욱 풍부하고 입체적인 성격을 가지게 됩니다.

내 성격을 한마디로 표현하면: 하이브리드형 성격으로 살아간다는 것

"저는 본질적으로 매우 복합적인 사람입니다. 단순한 답변만을 기대하고 질문하신다면 실망하실 수 있습니다. 깊이 들어가면 들어갈수록 더욱 다양한 생각들이 떠오르기 때문입니다. 그래서 제 내면에서는 서로 다른 두 성격이 끊임없이 대화를 나누고 있습니다."

"저는 분명 역동적인 성격의 소유자입니다. 다른 이들에 비해 더욱 다채로운 성격을 지녔기에, 어떤 이들은 제가 일관성이 부족하다고 여길 수 있습니다. 때로는 저 자신은 물론 상대방까지도 혼란스럽게 만들 수 있지요. 서로 모순되는 행동을 하거나 별다른 설명 없이 입장을 바꾸는 경우가 종종 있기 때문입니다."

"저는 다중 인격을 가진 것이 아닙니다. 다면적인 사람일 뿐입니다. 제 안의 모순된 면들을 기꺼이 받아들이며, 마치 한 방에서 다른 방으로 이동하듯이 자연스럽게 서로 다른 성격 특성들을 오가고 있습니다. 주방에서 거실로 걸어가듯 편안하게 각기 다른 성격 사이를 넘나드는 것이지요. 이는 결코 정신적이나 정서적 문제가 아닙니다."

"사실 저는 대부분의 사람들이 생각하는 것보다 훨씬 더 복합적인 면모를 지니고 있습니다. 인간이라면 누구나 복잡한 존재라는 전제를 두더라도 말입니다. 그래서 저를 온전히 이해하기란 쉽지 않을 것입니다. 제가 지닌 다면성이 때로는 미스터리하게 느껴질 수 있습니다."

하이브리드 성격 발전의 주기

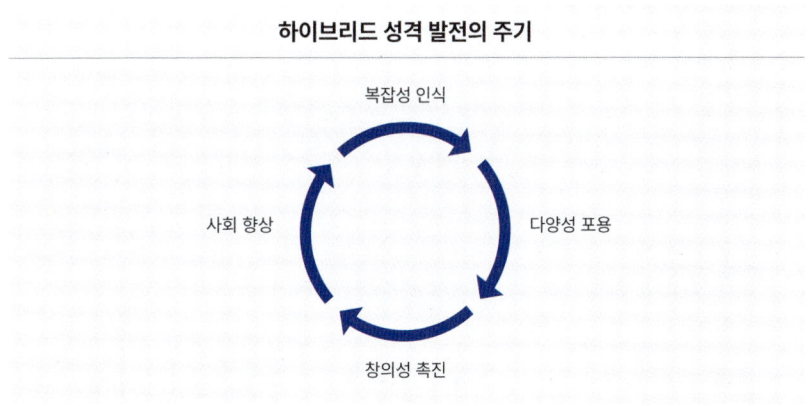

하이브리드형 성격을 이해하는 것은 인간의 복잡성을 이해하는 시작점이 될 수 있습니다. 서로 다른 두 성격이 한 사람 안에 공존한다는 것은, 우리가 단순히 하나의 성격으로 정의될 수 없는 다면적 존재임을 보여줍니다. 때로는 이러한 복합성이 혼란스럽게 느껴질 수 있지만, 이는 오히려 더 풍부하고 창의적인 삶을 살아갈 수 있는 원동력이 됩니다. 하이브리드형 성격을 가진 이들이 자신의 다양한 면모를 조화롭게 발현할 때, 우리 사회는 더욱 입체적이고 포용적인 모습으로 발전할 수 있을 것입니다.

카멜레온형 성격 DNA

✳

당신의 도전과제: 세상에 다양성을 가져오기
카멜레온형 성격의 당신은 적응의 귀재입니다.

카멜레온형 성격을 지닌 당신은 어떠한 사회적 환경에도 자연스럽게 스며드는 특별한 재능을 가지고 있습니다. 주변 사람들이 마치 당신이 원래부터 그곳에 있었던 것처럼 느낄 만큼 자연스럽게 어우러지는 법을 알고 있습니다. 깊이 고민하지 않고도 함께하는 사람들에 맞춰 자연스럽게 성격을 조율할 수 있습니다. 당신은 획일화된 틀에 갇히기를 거부하는, 유연하고 다채로운 성격의 소유자입니다. 인간이란 필요에 따라 얼마든지 상황에 적절히 적응할 수 있다는 것을 보여주는 살아있는 증거라고 할 수 있습니다.

* 참고: 카멜레온형 성격으로 분류하려면 3개 혹은 4개의 가장 높은 성격 유형 점수가 50~55 범위에 있어야 한다.

내 성격을 한마디로 표현하면: 카멜레온형 성격으로 살아간다는 것

"사회적 관계를 맺는 것은 사회생활에서 매우 중요한 부분입니다. 저는 타고난 친화력을 활용해 최대한 빠르게 다른 사람들과 관계를 형성합니다. 상대방의 반응을 세심하게 살피면서 자연스럽게 그들의 성향에 맞춰가지요. 제 행동도 그에 따라 조율합니다. 사실 우리 모두가 이런 면을 가지고 있지 않을까요?"

"저를 유연한 연기력을 지닌 배우라고 생각해 주시면 좋겠습니다. 때로는 상황에 맞는 정교한 가면을 쓴 배우가 된 듯한 느낌을 받습니다. 각 상황에 맞게 변화하며 적응해가는 것이지요. 진정한 '나'를 잠시 숨기고 다른 모습의 '나'를 보여주기도 합니다. 이는 제 경력과 인생 목표, 그리고 원만한 대인관계를 위한 자연스러운 과정입니다."

"흥미로운 점은 대부분의 사람들이 스스로 인정하는 것보다 더 카멜레온적인 면모를 가지고 있다는 것입니다. 누구나 성공을 향한 열망과 함께 타인에게 좋은 인상을 남기고 싶어 하지요. 때로는 카리스마를 발산하려 하고, 때로는 내키지 않는 상황에서도 미소를 지어 보입니다. 이는 우리 모두가 공유하는 인간적인 모습일 것입니다."

"자아를 찾아가는 여정에는 수많은 방법이 존재합니다. 저는 어린 시절부터 뚜렷하거나 고정된 성격을 가진 아이는 아니었습니다. 오히려 상황에 따라 자유자재로 변화할 수 있는 능력을 지녔지요. 그래서 '진정한 나는 누구인가'라는 질문에 대한 답을 찾는 과정이 쉽지만은 않았습니다. 하지만 이러한 고민을 통해 오히려 자신을 더 깊이 들여다보게 되었고, 제 정체성을 더욱 풍요롭게 만들어갈 수 있었습니다."

카멜레온형 성격이 가진 적응력과 유연성은 현대 사회에서 특별한 가치를 지닙니다. 상황에 따라 자연스럽게 변화하는 능력은 단순한 처세술이 아닌, 다양한 관점을 이해하고 포용할 수 있는 정서적 지능의 표현입니다. 때로는 이러한 변화무쌍함이 정체성의 혼란으로 이어질 수 있지만, 이는 오히려 더 깊이 있는 자아 성찰의 기회가 됩니다. 카멜레온형 성격을 지닌 이들이 자신의 유연성을 통해 다양한 사람들 사이의 다리를 놓을 때, 우리 사회는 더욱 조화롭고 포용적인 방향으로 성장할 수 있을 것입니다.

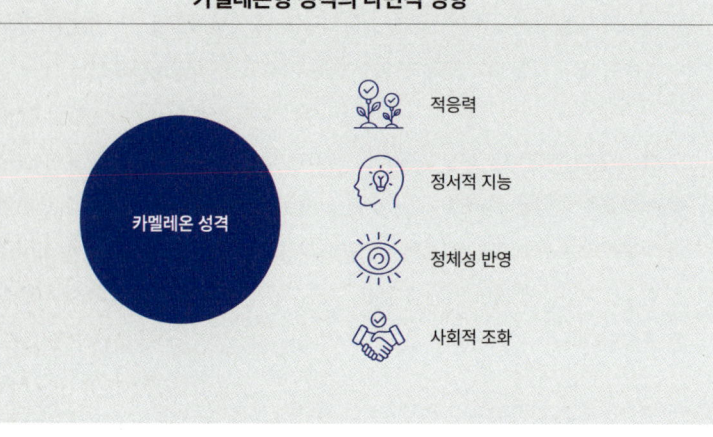

다재다능형 성격 DNA

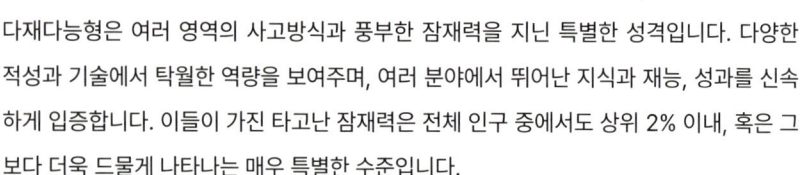

✳

당신의 도전과제: 상상할 수 있는 모든 것을 해보기
다재다능형 성격의 당신은 정말 다양한 재능을 지니고 있습니다.

다재다능형은 여러 영역의 사고방식과 풍부한 잠재력을 지닌 특별한 성격입니다. 다양한 적성과 기술에서 탁월한 역량을 보여주며, 여러 분야에서 뛰어난 지식과 재능, 성과를 신속하게 입증합니다. 이들이 가진 타고난 잠재력은 전체 인구 중에서도 상위 2% 이내, 혹은 그보다 더욱 드물게 나타나는 매우 특별한 수준입니다.

* 참고: 다재다능형은 상위 3개 (드물게 그 이상의) 유형 점수가 65~99점대이어야 한다.

내 성격을 한마디로 표현하면: 다재다능형 성격으로 살아간다는 것

"저를 다양한 능력을 지닌 '문어'라고 생각해주세요. 상황에 따라 색을 바꿀 수 있고, 다채로운 질감을 만들어낼 수 있으며, 여덟 개의 팔로 여러 일을 동시에 해낼 수 있습니다. 심지어 재생 능력까지 갖추고 있으며, 독특한 방식으로 지능을 발휘할 수 있지요."

"성장 과정에서 제가 특별하다고 생각한 적은 없었습니다. 하지만 점차 다른 이들과는 다른 면모가 있다는 것을 깨닫게 되었습니다. 제게 즐거움을 주는 것들이 다른 이들에게는 꼭 그렇지 않다는 것을 발견했기 때문입니다."

"저는 삶의 거의 모든 영역에서 깊은 관심과 풍부한 감정을 느낍니다. 때로는 다른 이들이 보여주는 근시안적이거나 단편적인 사고방식을 이해하기 어려울 때가 있습니다. 불공정과 불의에 민감하며, 단순한 회의주의자가 아닌 호기심 많은 탐구자로서 주체적인 의견을 제시하곤 합니다."

"저는 독특하면서도 개성 있는 유머 감각을 지니고 있습니다. 동시에 사회적 관계도 원만하게 유지하며, 타인들로부터도 긍정적인 평가를 받고 있습니다. 어린 시절부터 타인의 판단과는 별개로, 자신에 대한 긍정적인 자아상을 발전시키는 것의 중요성을 깨달았습니다."

다재다능형 성격이 지닌 다양한 재능과 깊이 있는 통찰력은 현대 사회에서 특별한 의미를 가집니다. 여러 분야를 넘나드는 창의적 사고와 깊은 공감 능력은 복잡한 문제 해결에 새로운 관점을 제시할 수 있습니다. 때로는 이러한 다면성으로 인해 한 곳에 집중하기 어려울 수 있지만, 이는 오히려 혁신적인 아이디어와 독창적인 해결책을 만들어내는 원동력이 됩니다. 다재다능형 성격의 사람들이 자신의 다양한 재능을 조화롭게 발현할 때, 우리 사회는 더욱 창의적이고 풍요로운 방향으로 발전해 나갈 수 있을 것입니다.

다재다능한 성격의 힘

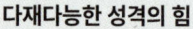

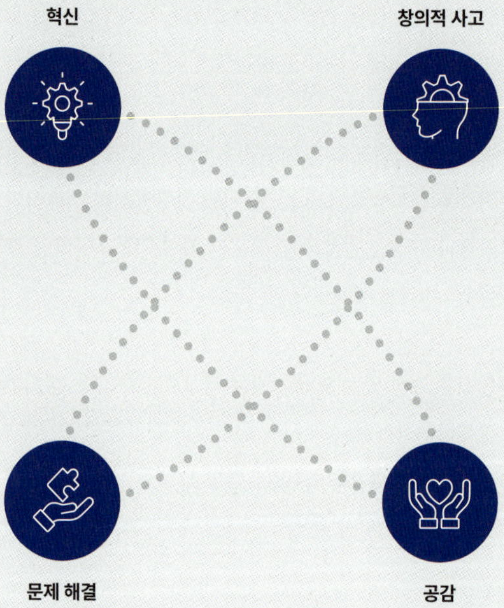

혁신　　　　　창의적 사고

문제 해결　　　공감

다면적 성격 조합

성격 DNA를 최적화하여 성공과 행복을 찾아가기

지금까지 성격 DNA 체계를 통해 인간의 모든 성격 유형을 살펴보았습니다. 인류가 지금까지 이루어온 놀라운 진보와 성취의 근원에는 바로 이러한 다양성이 있었음을 알 수 있습니다. 이 경이로운 다양성은 우리 세계의 모든 영역에 영향을 미쳐왔습니다. 눈부신 기술의 발전, 편리한 교통 체계, 감동적인 예술 작품과 같은 긍정적 성과부터, 복잡한 사회·경제적 문제, 건강과 환경 문제, 대인관계의 어려움에 이르기까지 모든 것이 이 다양성과 연결되어 있습니다.

자신의 고유한 성격 DNA를 최적화하여 더 깊은 자기 이해와 일상의 만족, 그리고 진정한 행복을 찾고자 하신다면, 이 책의 나머지 내용을 주의 깊게 살펴보시기 바랍니다. 이를 통해 인생의 중요한 결정들을 더 현명하게 내리고, 의미 있는 인간관계를 형성하며, 직장에서도 더 큰 행복과 생산성을 얻을 수 있습니다. 궁극적으로는 진정한 자아를 발견하게 될 것입니다.

이 책에서 다루는 '나'에 대한 이해와 타인에 대한 통찰을 함께 살펴보다 보면, 주변 사람들의 생각과 행동 방식을 더 깊이 이해할 수 있게 됩니다. 이는 그들과 더 조화롭게 지내는 방법을 찾는 데 큰 도움이 될 것입니다.

내 성격의 문을 열다

12 * DNA, Unlock Your True Personality

기회형 세상을 경영하라

기회를 찾아 수익을 창출하고
강한 의지로 도전과 위험에 맞서는 사람

`야망가` `카리스마` `경쟁` `설득력`

소유

과정형 세상을 질서 정연하게 조직하라

규칙과 절차를 준수하며
공동 이익을 위해 노력하는 사람

`조정자` `계획적` `구조화` `세부사항`

계획

통찰형 세상의 복잡함을 꿰뚫어보라

깊은 성찰과 지혜로 세상을 개선하고
자기 인식을 높이는 사람

`사상가` `현명한` `깊은 통찰` `내적 성찰`

성찰

분석형 이성과 이해를 전파하라

다양한 정보를 다각도로 분석하며
원리를 이해하는 사람

`분석가` `데이터` `논리적` `과학적`

부분

책임형 최고의 품질과 탁월함을 추구하라

자기 의무를 책임감 있게 받아들이고
매사에 최선을 다하는 신뢰할 수 있는 사람

`지원군` `신뢰성` `근면성실` `언행일치`

의무

예술형 아름다움을 창조하라

풍부한 상상력으로 독창적이고
예술적인 표현을 추구하는 창의적인 사람

`아티스트` `창의적` `독창적` `표현력`

상징

공유

세상을 구원하라 **이타형**
타인의 복지를 최우선으로 생각하며 진심 어린 관심을 베푸는 사람

- 인도주의자
- 나눔
- 봉사
- 사회적 평등

실행

효율적으로 목표를 달성하라 **결과형**
목표 달성을 위해 신속하게 집중하고 효율적인 방법을 모색하는 사람

- 실행자
- 결단력
- 효율성
- 성과달성

관계

세상을 하나로 연결하라 **사교형**
대인관계에 능숙하고 소통을 즐기며 활기차게 사람들과 어울리는 사람

- 연결자
- 감성지능
- 외향적
- 친근함

전체

새로운 세상을 상상하고 실현하라 **통합형**
열린 마음으로 변화에 적응하고 직관적으로 사람들을 이끄는 사람

- 비전가
- 직관
- 개방적
- 포괄적

자율

자유와 권익을 보호하라 **개인형**
개인의 권리와 자유를 중요시하며 독립적인 사고와 행동을 하는 사람

- 자유
- 독립적
- 자율성
- 다양성

실용

아이디어를 실현하라 **발명형**
창의적 아이디어를 실용적으로 발전시켜 효용 가치를 창출하는 사람

- 혁신가
- 개척가
- 실용적
- 시행착오

PART 02.

12가지
성격 DNA
유형의
문을 열다

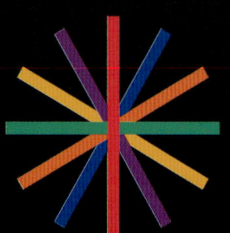

기회형 성격 DNA

(성격 정의)

당신은 계획을 세우고 체계를 만들고
비즈니스 벤처를 경영하는 일에 모든 에너지를 쏟아 붓는다.
마찬가지로 이윤을 내기 위해서라면
어떤 도전이나 위기에도 능숙하게 대처한다.
당신의 신경은 온통 비즈니스 노력, 기업가적인 활동,
성과 도출에 쏠려 있다.
자연스레 비즈니스 기회나 혁신,
새로운 가치를 창출하는 일에 끌린다.

당신의 도전과제 세상을 경영하는 것

기회형 성격이 특별한 이유
기회형 성격은 어떻게 무일푼에서 시작해 성공을 거둘까?

✳

이들의 사고와 행동방식은 우리와 차원이 다르다. 기회형 성격을 가진 당신에게는 우리라면 상상도 못할 놀랄만한 강한 성격 특성이 있다. 세계에서 가장 규모가 큰 기업 세 곳이 약 331만 명의 종업원을 두고 있다. CEO 3명이 약 331만 명의 막강한 노동력을 거느리고 있다는 사실을 생각해보라. 331만 명을 통솔하는 3명의 CEO는 각 회사의 노동력 1% 중 0.000009047%를 차지한다. 기회형 성격의 당신은 직업적 성공을 한층 올려줄, 누가 봐도 대단하고 비범한 성격 특성을 소유한 사람이다.[5]

분명한 점은 이런 유형의 사람은 우리같이 평범한 사람들에게는 그저 동경과 선망의 대상이라는 것이다. 산전수전 다 겪고 자수성가하여 성공적인 스타트업 기업을 일구어내고, CEO의 위치나 경영진까지 가는 여정은 쉬운 일이 아니기 때문이다.

특히 자수성가 스타트업 사업가라면, 보통 사람들은 당신이 사업을 시작하고 성공하기까지 얼마나 힘들고 어려웠는지 알기 어렵다. 예를 들어, 기업가적 야망이 높게 나타나는 영국에서는 인구의 4분의 3가량이 자신의 비전을 현실로 만들어내길 원한다. 그만큼 파산할 위험도, 그로 인해 무너져 내리는 마음의 고통이 따를 위험도 크다. 스타트업은 대개 사업 초기 18개월 이내에 80% 정도가 실패하며, 「포브스」는 그 첫 18개월을 버텨내는 스타트업의 50%도 4년 후에는 실패한다고 보도했다.

기업의 CEO로 버텨내는 건 더 쉽지 않다. 대기업 CEO들이 전망 좋은 사무실에 자리를 유지할 수 있는 최장 기간은 1~5년 정도다. 대략 65%가 24개월을 못 채우고 자리를 떠난다. 기업의 연간 총 매출이 클수록 CEO가 버틸 확률은 더 낮아진다. 경영진으로 올라간 후 2~4년 정도를 버틴 CEO 대부분이 비슷한 대우를 제공하는 CEO 자리를 얻지 못한다. 당신이 성공한 축에 속한다면 앞서 정의한 대로 이 분야에서[6] 매우 특출나게 재능이 있는 것이다.

신화적이고 전형적인 백인 남성들도 다른 사람들과 마찬가지로 실패한다. 데이비드 도트리치(David Dotlich)와 피터 카이로(Peter Cairo)는 저서 『CEO들이 실패하는 이유(Why CEOs Fail)』에서 CEO 자리에 오른 사람 중 3분의 2가 결국 실패한다고 말한다. 이는 물론 어떤 기준으로 보더라도, 나와 다른 11가지 성격유형이 자신의 분야에서 성공하는 비율과 비교하면 놀랄 만큼 낮은 성공률이다.[7]

이 책의 저자들은 대부분의 리더가 경영진으로 승진하는 데 실패하는 이유를 찾아냈다. 그 실패 이유는 소수의 CEO가 맡은 기업을 잘 운영해 성과를 내고 성공하는 이유와는 다르다는 것도 발견했다. 흥미롭게도 그들은 소수의 CEO를 성공으로 이끈 데는 성격의 성공적인 조합이 영향을 미쳤으며, 이를 배울 필요가 있다고 했다.

래리 캐시는 이러한 역학 관계를 규명하기 위해 노력했고 성공했다. 10년 이상 CEO 직급을 유지한 100명의 샘플을 모으는 데 거의 35년이 걸렸다. 이 연구는 어떤 자본가가 성공하고 실패하는지 예측하는 데 도움이 된다.

기회형 성격, 당신은 누구인가

✴

기회형 성격을 가진 당신을 설명해주는 두 학파가 있다. 당신은 기업가인가 아니면 기업 경영진인가? 아니면 둘 다에 해당하는가? 오스트리아 경제학파의 촉망받는 스타인 피터 G. 클라인(Peter G. Klein)은 오늘날 사회에서 기업가의 역할이 어떻게 경제와 시장을 좌지우지하는 원동력이 되었는지를 연구했다. 『자본가와 기업가(Capitalists and

Entrepreneurs)』에서 그는 기업가의 역할을 자본가와 투자자, 기업가와 촉진자로 생각하기보다는, 전통적으로 '도덕적 판단의 의사결정자'로 여겨진 기업가 개념을 되살리고 확장했다.

그는 "주류 경제학은 기회형 기업가를 일반 시장 모델에 통합하기 위해 극복할 과제가 무엇인지 파악하는 데 완전히 실패했다"라고 주장한다. 그는 자신의 이론이 너무 논리적인 탓에 비즈니스 전문가들이 회피하는 주제가 되었다고 말한다. 그에 따르면, 이제는 자본주의 기업가를 우리가 지향하는 미래 리더십 모델에 포함해야 한다.

> "유서 깊은 기회형 기업가의 지적 역사에 새로운 장이 열릴 것이다."[8]

어떤 사람들은 기회형 성격을 독립성, 창의성 그리고 자기표현을 선호하는 유형으로 보기도 한다. 자본주의의 핵심에는 자기중심성에 대한 보상이 있으며, 때로는 과도한 탐욕을 좇고, 주주와 이사회로부터 수익성과 성장을 달성하기 위해 도덕성을 희생하라는 지속적인 유혹과 압력을 받기도 한다. 서구 자본주의 문화는 기회형 성격을 내적으로 갈등하는 자기중심적인 유형으로 묘사한다.

사실 당신은 갈등하고 있다. 우리가 어떤 성격 유형을 갖고 있는가에 관계없이 우리 대부분 그렇다. 기업가, 경영진, 자본가 등 누구든지 성격에 공통적으로 높이 살 만한 특성이 있다. 당신은 일단 무언가를 간절히 부러워하고 원하면 바로 행동하지 않고는 견딜 수 없다. 그래서 다음 단계로 넘어가고, 다시 다음 단계로 넘어간다.

적어도 당신의 성격은 타고난 자신감이라는 축복을 받았다. 그래서 다른 모든 사람이 포기하려는 순간에도 당신은 낙관적인 자세를 갖는다. 최악의 순간에도 최선을 다하고 항상 스스로가 만들어낸 계획으로 앞으로 나갈 태세를 취하는 사람이 바로 당신이다.

더욱이 성공 가도를 달릴 수 있게 해주는 번뜩이는 아이디어에도 늘 마음이 열려 있다. 이런 당신에게 '열정'과 '추진력'이라는 단어가 더 필요할까? 당신은 머리카락에 불이 붙은 것처럼 야망을 발산한다. 이것이야말로 성공하는 기회형 성격의 가장 두드러진 특성이다. 누구라도 한 시간가량 당신과 대화를 나누면 당신이 얼마나 진정으로 일을 사랑하는지 알게 된다. 오랜 시간을 투자하고 스트레스 견디더라도 당신은 비즈니스를 성공시키고야 마는 사람이다. 당신에게 일과 성공은 그저 돈, 권력, 명예를 주는 것 이상으로 마음 깊은 곳에서 솟아나는 기쁨을 주기 때문이다.

기회형 성격은 우리의 기업 리더

☀

기회형 리더는 전통적으로 개인적인 호소력이 뛰어나다는 인식이 있다. 그들은 존재만으로 그를 따르는 사람들을 고양시키고 사람들의 마음을 사로잡는다. 동시에 기회형 리더는 권위적이거나 지배적인 스타일(의사 결정 과정이든 사회적 상황이든)과 떼어놓고는 생각할 수 없다. 그게 산업 운동이든 사회적 혁명이든 당신에게는 무언가를 존재하게 만드는 능력과 힘이 있다.

당신은 소속된 기업의 경영진들과 기업인들이 급부상하도록 책임 지는 중요한 성격 유형의 리더다. 이런 리더는 역사를 거슬러 올라가도 발견할 수 있다. 당신이 보여주는 강력한 리더십 스타일이야말로 요즘 비즈니스 세계에서 필요로 하는 영향력이자 능력이다. 기회형 리더와 기업들이 지금의 시장과 소비 사회를 만들어냈다고 할 수 있다.

정확히 표현하자면, 당신이 보여주는 기회형 리더십은 진화하고 있으며, 그 권한을 행사할수록 더욱 진화하게 될 것이다. 오늘날의 리더십은 누군가를 지배하고 억누르는 모습이 아니라, 사회 전반에 긍정적인 기운을 불어넣고 가치를 만들어내는 모습으로 변화했다. 강력하게 영향력을 발휘하고 헌신하면 저절로 생겨나던 예전의 리더십과는 다르다.

1920년대에 들어서 산업심리학자들의 초점은 리더십의 본질로 이동했다. 그들 역시 대부분의 연구결과처럼, 리더십이란 단독으로 존재하는 덕목이 아니라 그 사람이 가진 수많은 특성이 조합되어 이루어진다고 결론을 내렸다.[9] 리더십에 대해 이해하기 위해 가장 성공적인 기회형 리더십과 관련된 재능을 살펴볼 것이다.

기회형 성격을 위한 최고의 성격적 재능

당신의 성공을 결정하는 특성들

직업적 성공은 무엇보다 적절한 위치와 역할에서 당신의 성격의 강점을 얼마나 잘 활용하는가에 달려 있다. 또한 다른 사람들이 더 많이 갖고 있는 보완적인 성격 요소들을 폭넓게 이해해야 한다.

당신이 기업 리더의 위치로 힘들이지 않고 올라가도록 해준 것은 기회형 성격의 어떤 행동 자질일까? 시장에 변동성, 불확실성, 혼돈, 모호성이 만연한 시기에도 해마다 성공을 거두게 돕는 자질이란 어떤 것일까? 그건 바로 다음과 같다.

- **야심찬 추진력** – 경쟁적인 공격성을 보이며 무슨 수를 써서라도 이기고 다른 사람보다 우위를 점하려고 사력을 다해 싸운다. 사람들에게서 당연히 인정을 받을 자격이 있다고 생각하고, 보통은 상상만 하는 성공과 꿈을 위해 불가능해 보이는 일을 추진하려는 야심으로 가득 차 있다.

- **사회적 영향력** – 타인을 통해 일을 성취하려는 의욕이 강하고 그들이 잠재력을 최대치로 끌어올리도록 영감을 주며 독려하는 일을 즐긴다. 카리스마와 매력을 소유한 당신은 사람을 끌어당기는 사회적 매력으로 단번에 존경을 받는다. 청중 앞에서 훌륭한 연설을 하고, 관심의 중심이 되는 것을 즐긴다.

- **강한 리더십** – 항상 중요한 결정들을 내릴 기회를 갈망하는 당신은 단호하며, 무엇인가를 원할 때 요구사항이 많다. 리더십 역량을 시험해보기 위해 당신은 어떤 기회든 놓치지 않으려고 한다.

- **정치적 요령** – 당신은 사내 정치를 게임으로 여기며 능숙하다. 아주 부드럽게 세련된

언어로 외교적 관계를 잘 맺으며 정치적으로 영향력있는 동맹을 구축한다. 당신은 교활한 면도 있고 지략이 풍부해 누군가 당신을 이용하려고 할 때는 무자비한 태도를 보인다.

- **이익 중심** – 성취감과 직업 만족도는 금전적 성공 및 재정적 독립과 직결된다. 이익의 개념이 올바로 서 있는 당신에게는 회사의 이윤 달성이 최우선 순위이자 마지막 순위다. 비즈니스 이윤을 증대시키기 위해 기회를 활용하는 일에 능숙하다.

- **지속적인 신속함** – 인생을 열정적으로 사는 당신은 강도 높은 신체적 활동을 위해 체력 관리를 한다. 삶의 질을 떨어뜨리는 건강의 적신호를 경계하면서 건강한 라이프스타일을 유지하려고 한다. 끊임없이 일에 몰두하는 당신의 속도를 다른 사람들은 따라갈 수 없다. 당신은 휴식 시간에도 활동하고 성취해내는 사람이다.

기회형 성격을 가진 훌륭한 사람들

역사적인 산업의 거물들과 비즈니스 리더들 그리고 오늘날의 수많은 CEO도 기회형 성격을 가진 예비 기업가들에게 영감을 주고 있다. 그들은 확실히 당대의 비즈니스 세계를 형성했으며 시대를 넘어 오랜 기간 영향을 미쳤다.

미국의 산업 왕 헨리 포드

헨리 포드는 자기 집 뒤 창고에서 말이 끌지 않고 휘발유로만 움직이는 마차를 처음 만들었다. 수요가 폭발적으로 증가하자 그는 수요에 맞는 공급을 위해 대규모 생산 공장을 짓고, 표준화되고 교체 가능한 부품을 사용하는 등 혁신적인 새로운 대량 생산 방법을 도입했다. 그는 1913년에 세계 최초로 움직이는 자동차 조립 라인을 출시했다. 1918년까지 미국 자동차의 절반이 포드자동차였다. 포드자동자는 1927년까지 세계 최대의 자동차 제조업체로 남았다.[10]

소개가 필요 없는 밀레니얼 기회형 인물들:

제프 베조스, 스티브 잡스, 일론 머스크

20대 여성 기회형 인물들:

- **아니카 칸(Aneeqa Khan)** - 그녀는 영국 최고의 부동산 웹사이트인 'Zoopla'의 전략 이사 겸 IPO 책임자를 맡은 후 상장에 성공하고 10억 파운드의 투자 회수를 달성했다.

- **마사 크루핀스카(Marta Krupinska)** - 지난 2년 동안 그녀의 회사는 200% 성장했고, 3천만 달러의 자금을 조달했으며, 현재 유럽에서 가장 빠르게 성장하는 핀테크 회사 중 하나다.

- **알리사 스미스(Alyssa Smith)** – 올해의 청년 기업가로 선정, 리테일 스펙세이버 여성상(Specsavers Everywoman in Retail Awards)의 '차세대 스타'를 포함해 15개 이상의 비즈니스 및 패션 상을 수상했다.[11]

최연소 기회형 인물들:

- **사바나 브릿(Savannah Britt)** - 최연소 잡지 발행인, 그녀는 11세에 잡지 「걸페즈(Girlpez)」를 발간하며 독립 출판을 시작했다. 이로써 세계에서 가장 어린 잡지 편집장이 되었다.[12]

- **필립 하트만(Philip Hartman)** - 올해의 어린 발명가, 그는 15세의 나이에 홈스쿨링을 받은 고등학교 졸업반 학생이었을 때 광섬유 융합을 위한 새로운 시스템을 발명한 공로로 2008년 올해의 어린 발명가 상을 수상했다.[13]

- **마크 바오(Mark Bao)** – 회사 11개와 재단 3개를 소유한 소유주, 그는 17세에 이미 웹을 기반으로 하는 회사를 창업했고(그 중 3개는 매각) 비영리 재단 3개를 설립했다.[14]

기업과 기회형 성격의 핵심 가치

작가인 도브 사이드만(Dov Seidman)은 잡지 「블룸버그 비즈니스위크(Bloomberg Businessweek)」의 '비즈니스 세계로 돌아온 철학' 이라는 기사에서 이렇게 썼다.

> "신용, 기후, 소비의 영역으로 닥친 위기는 경제 전문 지식만으로는 해결할 수 없다. 글로벌 시장에서 비즈니스가 맞닥뜨린 대부분의 문제를 풀기 위해 정치, 재정, 환경, 윤리, 사회 영역에서 이해관계가 어떻게 얽혀 있는지 파악해야 한다. 철학적 접근 방식은 시너지를 창출하기 위해 경쟁하는 이해관계의 점들을 연결해준다.[15]"

비즈니스 세계에서 당신의 윤리의식은 곧 비즈니스 가치가 된다. 그 윤리의식은 비즈니스에서 품위 있고 윤리적인 태도를 유지하려는 '의도'와 일치해야 한다. 이는 건전한 경쟁을 하고 업무 관행에서 자기 주도성을 입증하는 것과 연관이 있다. 당신은 언제나 올바른 행동을 하려는 자세를 유지해야 한다. 거짓말하지 않고 사기를 치거나 절도하지 않으며, 부처의 가르침처럼 최소한의 법적인 제약을 어기지 않아야 한다.

가장 성공한 기회형은 불교의 기본 철학인 '업보' 라는 개념을 수용한다. 이 개념은 당신이 현재 소유하고 미래에 가지게 될 것은, 더도 덜도 말고 당신이 벌어들인 그만큼이라는 인과응보의 의미를 담고 있다. 더 많은 것을 원한다면 그만큼 더 바른 일을 해야 한다. 성공하거나 야심을 가진 사람이라면 이 말을 받아들이는 데 별 무리가 없을 것이다.

반면, 자신에게 그럴 만한 자격이 있다는 생각은 당신을 실패로 인도할 것이다. 진정한 기회형은 어느 누구도 자신에게 신세를 진 게 없다고 생각한다. 그렇게 믿는 당신도 원하는 것을 얻을 수 있다는 것에 대해 스스로 감사와 자부심을 느낀다.

한 성공한 CEO가 이런 말을 했다.

> "나는 항상 관계된 사람들을 위해 무언가를 남겨주려고 노력합니다. 지나친 욕심과 경쟁은 나에게 오히려 도움이 되지 않습니다."

당신이 수행하는 리더십의 역할에는 비즈니스에 필요한 것 이상으로 비전이 포함되어야 한다. 당신의 능력과 성취를 향한 추진력은 사회를 위해 막대한 가치를 창출할 것이기 때문이다. 기업가 정신은 단기간에 돈을 많이 벌어들이는 일 이상이다. 일관되게 유지할 수 있는 부의 철학을 수용하고, 가치관의 충돌과 현실적인 갈등 상황을 이겨낼 수 있다면 당신의 성공은 보장된 것이다.

기회형 성격 DNA와 인간관계

기회형이 고집을 부리는 큰 거짓말이 하나 있다. 바로 "나는 아무도 필요 없어!"라는 말이다. 하지만 실제로는 그렇지 않다. 당신이 이미 성공한 기회형이라면 대인관계의 역학에서 당신이 가진 복합적이고 경쟁적인 기질을 다루는 방법을 파악하는 것이 중요하다는 것을 직관적으로 깨달았을 것이다. 하물며 남녀 간의 결혼에서도 '반대 성향을 가진 상대방에게 끌린다'는 통설이 있다. 심리치료사, 가족과 결혼문제 상담사로서의 내 경험에 비추어보면, 성공적인 결혼생활에 가장 적합한 배우자는 이타형이나 통합형 성격 DNA를 가진 사람들이다. 흥미롭게도 기회형 성격을 가진 사람은 같은 기회형에게 이성적으로 끌리는 경우가 드물다.

기업 환경에서 일하다 보면, 다른 사람의 숨겨진 의도나 동기에 대해 건강하고 현실적인 의심을 하는 태도가 필요하다. 내가 처음 임원으로 승진했을 때, 당시 우리 회사 CEO는 내게 현명한 조언을 해주었다.

> "자네 사무실로 들어오는 모든 사람은 다 원하는 바가 있지만 대부분 회사의 이익과는 거의 상관없는 것들이라네."

그는 또 이렇게 말했다.

> "훌륭한 리더라면 그중 99%에 대해 '아니오' 라고 말하고 1%에 대해서만 '네' 라고 말해야 해."

다른 사람들에게 의심할 여지를 주지 않는 게 좋다. 신뢰는 미리 보여주는 게 아니라 얻어내야 한다.

만일 당신이 주변의 CEO나 동료 임원들의 70%보다 더 오래 버티고 싶다면, 강력한 사회적 전문성은 신중하고 성실하게 행사해야 한다. 매우 미묘한 압력을 행사하여 정치적 영향력을 발휘하고, 주요 이해관계자들의 관심 의제에 어느 정도 맞춰주어야 한다. 이건 필요악이기도 하고, 단순히 직업상 진지하게 고려해봐야 하는 현실이기도 하다.

기회형 성격의 관계 궁합을 찾아서

✳

12DNA의 이론은 자신의 성격 유형을 이해하는 것이 성공적인 관계를 구축하기 위한 첫걸음이라는 것이다. 이 지식은 당신이 정보에 기반한 선택을 하고, 인간 관계의 복잡성을 잘 헤쳐 나가도록 도울 수 있다.

하지만, '사랑', '썸' 또는 '외적 매력'의 신비는 여전히 과학이 완전히 이해하지 못한 주제들이다. 그럼에도 불구하고, 상호 일치 이론은 기업 문화나 팀, 개인 간의 안정성이 그들 간의 공통점 정도에 따라 결정된다고 주장한다. 즉, 본질적으로 우리는 자신과 비슷한 사람들과 함께 있을 때 더 많은 무조건적인 상호 인정과 대인 조화를 경험하게 된다. 이러한 전제에 따라, 성공적인 관계를 찾는 데 있어 중요한 요소는 성격 유형의 상호작용이다.

하지만 기회형 성격 유형이라면 성공적인 결혼 상대를 찾기 위해 본인과는 정반대의 성향을 가진 사람을 만나는 것이 가장 좋다. 기회형은 같은 성격 유형에게는 낭만적인 끌림을 잘 느끼지 못하는 것으로 보인다. 여기서 '순혈'이라는 용어는 성격 유형 측면에서 잘 어울리는 파트너를 말하는데, 기회형에게 가장 적합한 유형은 '순혈'의 이타형이다. 하지만 평생 파트너로서 장기적인 관계로 성공할 가능성이 높은 유형은 여러 하이브리드 이타형 성격 유형, 특히 이타예술형, 이타통찰형, 이타통합형 또는 이타책임형이다.

당신은 자기 자신의 적이 될 수도 있다

> "대기업의 CEO는 특히 자기중심적이고, 우둔한 면도 있고, 매사에 지나치게 확신을 가지고 있으며 자신의 천재성을 너무 믿는 경향이 있다."
> - 제프리 제임스(Geoffrey James), 「Inc.com」 편집자[16]

북미 대형 은행의 CEO 자리에서 막 해고된 고객과 대화를 나눈 적이 있다. 그의 성격 검사 결과를 알려주었는데 그는 인내심, 공감 능력, 재치와 유머 기질 영역에서 매우 낮은 점수를 보였다. 반면 확실한 대치 상황, 타인에 대해 권력 행사와 자기중심성에서는 아주 높은 점수가 나왔다. 나는 그의 면전에서 다른 사람이 이러한 기질을 보여주는 리더를 어떻게 인식하는지를 그래픽으로 상세히 설명했다.

> "기본적으로 이런 유형은 심리적으로 학대하고 참을성이 없고 오만하며 자기 밑에 있는 직원들의 정서적 요구에 완전히 무감각한 자기도취적인 사람입니다."

그는 몸을 숙여 내 얼굴 가까이로 다가오면서 이렇게 말했다.

> "난 정말 상관없습니다! 자기를 보호해줄 어미 닭을 찾는 것처럼 훌쩍거리는 부하 직원들의 보고를 듣고 칭찬하는 시늉은 못합니다. 누구든지 무능하면 그만두게 해야죠. 사탕 발린 소리를 해가며 진실을 숨기진 않습니다."

그의 말에 나는 이렇게 대꾸했다.

> "당신의 이런 태도가 뉴코(NEWCO, Inc)와 합병을 생각하던 이사회 의장에게 '바보 같은 아이디어'라고 거리낌 없이 말할 수 있었던 이유군요."

돌아온 그의 대답은 "뭐, 그렇긴 하죠!"였다. 나는 다시 말했다.

> "당신은 '다른 사람이 생각하는 것에는 전혀 신경 쓰지 않지만' 당신의 폭력적인 행동이 당신의 인생을 뒤흔들 고통과 재정적 손실을 가져오는 것에 대해서는 신경이 쓰일 것입니다."

기회형 성격의 의사소통 스타일

비즈니스의 성공은 당신의 세일즈 능력에 달려 있다

당신이 내세우는 차별화된 상품과 서비스, 비즈니스 전략의 가치를 극대화하는 데는 의심할 것도 없이 자신의 비즈니스와 필요 사항을 효과적으로 전달하는 능력이 필요하다. 대다수 CEO나 사업가가 실패하는 이유는 바로 이런 능력이 부족하기 때문이다. 중요한 목표를 달성하려면 기회형 성격이 보유한 의사소통 기술을 갈고 닦아야 한다.

당신이 가진 가장 효과적인 커뮤니케이션 기술은 다른 사람들의 이목을 집중시키는 능력과 진짜든 가짜든 당신의 능력을 믿게 하는 능력이다. 한마디로 다른 사람들이 당신의 뜻에 굴복할 정도로 영향력을 발휘하는 특성을 가졌다. 이런 기술과 함께, 남들 앞에서 자기 의견을 설득력 있게 표현하는 당신의 타고난 성격을 발휘하면 경력 초기에도 잠재적 리더십을 인정받을 수 있다.[17]

사회적 존재감과 다른 사람들에게 영감을 불러일으키는 능력의 근본을 정확히 파악하기는 어렵지만, 다른 사람들은 그저 '보면 알 수 있다.' 카리스마 있고 매력적인 소통가인 당신은 강렬한 첫인상을 남긴다. 당신에게 말을 건네는 사람들이 그 순간만큼은 자신이 가장 중요한 사람이라고 느끼게 만든다.

당신은 어디에서나 많은 관심을 끌고 주목을 받으며, 당신이 옳다고 생각하는 것을 다른 사람에게도 정확히 알려주려고 노력한다. 심지어 당신이 완전히 틀렸을 때도 말이다!

자신을 '판매'하라!

먼저 무엇을 언제 어떻게 판매할지 배우라. 기회형 성격에게는 판매가 곧 성공적인 의사소통의 본질이다. 당신의 것을 구매하려는 구매자와 본격적인 대화를 할 때, 당신은 타고난 유창한 화법이나 자신감에만 기대지 않는 법을 배워야 한다. 물론 "노력하면 된다"는 말이 있지만, 오늘날과 같이 모두가 자신에게 더 좋은 아이디어가 있다고 믿는 경영 환경에서는 위험한 전략이다.

거대한 비즈니스 세계에서 잠재력을 최고조로 발휘하려는 열망이 있다면 판매 행위는 불가피한 것이므로 그것을 즐겨야 한다. 세일즈는 가장 중요한 의사소통 기술이기도 하다. 팔 수 없으면 실패는 정해진 것이다. 정확성과 간결함이 결여되거나 너무 말을 많이 하려고 하면 프레젠테이션을 해도 요점이 바로 전달되지 않는다. 무엇보다 핵심적인 판매 메시지를 전달해야 한다. 하고 싶은 이야기나 자랑을 하더라도 그 다음에 하라.[18]

기회형 성격의 건강 관리

임원이 되면 참으로 만만치 않은 라이프스타일을 유지해야 한다. 결국 건강에 적신호가 온다. 당신의 몸도 신체적으로 다른 사람과 별반 다르지 않다. 에너지가 다 고갈되기 전에만 오랫동안 최고 속도를 유지할 수 있는 것이다.

기계 장치 인프라와도 같은 우리 몸의 중요한 부분은 서서히 고장이 나기 시작한다. 당신에게 요구되는 높은 생산성을 유지하려면, 무엇보다 자신을 특별히 돌봐야 한다. 고된 일, 재정적인 위험, 사회적 고립과 장기적인 거센 압력 등의 상황을 버텨내려면 회복력과 스트레스에 대해 높은 내성을 기르는 수밖에 없다. 흥미롭게도 연구자들은 기업가들과 그들의 배우자들에 대한 연구에서 기업가 정신과 진정제/수면제 처방 건수 간에 상당한 관련이 있음을 발견했다![19]

기회형 성격을 위한 건강 조언

1. 신경학적인 손상

역사학자 헨리 애덤스(Henry Adams)는 권력을 "피해자의 동정심을 죽이는 것으로 끝나는 일종의 종양"이라고 의학적이기보단 은유적인 표현을 썼다. 전전두피질 기능은 CEO, 기업가 또는 임원진의 보다 강력한 리더십 스타일을 끌어올릴 수 있지만, 한편으로 이 기능을 과도하게 사용하면 다음과 같은 여러가지 영향을 받는다.

- 지배적 권력의 남용
- 모든 것을 통제하려는 끝없는 욕구

이 뇌의 부위는 스트레스, 수면부족, 약물 남용에도 매우 민감하다. 이 모든 것이 까다로운 역할을 제대로 수행하는 능력을 심각하게 저하시킬 수 있다. 권력의 필요성과 불가능해 보이는 역학관계를 즐기는 CEO 혹은 기업가라고 한들, 신경 손상을 유발하는 요인까지 통제할 수는 없다. 신경과학자 수크빈더 오비(Sukhvinder Obhi)는 '권력욕이 강한 사람과 그렇지 않은 사람의 머리를 경두개 자기 자극(TMS) 시스템으로 보면, 권력에 대한 욕구로 인해 실제로 공감 능력의 기초가 될 수 있는 특정 신경세포가 손상된다는 사실'을 발견했다.'[20]

이러한 연구결과가 하나만 있는 게 아니다. 미국 버클리 대학 심리학과 교수인 대커 켈트너(Dacher Keltner)는 이렇게 분석했다.

> "리더들은 권력의 영향을 받아 외상성 뇌 손상을 입은 것처럼 행동했다. 더 충동적이고, 위험 인식 능력이 떨어지고, 결정적으로는 다른 현명한 시각에서 사물을 바라보는 데 능숙하지 못했다."[21]

2. 심장과 기타 질병의 높은 발병 위험

전 세계적으로 경영진 사이에서 큰 사망 원인은 관상 동맥 및 기타 심각한 건강 상태로 인한 것이다. 이런 걸 보면 "성공에는 가격표가 있다"는 오래된 격언이 사실인 것 같기도 하다. 당신은 스스로 목표로 삼은 성공 수준까지 달성하기 위해 오랫동안 열심히 일하고 그로 인해 여러 가지 특권을 누리지만, 건강에는 대가가 따른다.

- CEO의 80%가 과체중이다.[22]
- CEO의 35%가 고혈압을 갖고 있다.[23]
- CEO의 15%가 당뇨병 환자다.[24]
- CEO의 25%는 콜레스테롤 수치가 높다.[25]
- CEO의 70%는 끔찍할 정도로 체력이 좋지 않다. 60%는 발가락을 만질 수 없고, 60%는 팔굽혀펴기나 윗몸 일으키기를 한 번도 할 수 없으며, 25%는 어린 시절부터 운동을 하지 않았다.[26]

이런 통계는 고려해봐야 할 냉정한 사실이다.

기회형 성격을 위한 식단

마크 주커버그는 말 그대로 자신이 도살한 것을 먹는다!

주커버그는 허기 진 상태에서 자신의 페이스북 계정에 이런 게시글을 올렸다.

> "나는 방금 돼지와 염소를 죽였습니다."

그는 나중에 이 게시글에 대해 설명했다. 자신은 손수 도축한 동물만 먹기 시작했으며, 궁극적으로 채식주의자가 될 거라는 것이었다. 우리가 음식을 너무 당연하게 먹는다는 말도 덧붙였다.

건강을 소홀히 하는 기회형에 대한 코호트 연구(같은 사람을 대상으로 몇 년간 반복해서 실험)를 보자.
대부분의 CEO가 다이어트 계획을 잘 따른다고 말하는 것에는 오해의 소지가 있다. 당신은 의식적으로 계획한 식단보다 잘못된 식습관을 선호하는 경향이 있다.

- 많은 CEO가 버터, 달걀, 치즈, 고기, 달달한 디저트로 구성된 고지방 식단을 위주로 먹으며 술로 연명하여 산다고 공개적으로 인정한다.
- 어떤 사람들은 눈코 뜰 새 없이 바쁜 일정으로 인해 건강에 해로운 간식을 주식으로 삼는다.

대부분의 CEO가 식단 계획을 따른다고 말하는 것에는 오해의 소지가 있다. 의식적으로 계획된 식단을 지킨다기보다는 나쁜 식습관 쪽으로 더 기울어져 있다.

> "'해피 아워'는 그야말로 내 하루 일과의 하이라이트입니다. 잠재적인 고객과 바람을 쐬며 술을 마시는 것을 좋아합니다. 매일 그렇게 하려고 노력하죠." ㅡ 익명을 요청한 CEO

버진 그룹의 창업자이자 회장인 리처드 브랜슨(Richard Branson)은 하루에 수십 잔씩 차를 마신다.

> "잉글리시 브렉퍼스트 티가 없다면 어떻게 생존할지 모르겠어요. 캐리비안에서도 하루에 스무 잔은 마셔야 하는데, 차는 늘 가까이 있어야 해요."

도널드 트럼프는 좋아하는 것은 무엇이든 먹는다.

> "나는 스테이크, 햄버거, 파스타, 프렌치프라이를 좋아하고 베이컨, 달걀, 스테이크 등 먹지 말라고 하는 것들은 다 좋아합니다. 어떤 연구 결과는 특정 음식을 먹으면 안 된다고 하고, 또 어떤 연구는 먹어도 된다고 하죠. 그래서 나는 그냥 내가 좋아하는 것을 먹습니다."

다른 어떤 성격 유형보다 기회형 유형은 건강 습관을 개선해야 한다. 당신의 강력한 에너지 중 일부를 식단을 개선하고 더 많은 운동을 하는 데 사용할 수 있다면 그 결과는 엄청날 것이다.

기회형 성격에 맞는 직업들

"자신이 하는 일에 매우 적합할 뿐만 아니라 자신의 일에 대한 열정을 품은 사람만이 탁월한 결과를 만들어낸다." - 래리 캐시

기회형 성격은 다음에 나열된 직업에서 성공할 가능성이 가장 크다.

기회형에 대한 당신의 점수

이 성격 유형의 점수에 따라 '4C'[상당한(Considerable), 유능한(Competent), 능

력을 발휘하는(Capable), 신중해야 할(Cautious)]로 직업적 성공 수준을 해석할 수 있다.

만약 당신의 점수가…

- **70~100 범위라면** 당신은 '상당한' 재능을 가졌다. 당신이 이루어내는 성과는 일관되게 성과 기대치를 초과할 것이고, 이러한 경력에서 당신에게 필적할 만한 또래는 거의 없을 것이다.

- **60~69 범위라면** 당신은 꽤 '유능한' 것이다. 우리는 당신의 성과가 일반적으로 기대치를 초과하고, 다음 직업들을 택한다면 평균 이상의 결과를 얻을 것이다.

- **40~59 범위라면** 당신은 일관되게 '능력을 발휘하는' 사람이다. 다음 직업들을 택한다면 일관되게 성과 기대치를 충족하거나 능가할 것이다.

- **0~39 범위라면** 우리는 당신이 다음 직업들을 선택하는 데 '신중'하기를 권고한다. 당신의 성격 유형은 다음 직업들에서 성공한 다른 사람들과 공통점이 거의 없을 것으로 예상한다.

기회형 성격에 적합한 직업들

회장 & CEO
회장 & CEO
- 중견 기업(10억 달러 미만)
회장 & CEO - 금융 & 투자 기업
회장 & CEO - 제조업
회장 & CEO - 대기업(10억~50억 달러)
회장 & CEO - 대규모 유통기업

부회장
부회장 - 엔지니어링 기업
부회장/이사 - 민간 자산 관리 기업
부회장 - 대기업(매출 10억~50억 달러)
부회장 - 비상장 기업
부회장 - 소매 유통 기업
부회장 - 산업 부문
부회장 - 국가/국제 기업 및 단체
부회장 - 건설사

자영업
일반 회사 사장
고위험 벤처 기업 대표
1,000만 달러 규모 회사 사장

마케팅
마케팅 & 영업 부회장
브랜드 제품 카테고리 및 그룹 관리자

금융
경영진 포트폴리오 매니저/트레이더
사모투자 회사 매니징 파트너
금융업 부사장/CFO
글로벌 투자 전략 책임자

이사회
이사회 의장 및 구성원

관리
대기업 매니저
유통 총괄 매니저

영업
영업 담당자 및 부회장
전략 및 비즈니스 개발 부회장
국내 영업 담당 임원/전무
금융 상품 영업 담당자

이타형 성격 DNA

> **성격 정의**

이타형인 당신은 타인의 복지에
이타적 관심을 집중하는 사람이다.
당신은 베푸는 천성을 가지고 있고 다른 사람에게 관대하며
그들의 행복에 관심을 갖는다.
어떤 사람들은 그 이타심 때문에 당신의 인생이
당신의 것이 아니라고 하지만,
당신은 오히려 적극적으로 선택한 삶을 살아가는 것이다.
사람과 지역사회만이 당신의 주된 관심사다.[27]

당신의 도전과제 세상을 구원하는 것

이타형 성격이 특별한 이유

✳

"모든 사람들은 박애주의라는 창조의 빛으로 갈 것인지, 자기 파괴라는 어둠으로 갈 것인지를 결정해야 한다. 이것이 심판이다. 인생에서 지속해야 할 중요한 질문은 바로 이것이다. '당신은 타인을 위해 무엇을 하고 있는가?'" - 마틴 루터 킹[28]

이타주의 유전자는 존재하는가?

이타형은 말 그대로 이타적이고 타인의 행복에 관심을 갖는다. 이런 특성을 소유한 사람들은 자신보다 남을 먼저 생각하고, 자기와 아무런 유대 관계가 없는 사람이라 하더라도 늘 챙긴다. 관대함은 이타주의가 가진 놀라운 기질의 힘을 보여주는 중요한 요소다.[29]

어느 모로 보나 당신과 같은 사람은 존재해서는 안 되는 것처럼 보인다! 이것만으로도 당신은 독특한 자격을 갖추게 된다. 어떤 사람들은 인간 본성에 대한 당신의 이해와 인생에 대한 철학이 당신에게 아무런 득이 되지 않는다고 확신한다. 당신이 고수하는 가치와 신념은 우리 같이 평범한 사람들의 생각과는 맞지도 않고 우리로서는 도무지 이해도 가지 않는다.

다윈의 진화론을 떠올려보자. 인간 본성을 설명하는 입증된 증거와 더불어 객관적인 과학적인 관찰을 통해 보면, 당신은 이 세상에서 생존하는 데 필요한 인간의 특성을 소유하지 않은 부류다. '가장 강하고 적응력 있고 경쟁에 능한 자만이 살아남는' 적자생존의 논리로 보면 그렇다. 이런 사상을 통해 보면 당신의 이타주의는 먹이사슬의 최상부에 당신을 결코 올려두지 못한다. 수 세대 동안 이 주제를 놓고 수많은 과학자와 철학자의 논쟁이 있었다.[30]

당신은 베풀며 살아가는 것에 높은 기준을 두고 헌신하는 독특한 사람이다. 내 주변의 세상을 더 좋은 곳으로 만드는 놀라운 가치를 중심으로 살아간다. 이런 특성의 소유자들은 언제나 나보다 남이 먼저다. 나와 개인적, 직접적, 감정적인 유대관계 혹은 가족이라는 연결고리가 없어도 진심으로 주변의 사람들을 우선시한다.

이타형 성향을 가진 사람들과 달리, 우리 대부분은 인생을 개선하기 위해 우리가 의미 있게 할 수 있는 것이 별로 없다고 생각한다. 지구의 평화나 세계 빈곤 문제에 관해 이야기할 때 대부분의 사람은 "더 나은 세상을 위해 어떻게 의미 있는 일을 해야 할지 도통 모르겠어"라고 체념한다. 반면 당신은 우리가 저항하지 않으면 무관심이 우리를 사로잡게 될 것이라고 확신한다. 지구에 평화가 오고 세계 빈곤이 완전히 사라진다면 아마도 그건 우리가 이타주의적인 행동을 취했기 때문일 것이다. 당신은 우리가 좋은 일이 일어나게 할 수 있다는 신념으로 일단 시작하고, 거기에 필요한 사심 없는 행동들을 지속해 간다.

내가 가장 좋아하는 『치킨 리틀(Chicken Little)』이라는 책에는 이런 이야기가 나온다. 어느 날 여우가 길을 가다가 어린 닭 한 마리가 눈을 크게 뜬 채 길가에 등을 대고 누워 다리를 공중으로 높이 쳐들고 있는 광경을 목격했다. 여우는 말했다.

> "이봐, 도대체 뭘 하고 있는 거야?"

치킨 리틀은 이렇게 답했다.

> "오늘 하늘이 무너진다고 하기에 이렇게라도 나와서 버티는 게 좋을 것 같았어."

여우는 포복절도했다. 다시 숨을 고르고 그는 다시 말했다.

> "자네 그 짧고 부러질 것 같은 다리 좀 보라고! 그 꼴로는 하늘이 무너지는 것을 막을 수 없다고!"

치킨 리틀은 눈 하나 깜짝이지 않고 동요하지 않은 채 이렇게 말했다.

> "내가 할 수 있는 건 다 해봐야 해."[31]

이타형은 특별하다. 이 유형이 미래에 더 진보하고 높은 차원의 인간을 대표하길 진심으로 기대한다. 우리는 아직 충분히 진화하지 않았지만 이것을 희망할 수는 있다.

이타형 성격, 당신은 누구인가

✺

- 당신은 인생에서 일관되게 다른 사람을 우선순위에 둔다.
- 도움을 필요로 하는 사람을 도와줄 때 기분이 정말 좋아진다.
- 선의를 베풀 기회를 스스로 찾아서 재능이나 시간을 사용한다.
- 장기적으로 봤을 때 경쟁 우위를 점하려면 이타주의, 공감, 협력을 연습하는 것이 중요하다. 결국 그것들 모두 미래 성공의 핵심 발판이 될 것이기 때문이다.
- 당신은 대개 다른 사람의 행복에 관심을 갖고 행동한다.
- 당신은 절박한 상황에 처한 사람을 보면 본능적으로 도와주고 싶은 충동을 느낀다.

이타형 성격은 우리의 도덕적 리더

✺

리더로서 당신은 직원들이 성장할 여건을 만들어주는 것이 자신이 할 역할이라고 믿는다. 또 모름지기 훌륭한 리더라면 모두를 위한 쾌적한 업무 환경을 만들어주고 금전적인 면에서 성공도 극대화하도록 헌신해야 한다고 생각한다.

사실 당신은 이 둘이 서로 다른 독립적인 개념이 아니라고 본다. 당신이 관리하는 팀원들은 자기들의 존재가 팀 내에서 가치를 인정받는다고 느낄 때 적극적으로 일한다. 이것은 그들이 근무 시간 내내 얼마나 팀에 기여하고 생산성을 발휘하는지도 관련된다. 심리적으로 안정감을 느끼고 성장하려면 개인에 대한 존중이 전제되어야 한다고 생각한다. 따라서 당신은 리더로서 직장 내에서 발생하는 편견, 성희롱, 따돌림 문제에 맞서는 데 조금도 주저하지 않는다.[32]

당신의 관점에서 리더십이란 사회적으로 영향력을 미치는 과정이며, 리더에게는 공동의 임무를 수행하는 수단이 주어진다. 이타주의와 리더십이 결합하면 리더는 자기를 내세우지 않고 공동의 목표를 달성하는 일에 주력한다. 직원이 일하면서 느끼는 행복감은 결국 그 기업의 수익성으로 이어진다.

이타형 성격의 리더십에는 '하나가 다른 하나를 가리지 않는다'는 개념이 밑바탕에 깔려 있다. 이타형 리더는 다른 사람을 안내하는 자다. 동료들과 관리자들 사이에서 이런 인식을 높이고 전체적인 수익성을 향상시키기 위해 앞장선다. 모두가 중요하다. 당신은 리더로서 동료과 관리자 그리고 수익이 모두 중요하다는 것을 보여준다.[33]

이타형 리더십에 대한 연구는 사실 드물다. 더욱이 이 리더십 스타일의 효용성과 구조에 관해서도 명확하게 밝혀진 것은 없다. 다만 앞의 내용들을 정리해보면 이 리더십에 대한 확실한 이미지는 말할 수 있다. '이타주의'라는 단어는 프랑스 철학자 오귀스트 콩트가 만들었다. 그는 이 단어를 '이기주의'의 반의어로 사용하려 했다.[34]

리더십 관련 용어에서 자주 등장하는 이타주의는 이기심 없는 리더십과 동의어다. 당신에게 있어 리더의 역할이란 당신이 통솔하는 사람들을 섬기는 것이다. 직원들이 리더를 모시는 것이 아니다. 간단히 말하면 이타형 리더십은 자신을 따르는 사람들을 행복하게 만들려는 목적을 가진다. 당신은 인본주의적 가치를 내세우고 더 나은 직장을 만들고자 한다. 직장에서의 이타주의는 마지못해 지원되는 사치가 아닌, 직원 참여를 증진시키고 높은 생산성 목표를 달성하기 위한 기본적이고 필수적인 요소다.

이타형 성격이 가진 최고의 성격 재능

당신의 성공을 결정하는 특성들

직업적 성공은 적절한 위치와 역할에서 이타형 성격의 강점을 얼마나 잘 활용하는가에 달려 있다. 또한 다른 사람들이 더 많이 갖고 있는 다른 보완적 성격 요소를 폭넓게 이해하는 일도 필요하다.

당신이 가진 이타형 성격의 놀라운 성격 재능은 다음과 같다.

- **고객 중심** – 고객의 니즈를 충족시키고 그들과의 진정한 관계를 형성하여 궁극적으로 지역사회 전체에 기여할 뿐 아니라 서비스 품질을 향상하는 것에 중점을 둔다. 당신은 흔쾌히 고객들과의 파트너십 역할을 수용하고 문제 발생 시 고객의 요구를 1순위로 둘 것이다.

- **고귀한 원칙** – 당신은 성숙한 태도로 도덕적 규칙을 준수하고 사람들과의 약속을 이해하며 고결한 신념을 존중한다. 숭고한 원칙의 인도를 받는 것이 바로 당신의 독특한 기질이다. 당신의 옳고 그름을 분별하는 감각은 변질되지 않는다.

- **인도주의적 가치** – 당신은 중요한 공익적 영향을 미치는 가치 있는 기여를 하고, 지역사회에서 삶의 질을 높이는 데 전념한다. 당신이 내리는 결정과 행동은 인류를 돕고자 하는 열망을 보여준다. 당신은 지역사회를 위해 자기를 내세우지 않고 헌신하는 사람이다.

- **공감배려** – 차별받는 사람의 입장이 되어 학대받는 사람이 겪는 고통을 이해하는 능력이 있다. 다른 사람들보다 공감 능력이 뛰어나기 때문에 보다 다양하고 포용하는 분위기를 가진 근무환경을 효과적으로 만들어낸다.

- **전략적 파트너십** – 당신은 타협과 대인관계에서의 관용을 중요하게 생각한다. 흔쾌히 팀이 일원으로 일한다. 언제나 민감하게 이해심을 가지고 행동하는 민주적 참여자다. 팀의 단합을 위해 모든 사람의 요구를 들어주고 그들의 업무도 존중한다.

- **개인적 주인의식** – 자신이 책임져야 할 일을 진지하게 수용하고, 자신이 내린 결정과 그 결과에 대해서도 전적인 책임을 진다. 본인이 통제할 수 없었던 전반적인 결과에 대해서도 마찬가지다. 다른 사람들은 당신이 항상 정시에 출근한다고 인식한다. 다른 사람들이 도움을 요청하는 긴급 상황에는 근무 시간 이후까지 남아서 일을 한다.

- **진보성** – 당신은 대안을 항상 염두에 두고 일하며, 타인의 삶의 질을 개선할 수만 있다면 변화를 가장 먼저 수용하는 사람이다. 예측할 수 없는 시기에도 열린 마음의 자세를 유지하며, 급격한 변화에 빠르게 반응하고 적응하려 한다.

- **유머 감각** – 당신의 유머 감각은 적시적소에서 빛을 발한다. 매사에 여유가 넘치고 낙관적이며 즉각적으로 표현한다. 침울한 상황도 화기애애하게 전환시키는 사람이다. 다른 사람들이 긴장하거나 어색해하는 낯선 상황에서도 당신은 늘 재치를 발휘해 사람들을 웃게 해준다.

이타형 성격을 가진 훌륭한 사람들

이 세상에 당신은 혼자가 아니다. 당신과 같은 사람들이 있다. 당신의 정체성과 헌신하는 노력의 가치에 대한 격려와 확신이 필요하다면, 알베르트 슈바이처 박사의 다음 말을 떠올려 보길 바란다.

> "사랑은 베풀 때 두 배가 되는 유일한 것이다."[35]

타인의 유익을 위해 셀 수 없는 시간과 자원을 사용해도 진정한 이타형 성격은 그런 행위 자체로 대단히 만족스럽다. 자신을 아낌없이 주는 진정한 자아를 경험할 때, '비용'이라는 개념조차도 증발해버린다.

슈바이처는 이렇게 기록했다.

> "척박한 아프리카 땅에서는 아주 보잘것없는 장비를 가진 의사 한 명도 그곳의 수많은 사람에게 너무나 큰 의미가 있다. 그 의사 한 명이 이루어낼 수 있는 선함은 자기 생명을 바치고 자기에게 필요한 모든 물질을 다 내어주는 것보다 수백 배 이상의 가치가 있다. 몇 가지 간단한 약품과 지금 당장 해야 하는 수술에 필요한 의술과 장비만 있으면, 단 1년 안에 고통과 죽음의 문턱에서 신음하는 수백 명의 사람들을 구할 수 있다."[36]

테레사 수녀는 전 세계의 가난하고 궁핍한 사람들을 섬기는 봉사의 삶을 살았다. 그녀는 수년간 인도 캘커타에서 도움이 절실한 사람들을 지원하는 '자선 선교사'라는 종교 단체를 설립했다. 그녀의 집으로 온 사람들은 누구나 치료를 받을 수 있었고, 그들의 신앙대로 존귀하게 죽을 수 있었다. 테레사 수녀는 "아름다운 죽음이란 짐승처럼 살았던 사람들이 사랑을 받다가 천사처럼 죽는 것"이라고 말했다.[37] 많은 사람이 가난하고 소외된 이들을 위해 일생을 바친 테레사 수녀야 말로 하나님의 은혜를 드러내는 살아 있는 형상이라고 말한다.

부유하고 유명한 사람들 중에도 이타형 성격은 있다

미국 「포브스」는 자선 영웅 48명의 명단을 보도하며, 이들이 아주 계획된 모습으로 자신들의 명성을 남기려는 사람들이라고 설명한다. 그들이 보여주는 이타주의는 늘 그래왔듯이 막대한 유산을 남기려는 의도가 있다. 그들이 박물관, 심포니 오케스트라, 소아마비 치료를 위한 글로벌 프로젝트, 시골마을의 유치원, 무료보건소나 전쟁 난민 지원 등 어느 곳을 지원하는지는 중요하지 않다. 2013년에는 이 명단에 있던 48명 중 오스트레일리아의 앤드류 포레스트(Andrew Forrest) (그리고 그의 아내 니콜라), 인도의 아짐 프렘지(Azim Premji), 말레이시아의 빈센트 탄(Vincent Tan)과 대만의 새뮤얼 인(Samuel Yin) 등 4명은 빌 게이츠와 워런 버핏이 주축이 된 '더기빙플레지(the GIVING PLEDGE)'(세계 대부호들이 생전이나 사후에 재산의 최소 절반을 사회로 환원하기로 약속하는 운동)'에 서명하기도 했다. 인도네시아의 타히르(Tahir)는 2018년까지 소아마비 퇴치라는 목표를 위해 2천 500만 달러를 기부하기로 약속했다.

유명한 사람들 중에만 이타형 성격이 있다고 생각한다면, 다시 생각해보라

당신이 이타형 성격의 자격을 갖추기 위해 슈바이처나 테레사 수녀가 될 필요는 없다.

- **마이카 플렛처(Micah Fletcher)** – 그는 두 친구와 함께 지하철 안에서 발생한 혐오스러운 차별과 학대 행위로부터 두 명의 무슬림 여성을 지켰다. 가해자는 이 세 명의 청년을 모두 칼로 찔렀는데 마이카의 친구 두 명은 모두 사망했다. 마이카는 당시 상황을 이렇게 담담하게 말했다.

    "그냥 본능적으로 그랬을 뿐입니다. 우리 모두 서로를 지켜주어야 하니까요."[38]

- **미씨 에윙(Missy Ewing)** – 그녀와 19명의 사람들이 자신의 신장을 기증했다. 그녀는 오히려 자신이 기증을 통해 보상을 받았다고 겸손해했다.

    "내가 느낀 행복한 감정... 그것은 인생을 살면서 내가 받아온 과분한 사랑에 대한 응답이었습니다."[39]

- **윌리엄 라미레즈(William Ramirez)** - 보트 세척 작업을 하러 가는 길에 라미레즈는 소총을 가진 한 남자의 총격으로부터 경찰관을 구했다. 그는 꼼짝달싹 못하고 있던 경찰관과 범인 사이를 자신의 밴 승용차를 타고 들어가 피해자의 탈출을 도왔다. 라미레즈는 당연하다는 듯이 말했다.

    "아무 것도 하지 않고 도저히 그냥 지나칠 수가 없었습니다."[40]

- **애슐리 알드리즈(Ashley Aldridge)** - 이 젊은 여성은 휠체어를 탄 남성이 철로에 갇혀 있는 모습을 보자마자 맨발로 그를 향해 달려갔다. 철로에 들어선 기차가 휠체어를 치려고 하는 순간 그녀는 그를 낚아채서 구했다. 그녀는 오히려 담담하게 당시 상황을 설명했다.

> "단지 누군가를 도왔을 뿐인데, 대단하게 보이는 것 같습니다. 그가 우리 할아버지였다면 나 역시 누군가 할아버지를 구해주길 간절히 바랐을 것입니다. 당연한 일을 했을 뿐입니다."[41]

이타형 성격 철학과 인생의 가치가 당신을 정의한다

사회는 당신이 보여주는 이타주의 정신에 큰 영향을 받는다. 이타주의 혹은 박애주의가 그렇다. 그것은 우리 사회의 다른 많은 사람에게 부정적인 반응을 불러일으키기도 한다. 당신은 고통받는 사람들의 정당한 필요를 무시하거나 비영리 지원을 폄하하거나 가치 있는 대의를 무시하는 사람을 냉혹하다고 믿는다.

반면에 정반대로 생각하는 사람들도 있다. 항상 선하고 옳은 일을 하려고 애쓰는 당신 같은 사람들을 두고 쓸데없는 노력에 취해 있다고 보는 사람도 많다. 또 어떤 사람들은 재치나 도덕성, 독립심이 없어서 스스로 생존도 못하는 약자를 부양하는 일이 사회에 득보다 실이 많다고 말할지도 모른다.

우리는 자선 행위의 심리를 단순히 '애끓는 마음 vs 돌같이 굳은 마음'이라는 구도로 요약하기 쉽다. 그러나 이타형의 행동은 성격만큼 복합적이고 미묘한 주제다. 당신의 이타주의는 도덕적인 사회가 서로 돕는 개인적인 행동에만 달려 있다고 보는 윤리적 가치를 따른다. 당신의 자선 철학은 남을 위해 사는 자세를 요구한다. 때로는 당신의 삶이 자신만의 것이 아니라는 생각이 들 때도 있다.[42] 이런 철학을 고수하는 것을 이타주의라고 한다.

적자생존을 통한 진화는 인간 본성의 어두운 면, 즉 폭력, 배신, 잔인함을 설명하는 것을 보면 쉽게 이해된다. 반면 당신과 같은 사람의 친절함, 관대함, 영웅심은 어떻게 설명할 수 있을까? 많은 진화생물학자는 도덕적 가능성에 대해 회의를 갖게 만든다. 모든 생명체는 서로 공감하기는커녕 생존을 위해 유전자를 증식하는 데만 관심을 둔다. 그뿐 아니라 필요하다면 오로지 번식의 욕구만으로 특정 상황에서 자신들에게 대항한, 용감하기도 하고 운이 없기도 했던 다른 생명체를 제거하기도 한다.[43]

『사회생물학』의 저자인 에드워드 윌슨(Edward. O. Wilson)은 다윈 이후에 등장한 가장 저명한 인간·사회진화 이론가로 알려져 있다.[44] 알다시피 다윈은 '적자생존'을 전제로 하는 자연선택 이론을 발전시켰다. 말 그대로 이 개념은 자기중심적인 생물학 개념이다. 윌슨은 한 걸음 더 나아가 보다 발전된 관점을 제시했는데, 그는 특정 유형의 심리사회적 행동, 특히 공감 능력과 이타주의는 많은 종 사이에서 본질적으로 동등하게 퍼지는 기질이라고 설명했다. 그는 '모든 사람은 자기를 위해서만 산다'는 다윈의 자연선택 이론의 맥락에서, 인간이 장기적으로 생존하기 위해 이타적으로 행동하도록 유전적, 생물학적으로 암호화되어 있다고 주장했다.

그러나 당신이 가진 이타형 성격은 생존 제일주의로는 도무지 이해가 되지 않는다. 윌슨이 제시한 모델에서는 오히려 위기의 시기에 한 사람의 이기심보다 다수의 이익을 우선해야 한다는 것이 분명해진다. 다른 사람들을 보호하려는 의지를 가진 그룹은 장기적으로 모두의 이익을 위해 나서곤 한다. 얼마나 많은 사람이 자신의 목숨을 바쳐 사랑하는 사람들과 시민들을 독재로부터 구해 자유로운 미래를 제공했는가?

이타형 성격과 인간관계

이타형 행동은 일반적으로 모든 관계에서 더 큰 행복을 주며, 주로 결혼 생활에서 만족도를 증가시킨다. 나와 다른 사람의 친절함을 인식하는 것만으로 그 행복감은 더욱 커진다. 많은 사람이 육체적인 매력이 너그럽고 친절한 마음보다 더 중요하다는 속설을 근거 없이 받아들이곤 한다. 하지만 당신의 이타적 성격이 장기적인 관점에서 상대방에게 매력을 느끼게 만들며, 상대를 선택하는 기준에 중요한 영향을 준다는 과학적인 증거가 속속 나오고 있다. 이타형 성격이 두드러지게 나타나는 개인들 중 67%가 자신들의 결혼 생활을 '매우 행복하다'고 평가했다. 반면 그 특성이 적게 나타나는 응답자들은 50%만이 '매우 행복하다'고 답변했다.[45]

행복한 결혼 생활을 하는 사람들은 보통 이렇게 말한다.

> "사랑하는 사람이 고통받는 모습을 보느니 차라리 내가 고통을 당하는 게 나아."

그리고 "사랑하는 사람이 원하는 것을 할 수 있도록 기꺼이 나는 희생할 수 있어"라고 말한다. 여성의 배우자 선호도를 보면 이타성이 매우 중요한 요인이다. 영국 우스터 대학교의 대니얼 패럴리(Daniel Farrelly)가 주축이 된 연구진은 학술지 「진화심리학(Evolutionary Psychology)」에서 이 같은 연구 결과를 발표했다.

> "이타심은 여성들이 오래 함께할 파트너를 찾을 때 매우 중요하게 보는 성격적인 기질이다."[46]

주요 언론과 데이트 알선 인터넷 사이트에서는 두 사람이 서로 잘 맞아야만 친밀한 관계가 성공적으로 맺어질 수 있다고 말한다. 그러나 이것은 성격적인 특성상 둘 다 이타형이거나 공감 능력이 뛰어날 때만 가능하다. 독일의 한 연구에 따르면, 당신이 독신이고 누가 보기에도 이타적인 활동에 참여하는 경우, 1년 이내에 연인을 만날 확률이 높아진다!

성적인 측면에서도 성의 역사를 토대로 한 연구 결과에 따르면, 이타적인 사람이 그렇지 않은 사람에 비해 다양하고 더 많은 섹스 파트너를 만날 가능성이 큰 것으로 나타났다. 연구진은 이렇게 설명했다.

> "매력적이거나 이타적 기질 중 한 가지를 선택해야 한다면, 보다 가치 있는 것은 이타성이다.[47]"

이타형 성격의 관계 궁합을 찾아서

✳

12DNA의 이론은 자신의 성격 유형을 이해하는 것이 성공적인 관계를 구축하기 위한 첫걸음이라는 것이다. 이 지식은 당신이 정보에 기반한 선택을 하고, 인간 관계의 복잡성을 잘 헤쳐 나가도록 도울 수 있다.

상호 일치 이론은 기업 문화나 팀, 개인 간 안정성이 그들 간 공통점 정도에 따라 결정된다고 주장한다. 이에 따라 성공적 관계를 찾는 데 있어 중요한 요소는 성격 유형의 상호작용이다. 물론 '사랑', '썸' 또는 '외적 매력'의 신비는 여전히 과학이 완전히 이해하지 못한 주제라 할 수 있다.

좋은 소식은 최근 과학 연구에 따르면, 이타심은 장기적인 배우자 선택과 매력 형성에 중요한 역할을 한다는 것이다. 하지만 이제 누가 당신에게 가장 매력적인지는 잠시 접어 두고, 이타형과 가장 잘 어울리는 사람을 생각해보자. 다른 모든 사람들과 마찬가지로 또 다른 이타형 또는 여러 하이브리드 이타형 성격(이타예술형, 이타통찰형, 이타사교형, 이타통합형, 이타책임형 등)이 당신과 가장 잘 어울린다.

공감 능력을 가진 의사소통가

누구보다도 당신은 품위 있고 배려심 있게 행동하고, 사람들을 격려하며, 자신을 내어주는 것의 가치를 가르쳐줄 자격을 갖추고 있다. 서로 더욱 아껴주는 법을 배우기 위해서는 당신의 격려가 필요하다. 경력을 쌓고 자신을 발전시키기 위한 직장 내 경쟁과 사내 정치 속에서 우리에게 서로가 필요하다는 사실을 쉽게 잊어버리지만, 당신의 행동은 우리 모두가 권리와 가치를 인정받아야 한다는 점을 상기시킨다.

당신이 어떻게 그렇게 할 수 있으며, 우리는 당신의 본보기를 보고 어떻게 성장할 수 있을까? 우리가 말하고, 읽고, 수영하고, 자전거 타는 법을 배우는 것처럼 당신은 우리가 이타성을 실천하고 마음에 새기도록 보여줘야 한다. "매일 선행을 한 가지씩 하라"는 보이스카우트의 모토가 이타형 행동의 본보기다. 이타형이 모범이 되면 사람들은 선행이 주는 이점을 효과적으로 배우게 된다. 선행을 할 때마다 그 선행이 이번 생이나 다음 생에서 6배로 돌아온다고 믿는 사람들이 있다고 한다. 나는 그것이 사실이길 바란다.

이타주의자인 당신은 얼굴을 마주보고 대화를 나누는 의사소통을 더 많이 하도록 노력을 기울여야 한다. 당신이 이렇게만 해도 사람들은 자신들이 관심을 받는다고 느끼게 된다. 대면으로 소통을 못한다 할지라도, 당신의 그 마음만큼은 고맙게 생각할 것이다. 일대일의 대면 소통이 불가능한 경우(팬데믹을 맞거나 바쁜 업무에 치이다 보면 그럴 수 있다) 차선책은 자신의 '느낌'을 표현하는 것이다. 단순히 사실을 전달할 뿐만 아니라 그 이상을 나누고 싶을 것이다.

물론 공과 사를 구별하지 않는 메일은 눈살을 찌푸리게 하기도 한다. 하지만 여기에 대한 당신의 답변은 이렇다.

> "상사가 시킨 것은 접어두고 인간미를 좀 담아보라고요!"

의사소통 방법이나 수단에 구애받지 말고, 당신의 진정성과 배려심이 일상의 소통에서 저절로 나타나기를 기다리기보다는 적극적으로 알릴 수 있는 기회를 살려보라.[48]

이타형 성격의 건강 관리

❋

이타형이 갖는 가장 큰 건강상의 이점은 받는 것보다 주는 것을 좋아하는 당신의 기질이다. 아마 대부분의 이타주의자들은 "주어라! 그러면 받을 것이다" 라는 신념이 있다. 2013년 「미국 공중 보건 저널(American Journal of Public Health)」에 보고된 연구에 따르면, 스트레스가 많은 사건을 경험하게 되면 이타적이지 않은 사람들은 향후 5년에 걸쳐 사망률이 크게 증가한다. 반면 이타형이며 도움을 주는 사람들은 그렇지 않다. 연구자들의 결론은 이렇다.

> "타인에게 얼마나 도움을 줬는지 여부가 사회적 참여나 사회적 지원의 지표보다 건강과 행복 수준을 더 잘 예측합니다. 사회적 연결은 개인이 다른 사람들에게 주는 혜택의 한도 내에서 유익할 수 있습니다."[49]

누군가를 돕는 일은 삶의 의미를 준다. 심리 건강의 관점에서는 자존감, 기분, 목표 의식이 올라가고, 장기적으로는 정신적, 육체적 건강도 향상된다. 선행을 하며 느끼는 긍정적인 감정 에너지는 운동의 효과처럼 몸에 작용해서 엔도르핀을 촉진하고 기분을 좋게 만든다. 그래서 때로는 선행을 통해 '헬퍼스 하이(helper's high, 다른 사람을 도와줄 때 느끼는 만족감)의 상태를 경험한다.[50] 지나치게 남을 돌보는 것이 오히려 당신의 건강에 독이 된다는 연구결과도 있는 반면, 거기에서 희망을 보는 연구도 있다.

> "감당할 수 있는 수준에서 기꺼이 돌봄을 제공할 때, 그리고 상대방이 감사를 표현할 수 있는 사람일 때, 건강상의 이익이 발생할 수 있다고 기대하는 것이 합리적이다."[51]

사실 당신은 다른 사람의 도움을 받는 일에는 서툰 타입이다. 황금률에서 말하는 것처럼, 남의 대접을 받고자 하면 남에게 먼저 대접해야 한다. 이것은 당신에게도 적용된다. 다른 사람들에게 해주려는 것을 당신 자신에게도 해주어라.

이타형 성격을 위한 식단

채식주의자와 비건(완전채식주의자)은 이타형 사이에서 꽤나 인기가 있다. 잘 계산해보면 이타형의 약 3분의 1이 비건 또는 채식주의자다. 여기에 속하지 않는 이타형은 동물성 제품 소비라도 크게 줄여보려고 노력한다(부동의 목표는 '평상시' 육류 소비의 10% 미만, '평상시' 달걀 소비의 20% 미만을 달성하는 것).

당신을 비건이나 채식주의자로 만드는 개념은 다음과 같다. 첫째, 농장에서 사육되는 동물은 고통을 겪을 수 있다. 둘째, '공장형 농장'에 동물의 삶은 가치가 없다고 생각할 만큼 고통스럽다. 셋째, 살아 있는 모든 것들의 고통을 덜어주는 일이 중요하다.

당신은 육류 섭취로 얻는 것이 고통받는 동물들에게 가는 악영향보다 적다고 믿는 편이다. 일부 이타형이 갖는 극도의 연민과 동정심을 감안해보면, 어쩌면 당신은 『이상한 나라의 앨리스』에 나오는 토끼굴에 빠지듯 끊임없이 관심과 우려를 표할 가능성이 있다.

'식물도 감정이 있다!'라고 보도하는 최근 과학 기사를 읽은 매우 진지한 채식주의자 이야기를 해보자. 짐작하는 대로 이 기사는 그에게 너무나 끔찍했다. 계속 채소와 과일을 먹어도 되는지 고민하면서 그의 마음이 요동치는 모습이 상상된다. 그런데 그마저도 고민해야 한다면 도대체 먹을 게 뭐가 남을까?

이런 의문은 우리를 효과적인 이타주의로 이끈다. 효과적인 이타주의는 증거를 기반으로 한 사고와 의사결정을 통해 자선과 기부를 최대화한다. 효과적인 이타주의를 실천하려면 한정된 자원을 어디에 쓰는 것이 합리적 기준에서 가장 높은 성과를 내는 대의일지 고려해야 한다.

예를 들어 자선 단체에 기부할 돈 1,000달러가 있다고 해보자. 동물의 고통을 덜어주기 때문에 완전 채식을 장려하는 신뢰가 가는 자선 단체에 돈을 기부하는 것이 더 잘하는 일일까? 아니면 빈곤 아동의 굶주림과 고통을 덜어주기 위해 믿을 만한 자선 단체에 기부하는 게 더 이타적일까? 당신은 어느 쪽이 더 인간적이고 이타적이라고 판단하는가? 궁극적으로 당신은 있는 그대로의 자신으로, 마음이 가는 대로 먹고 기부할 것이다. 효과적인 이타주의자가 되는 것도 선택이고, 재정적, 윤리적 기부나 그 외의 기부를 할 때 합리적인 절차를 따를 것이다.[52]

이타형 성격에 맞는 직업들

"자신이 하는 일에 매우 적합할 뿐만 아니라 자신의 일에 대한 열정을 품은 사람만이 탁월한 결과를 만들어낸다." - 래리 캐시

이타형 성격은 다음에 나열된 직업에서 성공할 가능성이 가장 크다.

이타형에 대한 당신의 점수 ☐

이 성격 유형의 점수에 따라 '4C'[상당한(Considerable), 유능한(Competent), 능력을 발휘하는(Capable), 신중해야 할(Cautious)]로 직업적 성공 수준을 해석할 수 있다.
만약 당신의 점수가…

- **70~100 범위라면** 당신은 '상당한' 재능을 가진 것이다. 당신이 이루어내는 성과는 일관되게 기대치를 초과할 것이고, 이러한 경력에서 당신에게 필적할 만한 또래는 거의 없을 것으로 예상된다.

- **60~69 범위라면** 당신은 꽤 '유능한' 것이다. 당신의 성과가 일반적으로 기대치를 초과하고, 다음에 제시한 직업을 택한다면 평균 이상의 결과를 얻을 것으로 예상한다.

- **40~59 범위라면** 당신은 일관되게 '능력을 발휘하는' 사람이다. 다음에 제시한 직업을 택한다면 일관되게 성과 기대치를 충족하거나 능가할 것으로 예상한다.

- **0~39 범위라면** 우리는 당신이 다음의 경력들을 선택하는 데 '신중'하기를 권고한다. 당신의 성격 유형은 이런 직업들에서 성공한 다른 사람들과 공통점이 거의 없을 것으로 예상한다.

이타형 성격에 적합한 이상적인 경력

종교
종교인
성직자

심리학
진로상담가
심리학자
상담/심리치료사
아동 심리학자
직업 치료사
리더십 개발 컨설턴트
정신과 의사
임상 심리학자
경력 컨설턴트
언어 병리학자/청각 전문의

사회 복지
사회 복지사
지역사회 봉사 관리자
분쟁조정사
행정공무원

가정 및 육아
가정주부 및 전업부모
전문 간병인
보육사, 주거 상주 치료

인사
인사 관련 매니저/이사/부사장
직원 및 웰빙 상담사

행정
사무실 관리자/개인 비서
호텔 직원
콜 센터 담당자
사회복지 공무원

교직
고등학교 교사
커뮤니티 칼리지 교수
특수 교육 교사
가정과목 교사
초등학교 교사
학교지도 상담사
사립학교 교장

기술
유틸리티 배관 기술자
전기/통신 라인 기술자

마케팅
비영리 조직 마케팅 이사

의료
공인 간호사
수의사 조교
재활 상담사
검안사
척추 지압사
제약사
침술사
물리치료사

서비스
관리/보호 서비스 직원
미용사
운전기사(택시, 택배, 대중교통 등)

소매
소매 영업 매장 매니저

과정형 성격 DNA

> **성격 정의**

과정을 중시하는 성격은 모든 일에서 일의 순서와 절차, 정책과 지침들, 규칙과 법규를 등한시하지 않는다. 정해진 대로 철저하게 따르고 준수한다.[53] 명확한 프로토콜의 지시사항과 규정들을 따라야 한다고 생각한다. 그것들이 실제 작업 환경이나 사회적 상황에서 제대로 작동할지 여부는 중요하지 않다. 다만 사회가 만들어 놓은 규범 안에서 적절한 기준을 지킬 뿐이다. 이는 공동선을 위해서다. 당신은 사람들과 팀을 잘 조직하는 훌륭한 조직자다.

당신의 도전과제 세상을 체계적으로 정리하는 것

과정형 성격이 특별한 이유

당신은 사회를 조직하는 사람이다

주변에 뭔가를 조직하고 체계를 잡아주는 일에 능수능란한 특별한 친구, 부모 혹은 동료가 한 명쯤 있을 것이다. 매사에 정확한 이들은 프로젝트 기한 전에 일을 마쳐서 여유를 즐기고, 언제 무엇이 필요할지, 필요한 것을 어디에서 찾아야 할지를 제대로 안다.[54] '과정형'이라는 말 자체가 성공적으로 주어진 임무를 수행할 정도로 동기부여가 되었다는 말이다. 업무를 수행하는 것뿐만 아니라 엄격하고 고집스럽게 상식을 지키고 절차를 따르면서 완수해낸다.

우리 중에 몇 명이나 그렇게 요구사항이 많고 스스로 부과한 체계를 지키려고 할까? 더욱이 자기 스스로 엄격한 기준을 정하고 거기에 맞게 일을 끝까지 해내는 사람이 몇이나 있을까? 과정형인 당신은 자기가 맡은 일을 거의 종교 행위처럼 쉬지 않고 묵묵히 수행해낸다. 하나라도 허투루 하거나 임의로 바꾸지 않고 시작부터 정해진 과정과 단계대로 착실히 해낸다. 누구 하나 감시하는 사람이 없어도 스스로 잘해낸다. 이렇게 주어진 절차에 우선순위를 두고 체계적으로 정해진 방법을 따르다 보니 기복 없이 일관된 결과물을 생산해낸다.

과정형은 지시사항을 따르는 것을 워낙 잘하다 보니 일을 해내고 나서 만족감을 느낀다. 어떤 일에 앞서 필요한 가이드라인을 정하고 승인을 얻어내면 바로 일에 착수해 작업 루틴을 지켜나간다. 미리 결정된 과정을 차례로 밟아나가면서 즐겁게 일을 해나가는 당신에게는 감시자가 거의 필요 없다고 봐도 된다. 예컨대 높은 수준의 정확성을 가지고 최대한 안전에 주의를 기울여야 하는 반복 작업에 최적임자다. 그 일을 제대로 할 사람을 찾고 있다면 당신은 그 누구도 실망시키지 않을 것이다.

일의 절차에 변화가 생긴다면 새로 적응하는 데에 조금 시간이 걸릴 수는 있다. 주변 사람들이 시간이 부족하고 비용을 절감해야 하니 서두르라고 압력을 넣어도 당신은 절대로 과정을 무시하고 일을 설렁설렁 하지 않는다. 일의 결과물은 말 그대로 양질의 업무 수준을 유지해서 나온 것이지 당신의 주관이 개입된 것이 아니다. 과정형은 일을 하는 데 있어 편리함은 일단 옆으로 제쳐둔다. 다른 사람의 눈에는 조금만 덜 세심하게 접근하면 더 빠른 결과가 나올 것처럼 보이기도 하겠지만, 당신은 절대로 어설프게 일을 처리하지 않고 일의 과정과 절차를 고수하며 정도를 지켜 일한다.

올바르고 엄격한 절차를 따르려는 당신의 고집이 팀원들, 특히 결과에 중점을 두거나 창의적으로 생각하는 것을 가치 있게 여기는 팀원들에게 인정을 받는다면, 당신은 팀의 소중한 자산이 된다. 당신은 휴식 시간을 최소화하면서 항상 맡은 일에 몰두하는 사람으로 알려질 것이다. 과정을 중시하는 조직에서 당신의 업무 접근 방식은 조직이 전략적인 사업 목표를 달성하는 데 도움이 된다. 당신은 성격상 정확하고 업무 구분이 명확한 신뢰할 만한 과정들로 기업 활동을 관리하려고 한다. 데이터를 관리하고 자원을 투입하여 결과물을 얻어내는 일체의 활동에서 모두 그렇다.

머릿속으로 이미 체계화해서 투입 가능한 자원을 재빠르게 예상한다. 모든 활동에서 최적의 프로세스 흐름을 선제적으로 결정하는 결단력 덕분에 어떤 프로젝트라도 최소의 자원을 투입해 마무리할 수 있다. 프로젝트가 난관에 부딪치더라도 실패 없이 필요한 일들을 완수해내고, 사전에 계획을 잘 세워서 실패 없이 정해진 시간 내에 만족할 만한 결과물을 낸다. 이것이 바로 타인과 비교 불가능한 당신의 면모다.

과정형 성격, 당신은 누구인가

※

과정형은 이름에서도 보듯이 일에서 다른 어떤 것보다 과정에 집착한다. 무슨 일을 시작하든 당신은 기본적으로 모든 사람의 노력이 헛수고가 되지 않도록 절차를 강화하고 가이드라인을 세우고 지켜야 한다고 생각한다. 당신은 단계마다 정해진 순서에 따라 일을 완료한다. 도중에 단 하나의 체크 포인트도 놓치는 경우가 거의 없다. 두말할 것도 없이 질서, 조직력, 미리 결정된 체계, 일관성을 강조하는 직장에서 당신은 성장한다.

당신은 주어진 일이 너무 많아도 좀처럼 힘들어하지도 않는다. 오히려 일이 시작되고 끝나는 지점을 파악하여 시간을 분 단위로 계획해 사용하는 데 능숙하다. 단계마다 무엇이 중요한지를 잘 알고 있다. 이러한 성격에 대해 뉴욕 시의 '고담 오거나이저(Gotham Organizers)' 설립자인 리사 자스로우(Lisa Zaslow)는 이렇게 분석했다.

> "그들은 목표가 무엇이고 그것을 달성하기 위해 언제 무엇을 해야 하고, 미룰 수 있는 건 무엇인지 다 파악하고 있다. 하루를 가장 중요한 일들을 계획하면서 시작한다. 그리고 하루 종일 그 계획을 검토하고 필요에 따라 조정한다."[55]

계획에 약간의 차질이라도 발생하면 당신은 당황한다. 이러한 상황을 피하기 위해서 먼저 일을 '제대로' 하는 방법을 파악해낸다. 이런 점에서 일의 과정과 절차를 문서로 체계화해두는 일에는 당신이 적임자일 수밖에 없다. 그래야만 추후에 당혹스러운 상황을 피할 수 있고 겹치는 과정은 간소화할 수 있기 때문이다. 결국 무질서와 비효율을 줄이는 일을 하는 사람이 당신이다.[56]

과정이 먼저인가, 결과가 먼저인가? 영원히 해답이 나오지 않을 것 같은 이 문제를 놓고 여전히 의견이 분분하다. 당신의 관점대로 시스템이나 과정을 우선시하면 일단 실패 가능성이 어느 정도 차단된다. 물론 과정을 중시하는 관점에도 단점은 있다. 무엇보다 변화에 대한 적응력이 떨어진다. 규모가 큰 조직에서는 제대로 된 표준 절차를 수립하기 어려운 면도 있다. 특히 시간적인 면에서 이런 절차가 자리 잡고 원활히 실행되는 데까지 지출되는 비용이 크다. 그럼에도 당신은 개선을 해야 결국 실수와 낭비를 줄일 수 있으며, 실수와 낭비는 바로 사람들의 오류에서 비롯된다고 본다.[57]

따라서 당신과 같은 성격은 보다 안정적인 환경, 특히 복합적이고 오류로 인한 비용이 많이 드는 환경에서 최상의 실력 발휘를 한다. 원자력 발전소, 병원, 하이테크 제조, 금융 서비스, 고액 법적 계약 또는 군대를 생각해보자. 이런 곳에서는 실수를 하거나 과정이 허술해 부주의하게 되면 심각한 위험이 초래되고 막대한 비용 손실이 발생한다.[58]

과정형 성격은 우리의 오케스트라 리더

우리는 흔히 '사람 중심'의 리더십이 중요하다는 말을 듣곤 한다. 리더십을 논할 때 '직원을 가족처럼 대하지 않으면 사람을 잃게 된다'고 말하는 기사를 접해본 적이 있을 것이다.[59] 물론 사람도 중요하지만 사실 오늘날 더 많은 조직과 근로자들은 원격으로 업무를 수행하고 있다. 직원들이 높은 효율성을 달성해야 할 경우에는 그들의 생산성 관리를 위해 디지털 방식으로 작업을 모니터링하는 것이 필요하다.

예전에는 관리자가 어깨 너머로 직원들의 일거수일투족을 감시하는 방법을 썼다. 이제는 현실적인 시대 변화 흐름에 맞추어 과정형 리더가 대세라고 인식하는 조직들의 수가 점차 늘어나고 있는 추세다. 이런 맥락 안에서 '사람 중심'의 리더들도 시도는 해보지만 실패한다. 그들의 성격 유형에는 과정 중심의 리더십이 이끌어내는 것을 근본적으로 이해할 능력이 없기 때문이다.[60]

오케스트라의 지휘자처럼 당신은 성공을 이루기 위해서 가장 효과적인 방법이 무엇인지 부단히 찾는다.[61] 당초 구상한 대로 과정을 만들어내고 팀원들이 당신에게 협조적으로 따를 수 있도록 대화하고 소통을 한다. 이는 일종의 민주주의다. 원래의 '작곡가'가 만들어놓은 과정을 따르는 것이 작곡가가 구상한 결과를 얻는 가장 확실한 방법이다. 즉흥적인 연주나 연주자의 상상력 가득한 해석은 필요하지 않다.

당신의 리더십 스타일은 직원들을 체계적이고 훈련된 방법으로 협력하도록 독려한다는 면에서 오케스트라의 지휘자에 견줄 수 있다. 최대의 성공을 끌어내고 당초 의도했던 결과물을 얻는다는 점에서 그렇다. 이것은 원래 작곡가가 작곡한 악보를 읽어내고 연주하는 지휘자의 목표와 닮아 있다. 오케스트라의 구성원은 각자가 유능하고 저마다 맡은 악기를 연주하는 기능인이다. 하지만 그들 각자의 재능과 기능은 과정을 중시하는 오케스트라 지휘자의 열정으로 조화롭게 어우러져 영감을 주는 음악으로 재탄생한다.

오늘날 대부분의 관리자는 관계를 관리하는 방식을 통해 구성원들에게 영향을 미치는 자연스러운 헌신 덕분에 승진했다. 이들은 명확하게 지시하기보다는 포용적인 태도를 지닌 방임형을 택한다. 당신은 통제하거나 지배하지 않으면서 팀원들이 무엇을 해야 하는지 지침과 기준은 제시한다. 더 중요한 점은, 직원들이 어떻게 일해야 하는지 분명한 경로를 제시해준다는 것이다.[62]

당신은 업무 목표와 작업할 내용을 일관된 과정과 구조화된 시스템에서 분류해 전략적이고 전술적으로 일을 처리하는 방법을 알려준다. 그렇게 해서 업무 수행과 성공에 필요한 훈련되고 체계적인 접근 방식이 탄생한다. 당신의 리더십 스타일은 매우 민주적이다. 입증된 체계에 따르면 최대의 효율을 얻어낼 수 있다는 것을 사람들에게 알려주고, 이를 통해 전체 조직이 조화롭게 운영된다는 것을 보여주기 때문이다.

과정형 성격이 가진 최고의 성격 재능

당신의 성공을 결정짓는 특성들

자신의 타고난 성격과 재능을 이해하는 것은 성공에 큰 도움이 된다. 다른 11가지 성격 유형과 차별화되는 강점을 보다 잘 이해하도록 도와주는 것이 성격 DNA 유형의 핵심 목표이다.

직업적 성공은 무엇보다도 적절한 위치와 역할에서 당신의 타고난 선천적이고 내재된 성격의 강점을 얼마나 잘 활용하는가에 달려있다. 또한 다른 사람들이 더 많이 갖고 있는 다른 보완적인 성격 요소를 폭넓게 이해하는 일도 포함한다.

당신과 같은 과정형 성격의 놀라운 성격 특성은 무엇일까? 과정형 성격은 이렇다.

- **체계적 접근방식** - 당신이 가진 능력은 개인적인 목표를 달성하기 위해 최대한 체계적이고 효과적으로 일의 우선순위를 정하고 정리하는 것이다. 이런 점만 봐도 당신

이 안정성과 디테일, 의도치 않은 돌발 상황이나 사건 없이 모든 것이 원활하고 지속적으로 굴러가도록 얼마나 심혈을 기울이는지 알 수 있다. 본질적으로는 장·단기 목표들을 체계적으로 실행해나간다. 동시에 여러 가지 해야 할 일들을 잘게 쪼개어 '해야 할 일 목록'으로 만들어 순서에 맞게 실제적으로 처리한다.

- **협력** – 과정형은 팀으로 일을 잘해낸다. 각 사람의 장점, 약점을 파악해 잘 살려내고 필요한 것들을 만들어낸다. 일단 팀으로 일하는 동안에는 개인의 목표는 잠시 접어둔다. 팀 전체가 더 이익을 얻는 게 우선이다. 그 과정에서 각자가 동등하고 민주적인 가치를 실천할 수 있도록 독려한다.

- **개인적 용기** - 목표를 이루는 과정에서 흔들리지 않고 견뎌내는 의지가 있다. 실패를 경험하면 시련을 극복하고 노력을 배로 더한다. 마음의 눈으로 보면 역경을 이겨내는 일은 성공에 필요한 잠재력을 확인하는 과정이다. 심각한 도전 거리가 몰려와도 당신은 보기 드문 낙관적인 모습을 보여준다. 당신의 의지력, 흔들리지 않는 집념 그리고 한번 하기로 한 것은 반드시 해내고야 말겠다는 확실한 결단력이 있기에 가능하다.

과정형 성격의 철학과 가치

✳

일상생활이라는 무성한 나무의 가지를 쳐서, 일관되고 조화로운 현실로 가꾸어 아름답게 어우러진 세상을 만드는 일이 당신의 인생 철학이다. 인생의 항해는 당신을 기다리는 무한한 잠재력을 일깨우고 유지하는 것에서 출발한다. 이것은 목표 지점까지 당신을 실어다줄 버스를 기다리는 것과 비슷하다.[63]

우리는 때로 삶에서 내가 승객인지 운전수인지를 묻게 된다. 승객이 되는 기분은 확실히 알고 있지 않은가? 당장 눈앞에 과정이 그려지지 않으면 우리는 우리 인생(선택, 일, 경력)이 갑자기 통제 불능인 것처럼 느낀다. 이런 느낌은 당신 인생의 초기에 시작되었고, 당신이 과정 중심의 인생 철학으로 나아가게 하는 내적 촉매제가 되었다.

과정 중심의 철학이 갖는 진가를 깨달으면 그걸 바꾸려고 하지 않게 된다. 이런 철학을 고수하는 데는 다 이유가 있다. 자기 주도적 동기부여는 지나치게 과대평가된 경향이 있다. 대부분의 사람은 삶에 대한 과정 중심의 접근 없이는 뭔가를 지속하기 힘들다. 이는 당신의 철학이 주는 특별함이라고 할 수 있다. 자신이 스스로 일하도록 맡겨보면, 목표를 위해 노력하고 성공을 갈망하는 내적 동기부여는 마치 카페인을 섭취한 것처럼 단기적 에너지에 불과하다는 걸 알게 된다. 이는 목표를 완성 단계까지 끌어올리기에는 충분치 않은 순간적인 에너지와 같다.[64]

과정형은 대부분의 사람들에게 지속적인 동기부여가 되려면 어지러운 상황에서도 끝까지 안내해줄 외부의 자극이나 과정이 있어야 한다고 생각한다. 그전에 당신의 자유의지가 당신이 어디에서 무엇을 하고 싶은지 결정해야 한다. 당신은 다양한 방법을 탐구도 해보고 최상의 경로를 선택한다.[65]

당신은 자연스럽고 잘 정리된 과정을 통해 동기부여를 유지한다. 가능할 때마다 이전에 따랐던 경로나 다른 사람들이 제공한 지침을 따른다. 그러면서 당신은 올바른 길을 걷고 있다고 확신하게 된다. 이는 이미 당신이 원하는 걸 성취한 사람들을 신뢰하기 때문에 가능하다. 당신은 신뢰할 수 있는 과정과 이전 경험들이 당신을 이끌어줄 것이라고 자신한다. 이런 자원들은 물살이 센 강의 흐름과 같다. 이는 당신이 힘들이지 않고 물살을 따라가도록 지속적인 자극을 제공하기 때문이다. 내가 어디로 가고 싶은지, 제일 쉽고 효과적으로 갈 수 있는 방법이 무엇인지 미리 알고 싶어 하는 사람이 바로 당신이다.[66]

당신의 사전에 이루지 못할 목표란 없다. 목표를 작은 단위로 쪼개서 한 번에 하나씩 체계적으로 공격하면 어떤 목표든 달성할 수 있다. 눈을 떠보니 갑자기 성공했다는 말을 당신은 절대 믿지 않는다.[67] 과정형 사람에게 성공이란 점진적인 과정이다. 작은 승리들이 축적되어서 지렛대 역할을 해주어, 어떤 임무나 목표를 달성하게 된다. 푼돈이 모여 목돈이 되는 원리처럼 말이다. 과정에 집중하다보면 원하는 결과도 따라올 것이라는 확신이 있다.

과정형 성격을 가진 훌륭한 사람들

✳

두 사람이 자신의 정리정돈 습관을 옹호하는 토론을 하는 모습을 떠올려보라. 한 사람은 "지저분한 책상은 지저분한 마음을 반영한다!"라고 주장한다. 다른 한 사람은 "텅빈 책상은 텅빈 마음을 반영한다!"라고 설득력 있게 반박한다. 누구 말이 맞을까? 얼마나 잘 정리되어 있는지는 생각보다 정신건강과 밀접한 관련이 있다.

다가오는 하루를 생산적으로 만들고자 할 때, 질서와 집중력을 불어넣는 것으로 하루를 시작하는 것은 정신적으로 안정된 방법이다. 정돈된 공간은 불안한 생각을 없애고 내적으로 평온한 상태를 촉진해주는 마음의 장소를 나타낸다. 과정형은 불안정하고 예측할 수 없으며 혼란스럽고 모호한 현대 생활에서 내면의 행복을 얻을 수 있도록 작고 평화로운 안식처를 만들고자 한다. 체계적인 사람이라면 누구나 이에 동의할 것이다.

- **곤도 마리에** – 어떤 사람들은 그녀를 세계 최고의 정리 및 생산성 전문가로 꼽는다. 그녀는 정리정돈을 전문으로 하는 세계적으로 유명한 '정리전문가'이자 인기 넷플릭스 쇼의 스타이기도 하다. 어린 시절부터 자연스럽게 정리정돈에 관심이 많았던 그녀는 19세에 컨설팅 회사를 설립했다. 그녀의 철학은 마음과 몸, 정신에 기쁨과 편안함을 주는 물건만 남기는 것이다.

- **더글라스 메릴(Douglas Merrill)** – 구글의 최고 정보 책임자이자 엔지니어링 담당 부사장인 그는 궁극적으로 전 세계 데이터 조직을 감독하는 책임을 지고 있다. 그는 일상적으로 일주일에 약 60개의 회의를 주재하고, 자기 시간의 4분의 1은 전 세계를 돌아다니며 1,000명에 가까운 직원을 관리하는 데 사용한다.

- **디 오하라(Dee O'Hara)** – NASA의 기술 조교로, 많은 동료가 가장 체계적이고 신뢰할 수 있으며 효율적인 사람이라고 평가한다. 그녀는 '세계적인 인간 연구 관리의 전문가'라는 찬사를 받는다.

과정형 성격의 대인관계

✳

결과형처럼 당신과 다르게 살아가는 사람들과의 차이에 매료될 것이다. 때로는 인생에서 타인의 기분을 헤아리는 일을 효율성보다 우선순위로 두는 관계 지향적인 사람도 맞닥뜨릴 것이다. 당신은 과정 지향적이기 때문에 오로지 '해야 할 일 목록'에 집중해 모든 일을 잘 조직된 방식으로 처리하고자 한다. 사실 당신은 이렇게 하는 게 모두에게 최상의 결과를 가져온다고 생각한다.

과정형 성격이라고 해서 다른 성격 유형과 크게 다른 것은 아니다. 다만 내가 관찰해본 결과 당신의 성격에는 '올바름'의 기준이 있다. 그래서 과정 중심의 행동이 부족한 다른 사람을 판단할 때 더 비판적인 면으로만 생각하게 된다. 당신은 이렇게 호소한다.

> "사람들이 어질러놓은 것을 치우려고 쫓아다닐 때마다 미칠 것 같아. 왜 물건을 원래 있는 곳에다가 정리해 두지 못하는 걸까?"

각자가 일상을 관리하는 데에는 절대적으로 옳고 그른 한 가지 방법만 있지 않다는 걸 알아야 관계에서 오는 문제를 해결할 수 있다. 오히려 당신은 타인에 대해 인내심을 가질 필요가 있다. 효율적이고 잘 정리된 일 처리 방식에 집착하는 당신의 능력이 얼마나 보기 드문 것인지 생각해보면서 말이다.

세상이 돌아가려면 다양한 성격 간의 균형이 필요하다. 당신이 가지지 못한 특성을 가진 사람들을 존중하고 의식적으로라도 그들을 바라보는 새로운 시각을 가져야 한다. 다른 사람들에게도 당신 성격의 장점과 재능만큼 당신이 좋아할 만한 특성이 분명히 있다. 겉보기에는 무질서해 보이는 그들의 행동 때문에 힘들더라도, 그 이상의 무언가가 그들에게도 있다.

과정형이 책임형에게 끌리는 것은 전혀 뜻밖의 일이 아니라 사실은 아주 흔한 일이다. 사교형이나, 당신과 정반대인 결과형에게도 끌릴 수 있다. 왜 그럴까? 일단 그들은 당신이 적응력을 유지하는 데 도움이 되기 때문에 정서적인 행복과 안정감을 갖게 된다. 매사에 지나치게 엄격하고 경직된 당신은 소소한 격려의 말을 할 줄 모르고, '느긋한' 상태라는 게 없다. "걱정 마, 좋았어, 긴장 풀어, 여유를 가져, 진정해"와 같은 말이 당신 입에서는 나오지 않는다.

사람은 저마다 다르지만 서로에게 중요한 존재라는 걸 이해하고 감사할 수 있게 되면 진정으로 통찰력이 생겨난다. 당신은 그들이 지금 모습과 달라지는 걸 원하지 않을 것이다! 이 관점을 유지하면 대단히 도움이 된다. 또한 당신뿐만 아니라 주변 사람들의 스트레스도 훨씬 줄어들 것이다.

과정형 성격의 관계 궁합을 찾아서

✹

12DNA의 이론은 자신의 성격 유형을 이해하는 것이 성공적인 관계를 구축하기 위한 첫걸음이라는 것이다. 이 지식은 당신이 정보에 기반한 선택을 하고, 인간 관계의 복잡성을 잘 헤쳐 나가도록 도울 수 있다.

우리는 성공적 관계 형성의 핵심 요소로 성격 유형의 상호작용을 꼽을 수 있다. 상호 일치 이론에 따르면 기업 문화나 팀, 개인 간 안정성이 그들 간 공통점 정도에 따라 결정된다고 한다. 반면 '사랑', '썸' 및 '외적 매력'의 신비는 과학적 규명이 완전하지 않은 채로 남아있다.

과정형 성격의 경우, 다른 과정형과 함께 사는 것이 확실한 선택이다. 이중에는 이타과정형, 과정통찰형, 과정사교형, 과정분석형, 과정통합형, 과정책임형, 과정개인형과 같은 하이브리드 유형이 포함된다.

과정형 성격의 의사소통 스타일

※

과정형은 대답을 하기 전에 생각하고 정리할 시간이 필요하다. 이런 유형은 사전에 완벽하게 계획을 세우는 조직가들이다. 그렇다 보니 모든 가능성을 열어두고 찬반 입장을 충분히 들어보려고 한다. 아이디어를 '어떻게' 발전시킬지에 관심을 두고, 원하는 목표치에 도달하는 과정에서 필요한 절차가 어떻게 되는지만 이해하고 싶을 뿐이다. 항상 상세하게 메모하고 지도나 매뉴얼을 들고 다니는 사람이다.[68]

대화를 하면서 보다 구체적인 내용, 명료한 선호 사항, 일정 준수에 대해 알고 싶어 한다. 모든 일을 퍼즐 조각처럼 세분화하는 것이 중요함을 강조한다. 당신은 마음속에서 이미 전체적인 일의 '흐름'을 그리고 있다. 주어진 과제에 대한 이해한 바를 논리적으로 전달할 준비가 되었다는 뜻이다.

먼저 시간 순서대로 배치하고, 현재 상황도 설명할 수 있기를 바란다. 그리고 최종적으로 바라는 결과를 구두나 서면으로 다시 설명한다. 행동이 앞서는 성격과 달리, 과정형은 가능한 한 모든 옵션을 고려해보고 싶다. 지름길을 찾거나 약식으로 소통하는 기술을 사용하지 않는다. 당신은 설명한 것과 해야 할 일 사이의 맥락을 파악하기를 원하지 않는다.[69]

가만히 보면 당신에게는 주변 상황을 재빨리 읽어 가능한 자원을 골라내는 재주가 있다. 예컨대 자기 의견을 밝히거나 어떤 접근 방식을 제안하기 전에 일단은 인내심 있게 듣고 정확한 정보를 찾는 뛰어난 경청자다. 무슨 일을 진행하기 전에 17가지 질문을 던지는 사람이다. 성격상 정보가 체계적이고 질서정연하게 정리되어야 한다. 특수한 상황과 원하는 결과에 맞는 방식으로 말이다. 권고 사항을 말할 때도 당신은 자신이 예상하는 찬성과 반대 입장뿐만 아니라 대안까지 제시한다.

과정형 성격의 건강 관리

※

과정형인 당신은 삶의 어떤 영역에서든 자신의 행동이 초래할 결과를 자연스럽게 인식한다. 여기에는 여러 가지 선택이 당신의 행복에 미칠 영향도 포함된다. 이러한 특성이 어떻게 건강에 유익한 지 몇 가지 측면을 분석해보자.

연구에 따르면 정리된 생활이 스트레스 수준을 감소시킨다. 자신을 조직적이지 못하고 프로젝트를 끝내지 못해 시달리는 사람으로 묘사하는 사람들은 더 우울하고 피곤할 가능성이 크며, 스트레스 호르몬인 코르티솔 수치도 더 높게 나타난다.[70]

정리와 계획은 또한 당신의 수면을 개선한다. 「허핑턴 포스트」는 정돈되지 않은 생활 방식을 가진 사람은 그 반대에 비해 더 잦은 수면 장애를 겪는다는 연구결과를 보도했다.[71] 대부분은 이미 지나치게 짜인 일상에서 무엇을 더 생각하고 계획하는 일 자체를 피하고 싶어 한다. 하지만 어수선함이 정리될수록 스트레스가 줄어들고 숙면을 취할 수 있다는 사실에는 변함이 없다.

하루 종일 불필요하게 혼란한 상태를 내버려두면 결국에는 일을 더 많이 해야 한다는 것을 알 것이다. 정해진 마감일 전에는 무조건 완수해야 할 일이라면 더욱 그렇다. 잘 짜인 계획이 없다면 대부분 그 대가를 치러야 하고 밤새도록 많은 양의 보고서를 작성할 수밖에 없다. 일단 생활이 정돈되면 혼란을 덜 겪게 되며, 음악을 듣거나 독서를 하면서 여유가 가득한 저녁 시간을 보낼 수 있다.

이러한 기질로 인해 당신은 항상 바람직한 습관을 유지하고 일상들을 지켜낼 수 있다. 이것들은 당신의 삶에서 무엇보다도 중요하고 타협할 수 없는 부분이다. 한 연구에 따르면 과정형 사람들은 단기 목표를 설정하고 운동 루틴을 고수하며 진행 상황을 체계적으로 기록하는 것으로 나타났다.[72] 이는 다른 성격 유형에 비해 당신이 지속적으로 운동을 할 수 있는 동기부여가 된다.

과정형 성격을 위한 식단

체중 감량을 원하는가? 더 좋은 음식을 섭취하라. 「심리적 과학(Psychological Science)」에 실린 연구에 따르면[73] 조직적으로 정리된 상태는 실제로 먹는 것에 긍정적인 영향을 미친다. 연구원들은 집에서든 직장에서든 조직적인 환경을 조성하는 사람들이 유기농 간식을 고를 가능성이 두 배 더 높다는 점에 주목했다. 이들은 반대 성향으로 자신을 소개한 사람들과 비교해보면, 간식으로 초콜릿 바 대신에 과일을 고르는 것이다. 의학박사인 에바 셀허브(Eva Selhub)는 다음과 같이 설명한다.

"정리를 하게 되면 무엇을 섭취하는지에 더 신경을 쓰게 된다."[74]

그러면 과일 및 채소와 같은 영양가 있는 음식을 비축할 가능성이 높아져 영양이 없는 패스트푸드를 먹을 가능성이 줄어든다.

당신이 주변의 갖가지 세부적인 일도 파악하는 데 능숙하다는 점을 감안할 때 식품 라벨을 읽고 칼로리를 계산하는 건 특별한 일도 아니다. 단도직입적으로 말하면 당신은 '모 아니면 도' 타입의 성격을 갖고 있다. 따라서 새로운 다이어트를 시작하면, 맛있고 풍부한 파스타와 설탕이 많은 탄수화물을 일체 빼버리고 다이어트에 집중한다.[75]

당신이 할 수 있는 최고의 식단은? 당신은 체계적으로 계획된 식단에 최적화된 고객이기도 하고, 주말에 영양가 있는 음식을 미리 만들어두고 다음 주 내내 식단을 지켜 먹는 사람이다. 당신은 불필요한 추측은 모두 제거하고 싶어 한다! 오직 미리 계획하고 자신을 위해 짠 루틴을 유지하는 것을 즐긴다. 팁 하나를 주자면, 미리 식료품 목록을 만들고 요리법을 선택해두는 것이 가장 좋다.

과정형 성격에 맞는 직업들

☀

"자신이 하는 일에 매우 적합할 뿐만 아니라 자신의 일에 대한 열정을 품은 사람만이 탁월한 결과를 만들어낸다." - 래리 캐시

과정형 성격은 다음에 나열된 직업에서 성공할 가능성이 가장 크다.

과정형에 대한 당신의 점수 ☐

이 성격 유형의 점수에 따라 '4C'[상당한(Considerable), 유능한(Competent), 능력을 발휘하는(Capable), 신중해야 할(Cautious)]로 직업적 성공 수준을 해석할 수 있다.
만약 당신의 점수가...

- **70~100 범위라면** 당신은 '상당한' 재능을 가진 것이다. 당신이 이루어 내는 성과는 일관되게 성과 기대치를 초과할 것이고, 이러한 경력에서 당신에게 필적할 만한 또래 그룹은 거의 없을 것으로 예상된다.

- **60~69 범위라면** 당신은 꽤 '유능한' 것이다. 우리는 당신의 성과가 일반적으로 기대치를 초과하고, 다음에 제시한 경력을 택한다면 평균 이상의 결과를 제공할 것으로 예상한다.

- **40~59 범위라면** 당신은 일관되게 '능력을 발휘하는' 사람이다. 다음에 제시한 경력을 택한다면 일관되게 성과 기대치를 충족하거나 능가할 것으로 예상한다.

- **0~39 범위라면** 우리는 당신이 다음의 경력들을 선택하는 데 '신중' 하기를 권고한다. 당신의 성격 유형은 이러한 경력들에서 성공한 다른 사람들과 공통점이 거의 없을 것으로 예상한다.

과정형 성격에 적합한 이상적인 경력

법
부동산/재산 계획 담당 변호사
파산 변호사
지적 재산권 분야 변호사
계약 변호사
이민 변호사
법률 보조원

관리
사무실 관리자/개인 비서
행정 사무원
콜 센터 담당자
운송 사무원
관리 시스템 및 절차 보조
프로젝트 관리자
기술 지원 데스크 담당자
정신과 의사

금융
구조화된 위험 관리 전문가
중소기업 공인회계사
회계 사무원
신용 고객 서비스 관리자
IT 비즈니스 분석가
부기계원 (회계 장부 담당자)
경영진 포트폴리오 매니저/트레이더
사모투자 회사 매니징 파트너
금융업 부회장/CFO
글로벌 투자 전략 책임자

정보기술
정보 기술 이사
정보 기술 전문가
데이터베이스 관리자
교육 기술 관리자
정보 기술 시스템 서비스 담당자
정보 기술 시스템 프로그래머
정보 기술 네트워크 케이블 기술자

전기/전자
전자 서비스 기술자
통신 설치업자
광섬유 기술자
전기 기술자
전기/통신 라인 기술자
전자/전기 장비 기술자
전기기사
계측 및 제어 기술자
실패 분석 기술자

소매
구매 에이전트
구매자/입찰 코디네이터
소매 마케팅 및 구매 에이전트/코디네이터
호텔 매니저

판매
고객 서비스 계정 관리자

인사
인사 관리 보조
인사정보시스템 전문가
인사 매니저
인사 관리자

제조
생산 라인 직원
제조 시스템 운영자
제품 및 물류 운영 코디네이터
원자력 발전소 운영자
공급망 계획 매니저

기계
기계 공학 기술자
산업용 기계 수리기술자
정비공
전기 기계공
기계공
기계유지 보수
공구 및 금형 제작자
주조 제작자
배관공

번역
번역가

결과형 성격 DNA

(성격 정의)

결과형 성격을 타고난 당신은
반드시 할 필요가 있는 일에는 강박감을 느끼고,
어떤 결과물이 중요한지 파악해내는 자신에게
자부심을 느낀다. 가장 중요한 것을 완수하기 위해
당신은 모든 자원을 집중한다. 일을 신속하게 처리하기 위해
매 순간 주어진 과제를 적극적으로 시작한다.
마음의 눈으로 이미 최종 결과물을 그리면서
가장 빠르고 효과적인 방법을 찾는다.

당신의 도전과제 세상에서 과업을 완료하는 것

결과형 성격이 특별한 이유

결과형의 당신은 결단력과 긴급성에 중점을 둔다

결과형인 당신은 참으로 일관되고 이상하리만큼 생산적인 사람이다! 다른 사람들이 필요로 하는 노력과 시간의 절반만 투입해도 어마어마한 양의 작업을 수행해낸다. 정확히 얼마나 더 많이 해내냐고? 컨설팅 업체 베인 & 컴퍼니의 조직 실무 파트너인 마이클 맨킨스(Michael Mankins)가 이 주제에 대해 조사해보았더니, 결과형 사람들이 평균 근로자들보다 4배 정도 생산력이 높았다. 어떻게 당신은 그렇게 할 수 있을까?[76]

결과형의 마인드는 실로 비범하다. 게다가 이런 사람들이 우연한 기회에 여럿이 모여서 무언가를 이루어내면 그 결과도 기하급수적으로 커진다. 한 가지 예를 들어보자. 맨킨스는 이렇게 밝혔다.

> "애플의 엔지니어 60여 명이 회사 운영 체재를 혁신적으로 바꾸어놓은 OS인 X를 개발하고, 오류를 검출하고, 배포하는 데에 걸린 시간은 불과 2년도 되지 않았다. 하지만 마이크로소프트의 윈도우 비스타를 개발하는 데 투입된 엔지니어 1만여 명이 똑같은 작업을 하고 결국 철회하는 데까지 5년 이상의 시간이 걸렸다."

업무 수행에 필수적인 일을 제 시간 안에 (혹은 더 일찍) 완료할 수 있는 사람이 필요한 경우에 결과형은 다른 사람들과는 급이 다른 결과를 낸다.[77]

당신은 꾸준하게 높은 생산성을 보여준다. 미국 스탠포드 대학의 존 펜케이벨(John Pencavel) 교수는 대부분의 근로자가 일주일에 50시간을 일하면, 시간당 생산성이 급격히 감소한다는 사실을 밝혀냈다.[78] 주당 최대 70시간 일하는 사람들도 결과적으로는 50시간 일하는 사람들과 같은 양의 일을 해낸다는 것이다.

여기에서 바로 당신이 가진 독특함이 빛을 발하게 된다. 당신은 주당 35시간, 50시간,

70시간을 일하든, 일하는 시간에 상관없이 남들보다 더 많은 것을 성취하고 얻어내는 타고난 성향을 가지고 있다. 매 순간을 소중하게 여기다 보니 결국 이것이 당신만의 독특한 특징을 만들어주었다. 똑같이 열심히 최선을 다한 다른 사람들이 다 실패해도, 당신이 이루어낸 결과물을 보면 결과형 유전자는 실패하지 않는다는 것을 알 수 있다. 당신은 그야말로 업무에 필수적인 사고방식을 가지고 있다.

다른 사람들은 일을 처리할 시간이 부족했다면서 불평을 쏟아내거나 징징거릴지도 모른다. 반면 당신은 언제나 자신이 갖고 있는 직업윤리에 대한 자부심을 가지고 있다. 같은 시간에 다른 사람들보다 3~4배 더 많은 일을 거뜬히 해낸다. 포기하거나 잔꾀를 부릴수록 오히려 당신의 마음은 더 무거워진다. 고도로 몰입하여 어떤 상황에서도 책임감 있게 일을 해내는 기질이 당신을 특별하게 만든다. '죽기 아니면 까무러치기'의 마음가짐으로 일에 달려드는 당신이 해내는 일들의 생산성 수준은 나쁠 수가 없다.

결과형 성격, 당신은 누구인가

✷

당신에게는 일을 하고 있다는 감각이 전부다

이것은 결과형 성격의 마인드를 보여주는 결정적인 특성이다. 당신은 즐기면서 하는 일만 하는 게 아니라, 필요하다면 답답하고 지루한 일도 견뎌내며 최선을 다한다. 마음속으로 일의 끝을 그려보고, 최고의 결과를 내면서 가장 빨리 할 수 있는 방법을 찾아본다. 기대하는 결과를 실제로 만들어내고 싶어 한다. 당신의 호불호나 선호도는 전혀 중요하지 않다. 당신은 오로지 '올바른 일'을 하는 데에만 관심이 쏠려 있다. 결과형의 시선은 최종 결과물을 향해 가 있다.[79]

때로는 기대하는 결과를 얻기 위해 믿을 수 없을 만큼 집중해야 한다는 심적인 압박감을 느낄 때도 있다. 그렇다고 해서 일을 수행하는 데 어려움을 겪는 건 아니다. 당신은 중요하다는 판단이 들면 약속한 모든 일을 제대로 해낸다. 오늘보다 어제, 이번 주가 아닌 지난 주에 일을 마치기를 원한다.

그런데 시간을 두고 기다려야 하는 경우도 있다. 예컨대 성장해가는 시간이 필요한 일이라든지 다른 사람들이 자기 역할을 제때 해주기를 기다려야 할 때가 있다. 이는 당신과 같은 결과형에게는 쉽지 않은 일이다. 당신은 일을 한 뒤 직접 눈으로 추적 가능한 결과물들을 확인하고 나서야 다음에 할 일로 시선을 돌린다.

다음으로 당신의 중요한 특성은 행동하는 추진력이다. 당신은 결과를 내려면 지금 당장 내고 싶다. 결과에 대한 기대감을 갖는 것도 당신에게는 만족감을 선사한다. 이 기대감 때문에 일이 지루해도 과정을 즐길 수 있다. 당신이 기대한 것만큼 빠르고 효율적인 결과가 안 나와도 어려움에 어느 정도 맞서가면서 자기만의 방법으로 극복하는 일이 자연스럽다.

때론 실패할 것 같은 예감 때문에 깊은 불안감이 몰려오기도 한다. 그럴 때 당신은 자기 자신에게 기대를 건다. 당신이 자기 자신을 존경하는 첫번째 조건은 얼마나 많은 일을 처리해내는지, 또 얼마나 신속하게 완료하는지에 달려 있다. 단 한 가지 때문이라도 비판을 받게 되면 당신은 일처리에 대한 부족함을 굳이 상기해가며 자기를 괴롭히느라 에너지를 낭비할 수 있다.

정오에 20분의 낮잠을 자는 것이 업무 생산성을 높인다고 해도 막상 당신은 단 1분도 낮잠 잘 시간이 없다. 하던 일을 언제 멈추어야 하는지를 모른다. 하루 일과를 끝내기 전에 뭔가 더 할 일이 있을 것 같다는 생각을 한다. 마치 어린아이가 부모에게 "자기 전에 (혹은 양치질을 하기 전에) 게임 딱 5분만 더 할게요"라며 조르는 것처럼 말이다.

결과형 성격은 목표에 집중하는 리더

※

결과형의 리더인 당신은 '지금' 해야 할 일을 계획하고, 우선순위를 정하고 지시하는 등 적극적으로 참여하면서도 앞장서서 이끄는 리더다. 결과형 리더는 모든 사람이 이해하는 내용이 같다는 확신을 갖기를 원한다. 따르는 사람들이 공유된 목표와 우선순위에 당신만큼 집중할 수 있어야 하기 때문이다. 그리고 당신이 이끄는 사람들이 최상의 방식으로 올바르게 일을 완수하기를 바란다. 그렇지 않을 바에야 아예 하지 않는 게 낫다고 생각한다.

결과형은 최종 목표를 달성하기 위해 앞장서서 돌진해 가는 '추진력 있는 리더'다.[80] 또한 교차로마다 시나리오를 세워 즉시 대응할 준비도 되어 있다. 이렇게 해서 당신은 프로젝트의 추진력이 흐름을 잃지 않는다.

더 설명할 필요가 있을까? 당신은 의지가 강하고 강단 있는 리더다. 매사에 최선을 다한다. 당신 같은 스타일은 중국과의 무역 개방을 도왔던 전 미국 국무장관 헨리 키신저(Henry Kissinger)에 대한 일화를 떠올리게 한다. 그가 처음 취임했을 때 부서 관료들이 그에게 완결된 업무에 대해 보고했다. 그는 문서에 손을 얹고 직원의 눈을 바라보며 이렇게 말했다고 한다.

> "나는 이 정도가 당신이 해낸 최대치라고 가정하겠습니다. 여기에 따라 당신 업무 능력을 판단할 것이니까요."

아마 그가 취임한 후, 첫 6개월 동안 관료들은 그에게 업무를 보고할 때 무척이나 애를 먹었을 것이다. 당신에게 팀원들이 보고할 때처럼 말이다.

언뜻 보기에는 당신이 남에게 많이 요구하는 것처럼 보이지만, 사실 당신 자신에게 요구하는 것에 비하면 그렇지 않다. 당신은 사교를 위한 잡담이나 수다에는 도통 관심이 없다. 매우 독립성이 강한 당신은 '제대로 해내지 못하는' 사람들을 도저히 견딜 수가 없다! 당신이 괜히 일 중독자라는 평가를 받는 것이 아니다. 왜 이렇게 사람들이 당신 같지 않은지 도통 이해가 가지 않는다.

그렇다고 당신의 리더십 스타일이 지나치게 깐깐하다거나 냉정한 게 아닌지 의심하지 말길 바란다. 당신은 그저 비즈니스 관점에서 성과를 내고 조직 기반을 다지는 대단한 잠재력을 갖고 있는 것이다. 다른 전임자들은 다 실패했더라도 당신은 기대된 결과를 성취해낼 수 있는 저력을 가졌다.

다른 면으로 보면, 당신은 자신만큼 노력을 기울이는 직원들에게 성과에 대한 보상을 확실히 하고 그들을 확실히 챙긴다. 목표 달성을 위해 기꺼이 함께 애써 주는 사람들을 높이 평가한다. 이런 면에서 당신의 리더십 스타일은 과정형 리더와 다르다. 과정형 리더는 사람들을 업무 과정에 참여시키고 수행해야 하는 작업의 모든 측면을 철저히 계획하는 데 시간을 쓰는 것이 훨씬 효율적이라고 믿는 사람이다. 이것은 당신의 리더십은 아니다. 당신은 가야 할 지점을 명확히 설정하고, 그 다음에 해야 할 일을 계속해나간다. 하지만 직장의 생태계가 나 혼자 잘한다고 되지 않기 때문에 당신의 리더십은 어려움을 겪을 수 있다. 당신처럼 뛰어난 한 사람의 능력만으로는 회사가 굴러가지 않는다는 점을 상기할 필요가 있다. 때로는 협력할 만한 분위기를 만들고 직장 내 인간관계 갈등이 생기면 중재도 해주어야 한다. 팀원들이 정서적으로 애착을 갖고 일할 수 있도록 하는 것도 당신의 역할이다.

이런 점들을 간과하려는 당신에게는 너무 어려운 이야기로만 들리는가? "난 이걸 끝마쳐야 해"라는 말보다 "우린 할 수 있어요"라는 말을 하기가 당신에게는 더 힘들 것이다. 하지만 진정한 팀워크가 부족하면 리더로서 당신이 원하는 효율성도 떨어질 수밖에 없다.[81]

결과형 성격이 가진 최고의 성격 재능

✳

당신의 성공을 결정하는 특성들

직업적 성공은 무엇보다 적절한 위치와 역할에서 당신의 성격의 강점을 얼마나 잘 활용하는가에 달려 있다. 또한 다른 사람들이 더 많이 갖고 있는 보완적인 성격 요소들을 폭넓게 이해해야 한다.

당신을 힘들이지 않고 성공으로 끌어올리고 해마다 계속 성공하게 해주는 결과형 성격의 놀라운 성격 역량은 다음과 같다.

- **멀티태스킹** – 업무 효율성이 높다는 것은 과소평가된 표현이다. 왜냐하면 당신은 늘

능력의 최대치를 발휘하기 때문이다. 당신은 다른 성격 유형의 생산성을 거뜬히 뛰어넘는다. 원래 당신은 더 편안하게 일하는 것을 선호하고, 멀티태스킹을 해야 하는 혼란 속에서 오히려 더 능력을 발휘한다.

- **강한 리더십** – 당신이 책임 지는 영역에서 방향성을 잡고 결과에도 영향을 주려는 강한 동기를 가진다. 확신을 가지고 판단하고 단호하게 행동할 준비가 언제나 되어 있다.

- **자기 동기부여** - 다른 사람의 지시를 기다리기보다는 먼저 일을 찾아서 시작하려고 한다. 뭔가를 성취를 하거나 변화를 가져오려면 일단 무슨 일이든 해야 한다는 것을 잘 파악하고 있다.

- **결과 중심** - 당신이 집중하는 것은 바로 결과를 만들어내는 일이다. 결과는 그동안 당신이 추구해온 경력에서도 가장 높은 우선순위였다. 나중에 높은 생산성과 성공이 가져올 만족감을 생각하며 부담이 큰 일도 받아들인다. 무슨 일을 하든 100%의 노력을 쏟아 붓는다. 필요한 경우엔 일을 마무리 짓기 위해 근무 시간을 초과해 장시간 일한다.

- **개인적 용기** - 어려운 도전을 오히려 낙관적으로 생각하고 즐긴다. 오히려 역경을 만나면 더 긍정적으로 동기부여가 된다. 목표를 향한 흔들림 없는 자세와 포기하지 않고 노력을 배로 쏟아붓는 능력은 장애물을 뛰어넘을 수 있게 한다.

- **회복탄력성** – 수많은 요구 사항, 압박감, 데드라인이 몰아닥쳐도 언제나 긍정적인 자세를 유지한다. 결과적으로 오히려 당신은 스트레스가 많은 상황에서 긍정적이고 건강한 방식으로 대처하고 빠듯한 데드라인에도 더욱 생산적인 모습을 보여준다.

결과형 성격을 가진 훌륭한 사람들

글로벌 대기업의 리더들은 공통점이 있다. 그건 바로 주어진 시간을 최대한 활용하는 것이다. 당신을 결과 지향적 리더라고 부르든, 당신 스스로가 일중독자라고 고백하든 결과는 동일하다. 이런 성격 유형을 가진 인물들의 말을 들어보자.

- **킴 카다시안(Kim Kardashian)** - "나는 무언가를 하면 100% 몰두해요. 진짜로 성공하려면 반드시 필요한 일이죠."[82]

- **마크 저커버그** - "시간만 놓고 보면 우리가 보통 사무실에 있는 물리적인 시간은 일주일에 50~60시간을 넘지 않을 겁니다. 하지만 내가 회사의 미션에 집중하는 모든 시간을 계산한다면 아마도 내 인생 전체가 되지 않을까요? 어리석고 사소한 일에 내 에너지를 사용하는 것은 내 일을 안 하고 싶다는 얘기와 다를 바 없죠."[83]

- **리처드 브랜슨(Richard Branson)** - "생산성을 높이고 싶다면 처음부터 시작하세요. 항상 제 시간에 하세요. 회의든, 비행기 탑승이든, 약속이든, 데이트든, 그 어떤 것이든 당신이 말한 그 시간에 거기에 가 있어야 합니다. 이 원칙을 고수하는 것은 지난 50년간 내가 비즈니스를 하는 데 정말로 도움이 되었습니다."[84]

결과형 성격의 가치와 철학

✳

결과형은 자기 자신에게 무척 까다롭다. 역경을 만나도 인내하는 것을 가치 있게 여기고 실패가 계속된다고 생각하지 않는다. 결과를 본인이 좌지우지해야 한다고 보고, 기본적으로 자신에 대한 믿음을 갖고 있다. 당신의 자아존중감과 자기 이미지는 그 결과가 입증해준다. 그래서 당신에는 과감한 목표치와 자기 기대를 설정하는 것이 중요하다. 효율성은 당신의 기본 철학이다. 얻고자 하는 결과에 충실하겠다는 마음가짐으로 시간을 소중하게 여길 수밖에 없다.[85]

이런 철학은 효율성의 측면에서 다른 사람들과 일해야 할 때도 적용된다. 당신은 상대방이 당신의 강도 높은 업무 습관을 알아주거나 더 좋은 습관을 공유해주기를 기대한다. 생산성을 최대로 끌어올리는 것이 제일 급선무다. 집중하지 않는 팀원을 교체해서라도 말이다.

당신은 오직 결과로만 승부한다. 원하는 결과를 얻어내는 데 방해만 될 뿐 산만하고 열심히 하지 않는 팀원을 허용할 수 없다. 동시에 사람들과의 관계에 대해선 애초에 기대도 실망도 없다. 그런 신념을 바탕으로 피차 감정 상하지 말자는 것이 당신의 철학이다. 비즈니스는 그저 비즈니스 차원에서만 끝내야 한다.

결과형은 결과를 그 이상으로 중요하게 본다. 기대와 평범한 정도의 수준을 넘어서 가치를 높이고 싶다. 목표는 무조건 야심 차게 세우고 어떻게든 실현하려고 한다. 당신은 자신의 탄탄한 직업윤리를 소중히 여긴다. 가치 있게 해볼 만한 일은 전부 엄청난 노력뿐 아니라 마음고생도 따르고 헌신적인 몰입의 시간이 필요하다. 결국 당신의 인생과 목적이 당신을 결과형 사람으로 정의한다.

당신의 철학을 표현하자면 이렇다.

> "비, 바람, 먹구름과 무서운 번개를 무시하라. 역경에 압도되지 않는다면, 결국에는 황금 항아리를 가진 무지개가 뜰 테니까."[86]

당신은 감당할 수 없는 시련을 만나면 빠른 판단과 불굴의 낙천적인 정신력으로 이겨낸다. 최고의 성공을 위해 지금 가장 생산적이고 효율적인 것이 무엇인지 떠올린다면 이 정도쯤은 거뜬히 극복할 수 있다고 생각한다. 하기로 한 것을 다 이룰 때까지 포기란 있을 수 없다. 실패한다 해도 그 자체로는 전혀 의미가 없다. 실패는 잠깐 지나가는 상황이거나 첫 번째 시도에 불과하다. 앞으로 기회가 더 무궁무진할 것이다.

다음 번 시도에서 당신은 노력을 배로 하고 성공하기로 굳은 결심을 한다. 불가능한 일을 하면서 힘들이지 않고, 심지어 쉬워 보이게 만드는 당신의 재주에 사람들은 찬사를 보낸다. 실제로 당신이 듣고 싶은 최고의 칭찬도 이것이다.

> "당신은 일을 참 쉽게 하네요."

결과형 성격의 대인관계

✳

많은 사람이 당신의 추진력과 야망에 끌린다. 어떤 사람들은 당신이 한 수고로 혜택을 누리고 있음을 기꺼이 인정할 것이다. 그러나 당신과 함께하는 사람들이 당신의 성격을 고려하지 않으면, 그들은 당신이 언제쯤이면 함께 있어줄지 항상 궁금해한다. 그들은 당신과 함께 시간을 보내고 싶어 한다. 그것도 당신을 사랑하는 사람들로부터 멀어지게 하는 휴대전화나 다른 업무 관련 활동의 방해 없이 말이다. 당신은 인생과 모든 관계에서 결과를 얻는 일이 가족 축하 행사, 사교 파티, 가족 식사, 결혼이나 장례식보다 중요하다. 어떤 사람은 자신의 아기가 태어나는 순간도 놓쳤다고 한다.

결과형 부모는 다음과 같이 말한다.

> "자, 아기가 나오려면 시간이 좀 걸리겠지. 긴 밤을 새울 수도 있어. 그래서 내가 그 때까지 기다리면서 할 일을 좀 가져왔어."

이게 바로 당신이다. 아기를 출산할 예정인 산모든, 곧 아빠가 될 사람이든 둘 다 해당한다. 생산성, 일에 대한 열정, 거기에서 생겨나는 지적인 도전과 리더십에 대한 도전이 바로 당신의 핵심이다. 관계와 업무의 우선순위는 당신이 원하는 결과와 항상 일치하는 건 아니다.

만약에 당신과 맞는 사람과 결혼했다면 죄책감을 느낄 이유가 없다. 사랑하는 연인과 친구들도 당신 주변에서 자기 일들을 할 것이고 혼자서도 시간을 잘 보낼 것이다. 당신의 일과 경쟁하는 것에 불만을 느끼는 사람과는 같이 살려는 시도조차 하지 않는 게 좋다. 그런 사람은 당신이 결과를 내기 위해 초과 근무를 하는 대신 사랑하는 사람들과 함께 시간을 보내야 한다고 생각할 가능성이 크다. '행동하는 것'을 좋아하고 한 시도 가만히 있지 않는 결과 지향적인 사람과 사는 것이 상대방에게도 많은 이점을 제공할 수 있다. 그러나 실제로 일에 몰두하는 사람들이 얼마나 서로를 자주 찾을지는 모를 일이다. 결과형 사람이 다른 성격의 사람과 결혼한 예를 보자. 심리치료사 로라 보그(Lola Borg)는 이렇게 설명한다.[87]

"일중독자의 많은 파트너와 마찬가지로, 나도 일중독자가 있는 가정에서 커왔기 때문에 그런 모습이 내 유전자에 각인되어 있다. 일중독자와 같이 사는 사람의 말을 빌리자면, 여기에는 오히려 많은 이점이 있다. 아내와 같이 쇼핑하면서 탈의실 앞에서 한숨을 푹푹 쉬며 기다리는 남편들을 보거나, 남편이 한 순간도 눈 밖으로 벗어나는 걸 용납하지 않는 친구들을 보면 나는 어쩐지 연민의 감정마저 든다.

나는 모든 것을 같이 해야 하는 한 커플을 알고 있다. 그들은 서로 떨어져서 휴일을 보내지도 않고 단 하룻밤도 따로 보내지 않는다. 심지어 서로 50미터 이내에 있지 않으면 경련을 일으킬 정도다. 나는 절대로 그런 커플처럼 살고 싶지 않다. 남편이 노트북 앞에 붙박이가 되어 이메일에 답장하는 동안 나는 혼자 잘 논다. 내가 선택한 대로 내 시간을 계획한다.

남편이 일주일 전에 다른 여자들을 보며 좋아했다고 해도 괜찮다. 그가 첫사랑을 상기하며 시간을 더 보내도록 자유를 준 것뿐이다. 나는 그가 바람을 피울까봐 초조해하지도 않는다. 그는 너무 소중한 많은 시간을 이메일에만 사용하니까 말이다.

그리고 또 다른 차원의 이야기가 있다. 남편의 엄청난 근성과 투지는 실패를 받아들이지 않는다는 의미다. 이것은 내가 남편에게서 가장 존경하는 점이다. 게다가 반쯤은 떨어져 있는 우리 생활방식이 나는 완벽하게 편안하다. "

결과형 성격의 관계 궁합을 찾아서

✳

12DNA의 이론은 자신의 성격 유형을 이해하는 것이 성공적인 관계를 구축하기 위한 첫걸음이라는 것이다. 이 지식은 당신이 정보에 기반한 선택을 하고, 인간 관계의 복잡성을 잘 헤쳐 나가도록 도울 수 있다.

성공적 관계 찾기의 핵심 요소는 무엇일까? 상호 일치 이론은 기업 문화나 팀, 개인 간 안정성이 그들 간 공통점 정도에 의해 결정된다고 주장한다. 하지만 '사랑', '썸' 및 '외적 매력'의 본질은 여전히 과학적으로 완전히 해명되지 않은 주제라고 볼 수 있다.

기회형과 마찬가지로 결과형 성격은 때때로 어울리기 어려울 수 있다. 주변 동료들이 당신과 "비슷했으면 좋겠다"는 생각을 하지만, 실제로 그럴 수 있는 사람은 거의 없다. 특히 당신과 정반대인 과정형들의 요구를 수용할 때 더욱 힘들 수 있다. 당신과 같은 결과형의 동료가 업무환경에 있다면 정말 다행이라고 생각할 것이다. 하지만 같은 결과형과 인생의 파트너십을 추구하는 것은 꽤 어려울 수도 있다. 대신 온화하고 이해심이 깊으며 무한한 인내심을 가진 이타형과 그들의 여러 하이브리드 유형이 잘 어울린다. 일반적으로 이타예술형, 이타발명형, 이타통찰형, 이타사교형, 이타분석형, 이타책임형이 이상적인 하이브리드 유형이다. 기회형, 과정형, 개인형은 물과 기름과 같이 결과형과 맞지 않을 수 있다.

결과형 성격의 의사소통 스타일

프로젝트에 참여한 사람들이 모두 같은 탁자에 둘러앉아야만 회의를 하던 시절이 있었다. 요즘에는 도처에서 모이고 심지어 도시를 넘나들며 여행을 하는 상황이다 보니 모두 한 방에 모여 앉아 업무 논의를 하는 경우는 거의 없다. 결과형에게는 이보다 더 행복한 일이 없다.

코로나로 인해 이동에 제약이 생기면서 원격으로 일하는 게 생산적이라는 개념을 가장 먼저 지지한 사람이 당신이다. 재택근무를 하게 되면 혼잡한 교통난 속에 매일 집과 사무실을 오가는 시간을 아낄 수 있다. 당신처럼 결과형 성격을 가진 사람에게는 이러한 새로운 트렌드를 더 살리는 것이 급선무다. 팀이 더 좋은 결과를 내고 싶다면 전부 참석해서 친목을 나누고 손을 잡고 '으쌰으쌰' 하는 일은 없어야 한다.

당신에게 의사소통의 목적은 단 하나, 실행도구 그 이상 이하도 아니다. 프로젝트를 수행하면서 간결하게 상대방이 할 일을 전달하는 게 자연스럽다. 특정 기간 내에 어떤 작업을 어떤 순서로 끝마쳐야 하는지 정하고 알려준다. 모두가 똑같이 눈에 보이는 목표를 두고 일의 진행 상황을 확인하며 같이 가야 한다. 그래야만 당신뿐만 아니라 같이 일하는 사람들에게 동기부여가 되고 그들이 참여한다는 확신이 생긴다.[88]

의사소통의 목적은 잠재적인 문제를 미리 이해하는 것이다. 원하는 결과를 얻기 위해 필요하다면 분석하는 일도 좋아한다. 좋은 결과를 달성하는 데 제약이 될 만한 일들을 파악하는 것이다. 목표지점까지 방해가 되는 것을 그려보고, 시간에 맞추어 최상의 방법으로 미리 행동에 옮길 만한 조치를 전달하는 일이 바로 당신의 역할이다.

앞으로 생길 수 있는 오해나 문제들을 사전에 차단하는 게 중요하다. 본격적인 노력을 하기 전에 모든 사람이 같은 방향으로 가고 있는지, 번복할 일이 없는지를 확인하는 절차라고 보면 된다. 앞으로의 목표를 놓고 대화하면서 모두가 바라는 결과가 나오도록 이끌어가는 게 자연스러운 일이다. 팀원들이 당신이 바라는 만큼 따라와 주고 결과도 내주기를 바란다면, 속기하듯 줄임말로 설명하지 않도록 하라.

당신의 전형적인 소통 스타일은 될 수 있으면 시시콜콜한 이야기나 농담은 줄이고 오직 실행 가능한 언어로 요점만 전달하는 것이다. 정말로 요점만 간단히 말한다. 토론이나 맥락을 이해해야 하는 사람에게는 도무지 정이 안 갈 것이다. 예를 들어 당신은 이런 말은 되도록 하지 않는다.

"회의를 더 생산적으로 하려면 어떻게 진행해야 할지 얘기를 좀 나누어봅시다."

대신 당신은 "이것들이 다음에 만날 때 논의해야 할 일들입니다"라고 말한다. 당신이 보기엔, 해야 할 일의 목록을 우선순위를 정하고 전달하는 것이 구체적인 당신의 역할이다. 동시에 다른 사람의 효율성을 측정할 지표가 무엇인지도 전달한다.

결과형 리더인 당신은 다른 사람들이 과제를 충실히 이행할 수 있도록 도울 준비가 되어 있음을 정기적으로 명확하게 전달해야 한다. 특히 어떤 사람이 과중한 업무로 어려움을 겪을 때 모든 단계마다 도와주면서 당신의 장점을 활용해보라. 직원들이 이런 사실을 알게 되면 당신의 리더십을 더 편안하게 받아들일 것이다. 당신은 방향성과 가이드가 필요한 사람을 못 도와줄 만큼 자신이 바쁘다고 생각하진 않을 것이다. 이런 상황은 당신이 받아들여야 할 또 다른 현실일 뿐인 것이다.

결과형 성격의 건강 관리

여러 저명한 연구를 통해 결과형 사람들이 고혈압에 걸리기 쉽고 건강에 해로운 일중독자가 되며, 자신뿐 아니라 타인에게 과도하고 지속적인 스트레스를 준다는 사실이 확인되었다.[89] 연구 결과는 일중독의 성격과 대사 질환 병력 사이에서 매우 유의미하고 중요한 관계를 보여준다. 결과형 성격은 지방 대사, 콜레스테롤 처리 및 비만과 관련된 유전자를 가지고 있다고 한다.[90] 당신의 지치지 않는 체력과 빠른 속도의 추진력을 보면 당신이 비만이 될 수 있다는 게 믿기지 않긴 하다.

결과형 성격의 정신 건강

일과 삶의 균형은 매우 중요하다. 당신에게 일은 단순히 생활비를 벌기 위한 수단 그 이상이다. 일은 소명이고 성취감을 주는 것이다. 그러나 일에 전념하는 것과 신경증적으로 일에 중독되는 것 사이에는 차이가 있다.

결과형과 자주 연결되는 행동인 일중독은 그냥 내버려두면 건강 악화와 급기야 사망으로까지 이어질 수 있다. 2015년 미국 대형 광고회사에 근무하던 24세의 한 여성이 한 달에 100시간 이상 야근을 하다가 사망했다. 극단적인 경우라고 생각하는가? 농담이 아니다. 과로로 인해 전 세계적으로 연간 약 74만 5,000명이 사망하는데 WHO(세계보건기구)에 따르면 사망 원인은 대개 뇌졸증과 심장병이다.

「플로스원(PLOS ONE)」 저널에 발표된 새로운 연구에서는 만연된 일중독 현상과 지나치게 업무에 헌신적인 태도가 정신질환과 얼마나 빈번하게 연관되는지 조사했다. 노르웨이 베르겐 대학교(University of Bergen) 심리학 학부의 세실 쇼유 안드레아센(Cecilie Schou Andreassen) 수석 연구원에 따르면[91] "일중독자는 그렇지 않은 사람보다 모든 정신과적 증상에서 더 높은 점수를 받았다." 일하는 어머니를 둔 경우 여성이 남성보다 일 중독자가 될 가능성이 더 높다는 것은 놀라운 일이 아니다.

흥미롭게도 약 500명 중 한 명은 비대성 심근병증(일명 '일중독 심장')을 가지고 태어난다. 이 유전성 질병은 불가사의하게도 심장 근육이 너무 강하게 수축하여 심장 근육의 출력을 지속적으로 과도하게 높인다.

전반적으로 일에 중독된 사람들 중에서[92]

- 32.7%가 ADHD(주의력결핍 과잉행동장애) 기준을 충족하는 반면, 일중독이 아닌 사람은 12.7%가 해당한다.
- 25.6%가 OCD(강박장애) 기준을 충족하는 반면, 일중독이 아닌 사람은 8.7%에 해당한다.
- 33.8%가 불안 장애 기준을 충족하는 반면, 일중독이 아닌 사람은 11.9%에 해당한다.
- 98.9%가 우울증 기준을 충족하는 반면, 일중독이 아닌 사람은 2.6%에 해당한다.

비교해보면, 결과 지향적이지 않은 사람들은 결장암 위험이 50% 감소한다.

결과형 성격을 위한 식단

이타형이 철학적인 이유로 완전 채식이나 채식주의 식단을 선호하는 것처럼, 결과형은 지중해식 식단에 최적화되어 있다. 연구에 따르면, 지중해식 식단을 지키면 장 건강에 좋은 소화관의 세포에 연료를 공급하며 내장 내벽을 단단하게 하는 짧은사슬지방산의 수치를 높일 수 있다.[93]

결과형 개인에게는 이것이 중요하다. 이런 식으로 먹는 것은 지방 대사, 콜레스테롤 처리와 관련된 염증을 줄이는 데 필수적인 역할을 하기 때문에, 결과형 일 중독자를 괴롭히는 비만 가능성을 막는 데에 중요하다. 최근 연구에 따르면, 식단에 오메가3 고도불포화 지방산을 보충하면 장내 미생물 및 기타 짧은사슬지방산 생산자의 수치가 증가할 수 있다.[94]

오메가3는 뇌와 심장 건강 증진에도 중요하다. 오메가3는 균형 잡힌 지중해 식단의 필수적인 부분이며, 고등어, 청어, 정어리, 날개다랑어 참치, 연어와 같이 지방이 많은 지속가능어업의 생선과 견과류에서 높은 것으로 밝혀졌다. 많은 양의 채소를 섭취하라. 거기에 함유된 식이섬유는 장내 미생물의 먹이 역할을 하므로 이로운 박테리아 형성을 도와준다. 또한 올리브 오일과 같은 단일 불포화 지방은 마른 사람들에게서 발견되는 미생물의 수치를 증가시키는 것으로 나타났다.[95]

간단히 말해서, 지중해 식단은 단지 당신의 고강도 성격에만 영양을 공급하는 것이 아니라, 결과형의 생활 방식과 건강에 필수적인 장내 미생물의 다양성과 안정성에도 기여한다.

결과형 성격에 맞는 직업들

☀

"자신이 하는 일에 매우 적합할 뿐만 아니라 자신의 일에 대한 열정을 품은 사람만이 탁월한 결과를 만들어낸다." - 래리 캐시

결과형 성격은 다음에 나열된 직업에서 성공할 가능성이 가장 크다.

결과형에 대한 당신의 점수 [   ]

이 성격 유형의 점수에 따라 '4C'[상당한(Considerable), 유능한(Competent), 능력을 발휘하는(Capable), 신중해야 할(Cautious)]로 직업적 성공 수준을 해석할 수 있다.
만약 당신의 점수가…

- **70~100 범위라면** 당신은 '상당한' 재능을 가진 것이다. 당신이 이루어 내는 성과는 일관되게 성과 기대치를 초과할 것이고, 이러한 경력에서 당신에게 필적할 만한 또래 그룹은 거의 없을 것으로 예상된다.

- **60~69 범위라면** 당신은 꽤 '유능한' 것이다. 우리는 당신의 성과가 일반적으로 기대치를 초과하고, 다음에 제시한 경력을 택한다면 평균 이상의 결과를 제공할 것으로 예상한다.

- **40~59 범위라면** 당신은 일관되게 '능력을 발휘하는' 사람이다. 다음에 제시한 경력을 택한다면 일관되게 성과 기대치를 충족하거나 능가할 것으로 예상한다.

- **0~39 범위라면** 우리는 당신이 다음의 경력들을 선택하는 데 '신중' 하기를 권고한다. 당신의 성격 유형은 이러한 경력들에서 성공한 다른 사람들과 공통점이 거의 없을 것으로 예상한다.

결과형 성격에 적합한 이상적인 경력

회장 & CEO
회장 & CEO - 대기업(10억~50억 달러)
회장 & CEO - 중견기업(10억 달러 미만)
회장 & CEO
- 중소기업(1000만~1억 달러)
회장 & CEO - 일반 기업
회장 & CEO - 금융 및 투자 부문
회장 & CEO - 대규모 소비재 회사
회장 & CEO - 제조산업

부회장
부회장 - 전략 및 개발
부회장 - 제조 및 운영
법 집행 행정부
부회장 - 중견 기업 (10억 달러 미만)
부회장 - 중소기업 (5억 달러미만)
총괄 관리자/COO (5억~10억 달러)
부회장 - 금융 및 투자 부문
부회장 - 비상장 개인 회사

자영업
고위험 벤처 기업가
스타트업 벤처 사장
1000만 달러 규모 회사 사장

마케팅
부회장 - 마케팅 및 영업
부회장 - 마케팅(대기업)
부회장 - 마케팅 서비스 및 고객 관계

브랜드/제품 관리
브랜드 제품 카테고리 및 그룹 관리자

컨설팅
파트너 서치 선임 컨설턴트
파트너 서치 컨설턴트

군대
군 장교
보병

관리
대기업 매니저/이사
교육감
유통 총괄 매니저
현장 감독관
부동산 개발 관리자
중소기업 매니저/이사
비상장 개인회사 매니저/이사
공장 관리자 (100명 이상의 직원)
물류 및 공급 관리 이사
건설 사업부/지역 이사
대기업 공장 관리자 (직원 500명 이상)
IT 부서장

판매
광고 영업 매니저
지역 영업 매니저
구역 영업 매니저

통찰형 성격 DNA

(성격 정의)

통찰형인 당신은 타고난 사상가로 신중하고 철두철미한
검토를 통해 큰 문제를 해결한다. 당신은 내적 성찰을 통해
지혜를 찾고 주변 세계를 개선해 나가려고 한다.
당신 안에 있는 감정과 에너지를 통해 자신만의
해결책을 찾아내고, 스스로 동기부여를 하며 목표를 설정한다.
끊임없는 연습을 통해 자기를 인식하며, 그때그때 통찰한 것,
관찰한 것, 느낀 감정이나 떠오르는 생각을
모두 기록하고자 일기를 쓰기도 한다.

당신의 도전과제 대담한 아이디어를 세상에 소개하는 것

통찰형 성격이 특별한 이유

✳

"젊은이를 타락시키는 가장 확실한 방법은 자신과 다르게 생각하는 사람보다 비슷한 생각을 하는 사람을 더 높이 평가하도록 가르치는 것이다." - 프리드리히 니체[96]

철학자 아리스토텔레스도 니체와 같은 이야기를 했다. 아리스토텔레스는 은유적인 사고를 할 수 있는 것은 독특한 천재성이라고 생각했다. 그는 서로 다른 영역에서 유사점을 인지해내고 관련성을 찾아내는 능력이 있는 사람은 특별한 재능을 타고난 것이라고 보았다.[97] 통찰력의 가장 단순한 핵심은 새로운 아이디어를 발견하고 새로운 가치로 창출해내는 순간이다. 자신의 잠재력만을 이용해서 이전에는 왜곡되거나 이해받지 못했던 것을 더 잘 이해하는 데 활용 가능한 진실을 찾아내는 새로운 방법을 알게 된다. 발명형 성향이 새로운 것을 디자인하고, 예술형 성향은 새로운 (예술적인) 것들을 창조한다면, 통찰형은 새로운 아이디어를 준비하고 공유해서 변화를 일으키려고 한다.

경험 많은 과학자와 이성적 사고의 신봉자들은 반박할 수 있겠지만, 당신이 가진 직감과 그 짝이라고 할 수 있는 통찰력이 이성적 사고의 현명한 친척 정도는 된다고 확신한다. 그들은 인간 지성을 한층 높은 수준으로 끌어올릴 수 있다.

통찰형 성격의 혈통은 역사에 걸쳐 사상을 형성하고 삶을 결정지은 위대한 사상가들과 맥을 같이한다. 당신은 오늘날 현실에서도 그렇게 하고 있다. 당신의 성격 유형의 특별한 부분은 소크라테스에서 토머스 제퍼슨, 악독한 클레오파트라까지 모두를 이어주는 연결 고리다. 다시 클레오파트라는 노암 촘스키로, 노암 촘스키는 시인 사포(Sappho)로, 사포는 중세 작곡가 힐데가드 빙엔(Hildegard of Bingen)으로, 빙엔은 자아실현 심리학자인 에이브러햄 매슬로(Abraham Maslow)로, 매슬로는 다시 20세기 페미니스트 글로리아 스테이넘(Gloria Steinem)으로, 스테이넘은 세계를 변화시킨 활동가 마하트마 간디로, 간디에서 다시 직장에서 노예제도를 반대하고 여성의 권리 수호 운동을 펼쳤던 수잔 앤서니(Susan B. Anthony), 마틴 루터 킹 주니어까지 이 계보가 이어진다. 앞서 언급한 통찰형 인물들처럼 대다수의 사람이 현상 유지만으로 만족하고 있을 때 당신이 가진 특별하고 내재화된 능력은 의미 있는 변화를 불러일으키는 촉매제 역할을 할 수 있다.

당신의 지적 사고방식은 다른 11개의 성격 유형에 비해 단연 당신을 돋보이게 한다. 겉보기에 아무런 유사성도 없는 주제들 사이에서 상관관계를 찾아내는 능력이야말로 당신의 가장 눈에 띄는 특성이다. 대개 다른 사람은 분간도 못하는 상황인데도, 숨겨지고 알아채지 못했던 사실들을 여기저기서 긁어모아 큰 그림으로 파악하는 능력을 소유한 사람이 바로 당신과 같은 유형이다. 이를 상상력이 풍부한 통찰력이라고 부를 수 있겠다. 이에 대해 미국의 MIT슬론 경영대학원 교수인 피터 센게(Peter Senge)는 다음과 같이 설명한다.

> "이것은 떨어져 있던 것을 연결하는 기능이다. 또한 전체를 보는 시스템적 사고다. 정지된 한 장면이 아니라 변화의 패턴을 읽어내는 것이고, 현상 그 자체가 아닌 그 안의 관계성을 들여다보는 프레임워크다."[98]

레오나르도 다빈치는 교회 첨탑의 종소리와 돌이 물에 부딪히는 소리, 즉 '음파' 사이의 관계성을 읽어냈다. 그는 소리가 동심원을 그리며 파동으로 움직인다는 것을 보는 통찰력을 가지고 있었다.

모든 것을 다른 관점에서 생각해볼 수 있는 것도 통찰형의 독특한 능력이다. 신선한 시각으로 같은 상황을 이리저리 돌려 생각하면서 이전의 판단이나 견해를 재고해보는 재능도 타고났다. 누군가에게서 사적인 비판을 받게 되면, 오히려 그것을 당신의 생각이나 관점을 돌아보는 발판으로 삼는다. 자신뿐 아니라 다른 사람들의 생각이나 관점을 되짚어보는 방법도 고민한다. 좋은 피드백을 받으면 경청하고 배우려는 자세를 취한다. 자기의 입장과 다르다고 해서 다른 의견이나 관점을 묵살하지 않는다. 오히려 그것을 새로운 통찰력을 갖는 발판으로 삼는다.

몇 시간, 며칠, 몇 달, 몇 년에 걸쳐서라도 다양한 아이디어와 도전거리가 있다면 골똘히 연구해본다. 이런 지적인 노력과 깊이 사고하는 습관 때문인지 남들이 생각지도 못한 독특한 관점을 생각해내고 제시해주는 것은 늘 당신이다! 항상 뒤집어서 반대로 생각해보는 것으로 알려진 통찰형의 사람들은 겉보기에 다른 두 가지를 하나처럼 느껴지게 만드는 재주가 있다. 모든 일을 시간을 두고 다른 각도에서 생각해보고 판단을 잠시 유보하는 것도 통찰형의 흔치 않은 능력이다. 언제나 새로운 시각으로 생각하도록 다른 사람들에게 자극을 주는 것은 매우 독특한 재능이다.[99]

통찰형 성격, 당신은 누구인가

"오늘 당신은 당신의 생각이 데려온 곳에 있다. 내일 당신은 당신의 생각이 데려가는 곳에 있게 될 것이다." – 제임스 앨런(James Allen)[100] 『생각한 대로』

통찰형 성격의 정교하게 다듬어진 생각은 이 세상에 늘 중대한 영향을 끼쳐왔고, 앞으로도 그럴 것이다. 인류 역사를 통틀어 위대하다고 불릴 만한 통찰형 사상가가 많이 있었다. 이들은 문제투성이인 인간에 대한 해결책은 오직 보다 높은 차원으로 인식 수준을 끌어올리는 지적 능력에 있다고 믿는다.

모든 사람이 마음속의 생각과 의지만으로도 사물을 끌어당기고 연결할 수 있다는 보편적인 법칙이 있다. 통찰형인 당신은 자신보다 더 큰 존재의 일부가 되려고 존재한다. 이런 부름을 무시하고 안주하려고 하면, 결과적으로 정서적인 만족감을 느낄 수 없을 것이다.

당신은 보다 높은 단계의 지적인 수준을 가진 사람이다. 물론 당신만큼의 지적인 능력을 가진 사람은 많다. 하지만 보통 사람들에게는 자기 생각을 믿고 발전시키라고 말해줄 당신과 같은 존재가 필요하다. 역사적으로 사람들은 보다 숭고한 이상을 추구해도 좋다거나, 우리 인간은 신의 형상대로 창조되었다고 상기시켜줄 누군가를 필요로 해왔다.

당신은 더 큰 무언가에 속해 있는 사람이다. 당신은 우리가 역경을 만나서 지금처럼 그저 그렇게 살다가 가는 것을 용납하지 않는다. 우리가 살아야 하는 이유가 반드시 있다고 믿는다. 훌륭한 아이디어, 비전, 골치 아픈 문제에 대한 해결책을 구체적으로 표현해내는 재능이 당신에게 있다. 우리가 결국에는 받아들인 핵심 가치들을 구상해낸 것도 바로 당신이다!

이런 당신도 때로는 일차원적이고 선형적이며 논리적인 사고라는 제한된 틀 안에 갇힌 느낌에 휩싸인다. 그럼에도 불구하고 다시 가능성을 크게 확장한다. 작가이자 발명가, 미래학자인 레이 커즈와일(Ray Kurzweil)은 이렇게 말했다.

> "미래를 내다보는 우리의 직관은 선형적이다. 그러나 정보 기술이라는 현실이 기하급수적으로 발달하여 엄청난 차이를 만들어내고 있다. 선형적으로 30걸음을 내딛으면 30걸음이 되고, 기하급수적으로 30걸음을 내딛으면 10억 걸음이 되는 형색이다."[101]

도전에 직면할 때 당신은 고질적인 문제를 개선하기 위해 어떤 틀에 얽매이지 않는다. 오히려 잠재적으로 논쟁의 여지가 있긴 해도 색다른 사고를 하려고 할 것이다. 질문하지 말라고 배워온 문제에 대해 오히려 질문을 던진다. 또 배운 것 이상으로 더 알고 싶어 하는 왕성한 호기심을 지닌 당신은 적극적으로 비판적 사고를 한다. 방대해 보이는 문제들에 통찰력 있는 해결 방안을 만들 수 있는 것도 통찰형의 영역이다.

이렇다 보니 당신은 언제나 정보를 많이 갖고 있고, 사회에서 요구하거나 제지하는 것들에 대해 비판적인 질문을 던지지 않을 수 없다. 당신은 자신의 생각에 대한 열정이 가득한 사람이다. 언제나 틀을 벗어나 외부인의 시선으로 생각하고 모든 것을 관조한다.[102] 당신의 성격이 약속한 잠재력을 완전히 믿을 때, 분명 당신은 '이 세상에 속했으나 속하지 않은' 완전히 비현실적인 경험을 하게 될 것이다.

통찰형 성격은 우리의 사고하는 리더

✳

이 유형의 리더십을 폭넓게 이해하려고 시도한 사례는 거의 없었다. 사고형 리더십 또는 지적 리더십이라고도 하는 이러한 스타일의 리더십은 혁신적이고 통찰력 있는 아이디어를 지지한다. 비즈니스와 팀워크를 하면서도 다른 사람들이 지적인 아이디어를 많이 내놓도록 독려하는 스타일이고, 이 세상을 경영하는 새로운 방법들에 대해 의견을 나눈다.[103]
예컨대 당신은 자신이 통솔하고 함께 일하는 사람들이 관심을 가져줄 만한 아이디어를 가진 사고형 리더가 되려고 한다. 당신은 동료들 사이에서도 비공식적으로 리더로 인정받는 편이다. 그들은 언제나 당신을 존경하고, 당신에게 "어떻게 생각하세요?"라고 의견을 구한다.

통찰형 리더에게는 전문가로서 명성을 쌓는 것이 신뢰를 구축하는 데 큰 도움이 된다. 리더로서 당신의 스타일에는 확실히 차별성이 있다. 인기가 없는 관점들도 기꺼이 포용하려는 열린 자세가 특히 그렇다. 복합적으로 이해하기 어려운 관점들도 당신이 건드리기만 하면 미지의 세계를 탐색하는 새로운 방식으로 바뀐다. 당장은 보이지 않지만 성장 가능성과 기회가 많이 생겨난다.

당신은 부단히 배우고 학습하는 리더다. 선견지명으로 미래를 멀리 내다보고, 다른 사람들이 따라야 할 방향을 제시한다. 과거에서 배우고 더 나은 관행들을 만들어낸다. 때론 변화를 거부하는 사람들에게는 혼란을 주면서도 언제나 변화를 주도하는 사람이다.

당신이 사고하는 리더가 되려면 결국 다른 사람들이 당신을 따라야 한다. 사고하는 리더라는 게 좋게 들릴 수 있지만 그 안에는 위험한 부분도 내재되어 있다. 당신은 신나게 새롭고 흥미진진한 방향으로 나아가지만, 따르는 이들은 가던 길을 계속 가야 하는 상황이 생길 수 있다. 사실 다른 사람들은 꿈도 꾸지 못하는 가능성을 탐색해보고 도움을 주는 지적인 안내자로서의 통찰형 리더는 가장 이상적인 위치에 있는 셈이다.

당신은 자신의 아이디어를 포기하지 않는다. 인류 모두의 삶을 개선시킬 수 있는 잠재력이 그 아이디어 안에 있다고 확신하기 때문이다. 통찰형 리더십은 타고난 멘토의 리더십이다. 당신의 리더십 아래에 있는 사람들 스스로가 지적인 아젠다를 만들어내고, 새로운 지식을 학습하거나 미래를 위한 참신한 그림을 그릴 수 있게 해주는 멘토다.[104] 당신의 역할에 없어서는 안 될 중요한 요소는 바로 사람들의 머릿속에 떠오르는 신선한 아이디어들을 정리하는 방법을 알려주는 것이다. 이런 아이디어들이 나중에 사회 환경을 바꾸고 모두를 위해 더 나은 내일을 만들 수 있기 때문이다.

당신은 리더로서 사람들이 현상 유지에만 급급하지 않기를 바란다. 그런 면에서 당신은 다른 사람들에게 지적인 자극을 주기도 하고, 때로는 혁명적이기까지 하다. 언제나 사람들에게 자극을 주고, 마음과 환경에 눌리지 않고 스스로 방법을 찾아나가도록 힘을 실어준다. 인생이든 일이든 주변 세상이든 모든 걸 장기적인 관점에서 바라본다. 인류의 미래를 생각하면 자신이 이끄는 사람들이 아이디어를 내는 일을 더 도와주고 격려하는 일은 오히려 즐겁다.[105]

당신은 호기심이 왕성한 리더다. 이론에 능하고 똑똑하고 자기 성찰을 할 줄 아는 리더이다 보니 본능적으로 배울 거리를 찾는다. 폭넓은 지식과 전문성을 얻는 데 집중하면서 시간을 할애해 관련 주제를 공부한다. 당신은 비판적으로 깊이 있게 생각하는 것을 가르치는 것이 최고의 기술이라고 본다. 리더로서 당신은 학습 경험을 중시하고, 프로젝트를 위한 최신 아이디어를 탐구하며, 다른 사람들을 위한 학습 기회를 만드는 걸 중요하게 생각한다.

통찰형 성격이 가진 최고의 성격 재능

✷

당신의 성공을 결정하는 특성들

직업적 성공은 무엇보다 적절한 위치와 역할에서 당신의 성격의 강점을 얼마나 잘 활용하는가에 달려 있다. 또한 다른 사람들이 더 많이 갖고 있는 보완적인 성격 요소들을 폭넓게 이해해야 한다.

통찰형 성격에서 드러나는 유전적 특성 덕분에 당신은 별 노력을 하지 않아도 영향력 있는 사람이 되었다. 당신은 불안정하고 예측할 수 없으며 혼란스럽고 모호한 세계가 직면한 가장 어려운 문제를 해결해줄 만한 대단한 아이디어를 가진 사람이기도 하다. 통찰형 성격은 이렇다.

- **이론적 통찰력** - 당신은 개념을 사고를 통해 이해하는 능력이 매우 뛰어나고 자신은 물론 타인에게도 지적인 자극을 주고 싶어 한다. 기본적으로 당신은 박식하고 관심사와 재주가 다양하며 교육을 잘 받은 사람이다. 뿐만 아니라 큰 그림을 그려 개념을 생각해보는 사고를 한다. 당신은 끊임없이 "왜?"라는 질문을 하면서 무엇이든 더 깊이 이해하려고 하는 사람이다.

- **창의적 통찰력** - 통찰형 성격은 브레인스토밍을 통해 신중하게 생각해보고 상상력 가득한 아이디어를 만들어 내는 것을 좋아한다. 당신은 시간을 할애해 틀에 얽매이지 않는 지식과 아이디어들을 찾아본다. 단순한 아이디어나 현상 유지 상태 혹은 '이미 참'으로 밝혀진 것들로는 만족이 안 되는 사람이다. 당신에게 있어서 해결책을 향한 성공적인 돌파구는 언제나 현명한 판단력, 통찰력과 지혜가 있어야 가능하다.

- **자기 동기부여** - 당신은 다른 사람의 지시를 기다리지 않고 먼저 첫발을 내딛어보려는 열망과 의지가 강한 사람이다. 막연히 기다리기만 한다거나 그때그때 상황에 대처하는 정도로는 만족하지 못한다. 당신은 오히려 주도적으로 일을 만드는 사람이다. 자신이 원하는 결과를 얻기 위해서 예상되는 리스크도 감수한다. 결국 사람들의 말에 흔들리지 않고 중심을 잡고 행동하는 능력이 진정한 결실을 맺는다.

- **인재발굴 및 육성** - 당신과 함께 일하는 사람들 중에서 잠재력이 큰 인재를 잘 알아본다. 리더 역할을 맡게 되면 당신은 충성도가 높고 역량 있는 팀을 구축한다. 리더로서 팀이 좋은 결과를 내는 것도 중요시하지만, 인재를 개발하는 것에도 중점을 둔다. 계속 학습하고 자기계발하며 동료들 사이에서도 면학 분위기를 조성하는 일이 당신이 가치를 두는 목표다.

- **전략적 비전** - 일단 큰 그림을 그리고 해당 분야의 최신 모범 사례를 조사하여 부족한 점은 보완하면서 비즈니스의 방향을 잡는다. 이 영역에서 당신은 노련함을 발휘한다. 비전을 중요한 방안으로 구체화시키고 명확한 목표 설정과 함께 전략적 방안을 수립한다.

- **통찰력 있는 의사소통** - 당신은 권고할 내용을 전달할 때도 누군가의 의견을 비판하는 모양새가 되지 않도록 재치를 발휘해 언어적 감수성에 주의하면서 말한다. 당신의 소통 방식은 간결하고 명확하다. 구두든 서면이든 뉘앙스에 신경 써서 해결 방안이나 제안할 내용을 우아하게 전달한다.

- **진보성** - 당신은 열린 마음을 적극적으로 드러내고, 많은 위험과 모험이 있는 흥미진진한 인생을 추구한다. 당신에게는 뻔히 예상되고 반복적인 업무로 당신을 옭아매지 않는 직업이 필요하다. 당신은 언제나 변혁의 가능성을 엿볼 수 있는 기회를 찾고, 시시각각 달라지는 상황에 맞추어 자신의 계획을 수정한다.

통찰형 성격을 가진 훌륭한 사람들

우리가 계속 언급해온 역사적인 사상가 외에도 통찰형 성격을 가진 사람들이 있다.

- **에이브러햄 매슬로(Abraham Maslow)** – 그의 생각은 놀라우리만큼 독창적이고 예리했다. 그보다 앞서 활동했던 심리학자들 대부분은 비정상적인 상태나 정신 질환 문제에만 관심을 가졌다. 이에 반해 매슬로는 '긍정적인 정신 건강' 상태를 구성하는 요소들이 무엇인지 알고 싶었다. 그는 사람들이 심리적으로 건강한 상태를 유지하려면 각자 자신의 운명을 통제할 수 있어야 한다는 주장을 펼친 자아초월 심리학

(transpersonal psychology)의 창시자이기도 하다. 그의 표현을 빌리자면, "당신이 원래 될 수 있는 것보다 못한 존재가 되려고 한다면 당신의 인생은 평생 불행할 것이다."[106]

- **글로리아 스타이넘(Gloria Steinem)** – 스타이넘은 페미니스트의 대의와 여성 권익이라는 주제에 사람들이 관심을 갖게 만들었다. 일부에서는 오히려 그녀의 입장이나 행보가 논란의 여지가 있다고 여기기도 하지만 전 세계적으로 그녀의 활동 덕을 본 여성들이 있다는 것은 부정할 수 없다. 특히 그녀는 가정의 내부 문제로만 인식되어 공론화되지 못하고 감춰져왔던 가정 폭력이 가장 시급히 해결되어야 할 문제라고 보았다.

    "이 나라에서 가정 폭력을 비롯해 모든 형태의 폭력을 망라하면 여성에게 가장 위험한 장소는 집이다. 즉 집 안에서 여성이 구타나 살해를 당할 위험이 가장 크다."[107]

- **아리스토텔레스** - 그리스의 철학자이자 박식했던 그의 윤리와 철학은 서양 사상의 토대를 형성했다. 그는 인간의 광범위한 지식 세계를 넘나들며 통찰을 제공했고, 현재에 이르기까지 가장 영향력 있는 인물 중 한 사람으로 알려져 있다.

- **조지 오웰(George Orwell)** - 영국 작가인 오웰의 대표작으로는 『동물농장』(1945), 『1984』(1949) 등이 있다. 두 작품을 통해 그는 우리가 지금도 인식하고 있는 전체주의 국가의 위험에 대해 알리고자 했다. 오웰은 1930년대의 민주 국가의 불평등을 비판하는 사회민주 주의자였지만, 당시 구소련을 비롯한 전체주의 국가들의 위험성에 대해서도 경고했다.[108]

통찰형 성격 유형의 가치, 신념 및 철학

"우리가 창조한 세상은 우리 사고의 과정이다. 우리의 생각을 바꾸지 않으면 세상은 바뀌지 않는다." - 앨버트 아인슈타인[109]

세상의 변화와 진보를 위해서는 당신과 같이 새로운 유형의 철학적인 사고를 하는 사상가가 필요하다. 오늘날 통찰형 유형이 보여주는 철학, 목적, 가치관, 욕구나 의도는 태곳적부터 수많은 위대한 사상가가 추구한 것과 본질적으로 같다. 고대의 통찰형 조상들은 후세대보다 성격과 품위 면에서 훨씬 더 뛰어났다. 그들은 존재 자체가 더 완전하고 올곧았다. 고대 바빌로니아와 메소포타미아 문명이 남긴 문서에는 최초의 인간이 '어마어마한 지능을 갖추고 있었다. 그 지혜는 (역시나) 하늘 차원에서 내려지는 것이었다.'[110]

당신은 고대의 인간이 지금보다 훨씬 더 역량 있는 존재였음을 자각하는 통찰을 전달하는 일에 가치를 둔다. 물론 지금 우리가 살아가는 시간은 고대의 찬란했던 문명과는 멀리 떨어져 있다. 이러한 단절의 이유는 우리의 타고난 본성 탓이다. 인간은 절반은 신의 속성을 가졌지만, 다른 절반은 여전히 동물적인 본성을 가지고 있다. 우리 안에 잠들어 있는 잠재력을 깨달을 수 있도록 사람들을 교육하고 지적 능력을 일깨워 줄 적임자는 바로 당신이다. 그것이야말로 당신이 지구상에서 존재해야 하는 사명이기도 하다. 무모한 것 같아 보이는 아이디어를 세상에서 실현시키는 전달자로서의 역할을 해야 한다.

미국의 통찰형 사상가인 리처드 하인버그(Richard Heinberg)는 다음과 같은 믿음을 갖고 있었다. 초기 사회는 우리의 진정한 인간 의식(혹은 철학적 '일체감'의 어떤 형태)이 상실된 것 같다고 인식하면서부터 시작되었다.[111] 인간의 신화를 살펴보면 인간은 타고난 마음의 순수함에서 이탈해 살아왔다는 주제가 전반적으로 흐른다. 시간이 지나면서 문화마다 통찰형 개인들이 충분히 모였는데, 거기에 당신도 속해 있다. 이들은 우리의 철학적 뿌리로 돌아가려면 개인적인 혁명이 필요하다고 강조하는 사람들이다. 또 우리 내부에서 일어나는 깊은 불협화음을 잠재우는 방법을 알아내려고 도전한다. 주변 세계와 근본적으로 '일체'인 상태를 상실하면서, 우리는 원래 가진 능력에 못 미치는 상태에 놓이게 되었다.

인간은 자신의 상태나 과거의 '일체' 상태에서 이탈한 이유를 설명할 수 없는 듯하다. 인간의 의식, 즉 마음 상태가 우리에게 가능했던 천국을 파괴해왔다. 그럼에도 우리 중에는 인간의 원래 정체성을 되찾고, 보다 숭고한 모습을 회복하고자 노력하는 이들이 있다. 한 차원 더 높은 목표로 우리가 가진 잠재성과 기질을 증폭시키고 되새기려고 한다.[112]

통찰형 성격의 당신은 역사를 관통하며 이어진 통찰형의 전통을 부분적으로 가져오면서 사람들의 상황을 바꾸고자 노력하고 있다. 당신은 우리를 위한 교사이자, 현자, 심리학자, 철학자 그리고 학자다. 우리가 잊고 있었던 가능성들을 일깨워서 멋진 아이디어를 내고 해결책도 만들어낼 수 있다는 것을 상기시켜주려 한다.

지금 우리에게 필요한 해결책과 지혜 그리고 아이디어는 손만 뻗으면 닿을 곳에 있다. 다시 위대해지겠다는 의지를 새롭게 다지기만 한다면 우리의 인지 능력을 활용해 일반적인 어려움을 해결할 수 있다. 당신은 목적 중심의 통찰력을 통해 우리가 극복할 수 없다고 생각하는 문제와 도전에 대해 더 나은 해결책을 찾도록 우리를 인도하고자 한다. 우리가 할 수 있는 모든 것을 시도할 때까지 말이다.

통찰형 성격과 인간관계

✳

인간은 자연스럽게 협력하고 그룹을 형성한다. "한 아이를 키우는 데 온 마을이 필요하다"는 속담도 있지만 그 마을에는 당신처럼 이치에 맞고 논리 정연한 생각을 불어넣는 촉매제 역할을 하는 사상가 리더가 필요하다. 당신은 사회나 공동체가 최대치의 능력을 발휘하는데 기여할 적임자로 인정을 받는다. 모든 구성원이 한 명(혹은 다수)의 사상가 아래에서 최선을 다할 때, 개인들의 집단 지성에서 '진정한 천재'가 나타나게 된다.[113]

누군가 파티를 즐기는 여유 있는 결혼 생활을 꿈꾼다면 당신은 거기에 맞는 사람이 아니다. 내향형의 대표라고 할 수 있는 당신에게 잡담하며 어울리는 일은 맞지 않다. 당신이 군중을 즐겁게 해주는 가장 손쉬운 방법은 강당이나 강의실에 강사로 서는 것이다. 그 가운데 당신의 열정과 통찰력이 분출되어 표현된다. 그런 곳에서 당신은 지식과 하고 싶은 말을 편안하게 전달하고 그곳을 당신의 무대로 만든다.

정말로 행복한 결혼 생활을 원한다면 진지한 주제를 놓고 대화 나누는 것을 좋아하며 깊은 통찰력을 가진 파트너를 찾아라. 비록 잡담으로 시간을 쓰는 것을 싫어하긴 해도 당신은 대화 주제가 흥미롭고 상대가 존경할 만한 사람이라면 대화를 즐긴다. 이런 시간이야말로 인생의 본질이나 다름없기 때문이다. 서로 소통하고 관계를 맺으면 책을 읽을 때만큼 활력도 생긴다.[114]

다른 사람들처럼 당신도 인간관계를 맺고 있지만, 당신의 사회적 에너지는 사교 친목 모임에 가기 전에 완벽히 충전된 상태여야 한다. 그렇지 않으면 그런 모임은 아예 잊어버리는 게 낫다. 괜히 가서 구석에 혼자 처박혀 있으면, 그 모습을 보는 사람도 당신도 불편해진다. 따라서 배우자를 찾는다면 너무 외향적이거나 너무 내향적이지도 않은, 양면성을 지닌 사람을 찾아라. 사교 모임에 동반해도 배우자는 사람들과 어울리며 외향적인 면모를 드러내는 동안, 당신도 그 경험을 즐길 수 있을 것이다. 또 당신이 배우자에 대해 갖는 감사함과 소중함을 배우자도 느낄 것이다.

당신은 혼자만의 시간을 가질 자유가 필요한 사람이다. 사회적 거리를 두는 것이 당신에게는 쉬운 일이거니와, 더 제대로 표현하면 자연스러운 일이다. 친한 친구나 가족과 같이 있는 순간이 즐겁지 않아서가 아니라, 누군가와 함께 있으려면 에너지 재충전이 필요한 사람이기 때문이다. 물론 당신도 종종 세상과 분리되어 있는 것 같은 느낌을 받거나 외로움을 느낄 때가 있다. 당신이 꼭 다른 사람들보다 똑똑하다는 건 아니다. 하지만 단련된 사고와 지능을 가진 당신은 자신의 지성을 한계까지 끌어올리며, 이것이 당신이 초월적인 사고를 하게 하는 원동력이 된다.[115]

통찰형 성격과 어울려 사는 것은 어떤가? 당신을 잘 아는 누군가는 이렇게 말할 것이다.

"마치 절대로 멈추지 않는 롤러코스터를 따라잡으려는 기분이에요. 그런데 그 롤러코스터는 다름 아닌 그들의 '마음'이죠. 그들은 결코 처지거나 멈추는 법이 없어요. 늘 생각하고 있고, 시선은 어느새 구름 너머를 떠다니고 있어요. 머

릿속에는 항상 뭔가가 돌아가고 있고, 그 생각을 끊임없이 처리하죠.[116]

좀 대단한 것 같아요, 평범한 것들을 관찰하고, 다음에 벌어질 일을 다른 사람보다 빨리 정확하게 예측하는 일이 많아요. 미스터리 영화를 절반도 안 보고 결말을 파악하는 사람들과 비슷하죠. 차이점이라면, 그들은 깊은 통찰력이 있고 아주 온화하고 어떤 것도 함부로 판단하지 않는다는 점이에요. 자신의 지식에 매우 겸손하기도 합니다."[117]

통찰형 성격의 관계궁합을 찾아서

12DNA의 이론은 자신의 성격 유형을 이해하는 것이 성공적인 관계를 구축하기 위한 첫걸음이라는 것이다. 이 지식은 당신이 정보에 기반한 선택을 하고, 인간 관계의 복잡성을 잘 헤쳐 나가도록 도울 수 있다.

성공적 관계 형성의 핵심 요소는 성격 유형의 상호작용이다. 이는 상호 일치 이론이 기업 문화나 팀, 개인 간 안정성이 그들 사이 공통점 정도에 따라 결정된다고 주장하는 전제에 기반한다. 그런데 '사랑', '썸' 및 '외적 매력'의 본질은 여전히 과학적 규명이 완전하지 않은 주제로 여겨진다.

이러한 전제에 따라 당신에게 가장 궁합이 좋은 성격 유형은 또 다른 통찰형이다. 하이브리드 유형 중에는 기회통찰형, 이타통찰형, 통찰예술형, 통찰발명형, 과정통찰형, 결과통찰형, 통찰분석형, 통찰통합형, 통찰책임형이 있다.

통찰형 성격의 의사소통 스타일

✳

"기본 원칙에 따라 모든 것을 가장 근본적인 진리로 환원한 다음, 거기서부터 논리를 전개해나간다." - 일론 머스크, 테슬라, 스페이스X, 페이팔의 공동 설립자[118]

다른 사람들은 비유적이거나 필요 이상으로 시적으로 표현하는 당신의 화법을 이해하지 못할 때가 있다. 그래도 그들은 당신의 친구나 동료로서 스스로 걸맞은 사람이길 바란다. 사람들은 늘 당신을 높이 평가하고 찾아오는데, 바로 통찰력 있는 당신의 의견을 듣기 위해서다. 그들은 필요한 순간마다 당신의 이해와 건전한 판단을 원하고 항상 당신에게서 배운다. 당신에게서 인생의 문제에 대해 조언과 가르침을 받은 사람들은 절대 실망하는 법이 없다.[119]

어떤 사람들은 더 빨리 혹은 더 느리게 움직이는 것과 마찬가지로, 어떤 사람들은 말을 더 빨리 한다. 선생님이 질문을 채 마치기도 전에 손을 번쩍 드는 학생처럼 말이다. 당신 같은 통찰형 사상가는 더 천천히 말을 꺼내며, 생각하기 위해 굳이 소리 내어 말할 필요가 없다. 본질적으로 당신이 잘 아는 주제가 아니라면 생각을 마음속에 간직하는 것을 선호한다. 논의 중인 주제의 중요성을 신중하게 시간을 두고 고민한다. 반면 소리 내어 생각하는 사람들이나 무대에서 말하기를 즐기는 사람들은 머릿속에 떠오르는 것만 말하고, 그들이 뭔가에 기여하기도 전에 다른 주제로 빠르게 넘어간다.

『콰이어트: 시끄러운 세상에서 조용히 세상을 움직이는 힘』의 저자 수잔 케인(Susan Cain)은 아이작 뉴턴, 앨버트 아인슈타인, 스티븐 스필버그, 조앤 롤링 등의 인물들처럼 자기에게 맞는 표현 방식을 찾으면 소통을 잘할 수 있다고 설명한다.[120] 안타깝게도 여러 번 경험했듯이, 통찰력을 공유할 기회는 마치 예고 없이 지나가는 차처럼 빠르게 지나간다! 빠르게 여러 주제를 오가는 점심 시간 토론, 서둘러 진행되는 업무 회의, 분주한 교실을 생각해보라. 이런 상황은 당신에게 좌절감을 줄 수 있다. 자유롭게 말하는 성향이 있는 사람들은 음식을 삼키거나 깊은 숨을 쉬기도 전에 말을 꺼내고 다른 주제로 넘어가는 것처럼 보인다.

당신이 입을 뗄 틈도 없다. 말을 하면서 자기 생각을 정리하는 사람들은 당신이 그 말을 되새길 때까지 기다려줄 인내심이 없다. 당신은 어떤 문제를 여러 측면으로 더 살펴보고, 조사하고, 글로 써보고, 입장을 정리해서 할 말을 신중하게 정리하면 더 좋은 결정 내릴 것이다. 그렇지만 다른 사람들의 눈에는 당신이 토론에 참여하지 않거나 회의에 별 흥미가 없는 것처럼 보인다. 당신은 그 자리에 앉아서 상황을 지켜보긴 하지만, 자칫하면 토론에 아무것도 기여하지 않는 것처럼 보일 수 있다.

통찰형 성격을 위한 건강 조언

"정신을 지탱하고 마음을 활기차게 유지하는 것은 오로지 운동뿐이다."
- 마르쿠스 툴리우스 키케로, 로마 정치 철학자이자 당대 최고의 연설가[121]

미국의 루스벨트 전 대통령은 어린 시절에 신체적으로 건강하지 못했다. 그는 활동적이기 보다는 사색에 잠기는 아이였다. 그의 아버지는 어린 루스벨트에게 이렇게 말했다.

> "테오도르, 너는 체력은 부족하지만 지성을 가지고 있어. 그런데 육체의 도움 없이는 지성이 충분히 멀리 나아갈 수 없단다. 나는 너에게 도구를 주겠지만 육체를 만드는 일은 너에게 달려 있다."[122]

아버지의 말을 들은 후 루스벨트의 인생은 달라졌다. 그는 훗날 '고군분투하는 삶'이라고 회상했던 인생을 살기 시작했으며 날마다 활력과 확신을 가지고 살았다. 나중에 하버드 대학교에 진학해서 조정도 시작했다. 등산을 하고 몸을 만드는 데 필요한 것을 다 해보았다.

여기서 핵심은 지성을 키우는 것만큼 그룹 활동을 통해서든 개인적으로든, 어떤 스포츠든 시작해서 훈련하라는 것이다. 내가 관찰한 바로는 하이킹, 조깅이나 오랜 시간 기분 좋게 걷는 것이 도움이 된다. 몸과 정신은 서로 연결되어 있는 만큼 규칙적인 운동이 중요하다.

당신은 스트레스를 속으로 심하게 받는 유형이다. 이는 공감하는 감수성이나 이타주의로 인한 것은 아니고, 인류가 수많은 불필요한 고통을 겪고 있다는 당신의 생각 때문이다. 사실 그렇다. 인간의 고통은 인간 자체에서 비롯된 것이고, 작게 보면 우리 자신 때문인 것은 맞다.[123] 당신의 성격은 결국 중독성 행동, 특히 알코올 중독에 빠지기 쉽다. 인생의 어떤 단계에서 세상을 개선해보려는 원대한 야망을 이루지 못했다는 생각이 드는가? 아마 내면에서 실망과 절망을 느낄 것이다. 이것만은 기억하라. 당신은 제자리에 머물러 있지 않고 시대를 앞서 나가는 아름다운 영혼이다! 그럼에도 때로는 인류가 더 고차원의 진화가 이루어진 세상에서 살기를 바랄 수 있다.

"잠은 최고의 명상이다." - 달라이 라마[124]

깊은 사고를 하는 사람으로서 중요한 문제들을 해결하려면 활기차게 생각할 필요가 있다. 따라서 매일 밤 충분한 수면을 취해야 한다. 매일 20분, 45분 또는 1시간 20분의 낮잠을 자는 것도 중요하다. 이러한 시간은 우리의 자연스러운 수면 주기를 반영하므로 이후에 지적으로 새로워진 느낌을 받을 것이다. 몸과 마음을 쉬게 하면 시야가 달라지는 것에 놀랄 것이다. 4시간 동안 다시 삶을 고찰하려고 할 때 많은 것이 크게 변화할 것이다. 따라서 정신적 장벽에 부딪힐 때마다 수면은 또 다른 날의 활기찬 반성을 가능하게 하는 적극적인 사고를 도울 것이다.

오래 살고 싶다면 다음 질문에 답해보자.

"내 인생의 목적은 무엇일까?"

이론적인 질문을 하려는 게 아니다. 인생을 살아가는 방식에 대한 이 정신적 운동의 노력 대비 이익은 건강에 매우 중요하다. 65세 이상의 참가자 9,000명과 20세에서 75

세 사이의 6,000명을 대상으로 한 두 개별 연구에 따르면, 삶의 의미와 목적을 명확하게 설명할 수 있는 통찰형 사람들은 목적 없이 산다고 말한 사람들보다 더 오래 살았다. 참가자들이 자신의 삶에 부여한 구체적인 의미는 중요하지 않았다. 더 오래 산다는 것은 '나는 어디서 왔는가, 나는 누구인가, 왜 여기에 있는가, 어디로 가는가'라는 질문에 대한 명확한 답을 갖고 있는 것과 관련이 있다.[125]

인간 정신에 대한 연구에서 정신적 질문에 대한 답을 잠시 적어보는 것으로 장수하는 비밀을 밝혀내리라고 누가 상상이나 했을까? "내 삶의 의미가 무엇이길 원하는가?"라고 자신에게 질문하는 것은 수명을 늘리고 삶의 질을 올리며 인생의 의미를 더하는 통찰력 있는 연습이 될 수 있다. 아직 후속 연구는 없지만, 자신의 삶의 목적을 돌아보는 것이 수명을 늘려줄지 또 누가 알겠는가?[126]

통찰형 성격을 위한 식단

과학 분야에서도 우리의 생각과 먹는 것 사이에는 깊고 복잡한 상호 관계가 있음을 서서히 이해하기 시작했다. 식사 중이나 전후에 생각의 질은 음식의 선택, 소화 능력, 뇌 건강 등에 좌우된다.[127] 당신이 세상 문제를 해결하는 것과 비교해서 맛, 기본 영양성분 외에도 음식 자체에 얼마나 많은 생각을 쏟는가?

『뇌의 스위치를 켜라』의 저자 캐롤라인 리프 박사(Dr. Caroline Leaf)는 사고력에 도움을 주고 전반적인 건강을 개선해주는 엄청난 양의 식이 정보가 있다고 말한다.[128] 날것을 먹어야 하는지 채식을 해야 하는지, 글루텐 프리(gluten-free)인지 팔레오(paleo) 식단인지에 얽매일 필요 없이 누구나 영양적으로 필요한 부분이 다르다. 또한 올바른 생각을 통해 건강에도 영향을 줄 수 있다고 주장한다.

물론 사고의 깊이가 남다른 사람에게는 놀랄 것도 없는 일이지만, 모든 사람에게 맞는 완벽한 식단이란 없다. 그때그때 필요에 따라 무엇을 어떻게 먹는지는 달라지기 마련이다. 음식에 대한 관점을 바꾸면 건강해질 수 있다. 자신의 건강 수준과 식습관이 만족스럽지 못하다면 뇌를 활발히 움직이고 정신력을 키워서 더 건강한 신체를 만들 수 있도록 연구해야 한다. 통찰형인 당신은 효과가 있다는 사람들의 말만 듣고 무작정 식단을 따라 하지 않는다. 당신은 그런 것에 의존하지 않고 건강을 위해 체계적인 계획을 세울 능력이 충분하다.

다음은 수년 동안 기본 식습관에 대해 깊이 통찰력 있게 사고한 사람들의 제안이다.

- 날것의 음식에는 엑스트라 버진 올리브 오일을 사용하고 요리에는 코코넛 오일을 사용한다.
- 가능한 한 직접 만들어 먹는다. 대부분의 비만은 과도한 설탕과 건강에 해로운 지방이 포함된 가공 식품과 배달 음식으로 인한 것이다.
- 발효식품은 좋은 장 건강에 필수적이다. 소금에 절인 양배추, 천연 요거트, 콤부차에는 몸에 좋은 살아 있는 박테리아가 들어 있다.
- 핀토, 버터, 강낭콩, 남색콩, 렌틸콩, 완두콩, 짙은 잎이 많은 채소(시금치, 로메인, 부추), 과일 (특히 희귀하고 특이한 베리류와 일반적인 베리류), 정제되지 않은 곡물 같은 섬유질이 풍부한 식품을 먹는다.
- 간식으로는 그냥 견과류(아몬드, 호두, 피칸 등)를 많이 먹는다!
- 초콜릿 애호가는 다크 초콜릿(코코아 함량 70% 이상)을 선택한다. 우유를 사용하든 대체 식물성 음료를 사용하든 뜨거운 초콜릿 음료에는 메이플 시럽을 선택한다.
- 머핀, 설탕, 빵, 감자, 쌀 등의 탄수화물을 섭취한 후 2시간 동안은 아무 것도 먹지 않는다.
- 더 나은 맛을 느끼기 위해 유기농으로 재배된 자연 식품을 즐겨 먹는 것은 현명한 일이다!

통찰형 성격에 맞는 직업들

✳

"자신이 하는 일에 매우 적합할 뿐만 아니라 자신의 일에 대한 열정을 품은 사람만이 탁월한 결과를 만들어낸다." - 래리 캐시

통찰형 성격은 다음에 나열된 직업에서 성공할 가능성이 가장 크다.

통찰형에 대한 당신의 점수 ☐

이 성격 유형의 점수에 따라 '4C'[상당한(Considerable), 유능한(Competent), 능력을 발휘하는(Capable), 신중해야 할(Cautious)]로 직업적 성공 수준을 해석할 수 있다.

만약 당신의 점수가...

- **70~100 범위라면** 당신은 '상당한' 재능을 가진 것이다. 당신이 이루어내는 성과는 일관되게 성과 기대치를 초과할 것이고, 이러한 경력에서 당신에게 필적할 만한 또래 그룹은 거의 없을 것으로 예상된다.

- **60~69 범위라면** 당신은 꽤 '유능한' 것이다. 우리는 당신의 성과가 일반적으로 기대치를 초과하고, 다음에 제시한 경력을 택한다면 평균 이상의 결과를 제공할 것으로 예상한다.

- **40~59 범위라면** 당신은 일관되게 '능력을 발휘하는' 사람이다. 다음에 제시한 직업을 선택한다면 일관되게 성과 기대치를 충족하거나 능가할 것으로 예상한다.

- **0~39 범위라면** 우리는 당신이 다음의 직업들을 선택하는 데 '신중' 하기를 권고한다. 당신의 성격 유형은 이런 직업들에서 성공한 다른 사람들과 공통점이 거의 없을 것으로 예상한다.

통찰형 성격에 적합한 이상적인 직업

교직
미술 교사
대학교수
대학 학장

컨설팅
홍보 및 영업 담당 임원

심리학
연구 심리학자
정신 분석가
상담심리사/심리치료사

과학
화학자
생물학자
의료 연구원
비상대응팀원
환경 과학자
임상 시험 연구 이사

예술
박물관 큐레이터
커리큘럼 관리자
상업 아티스트

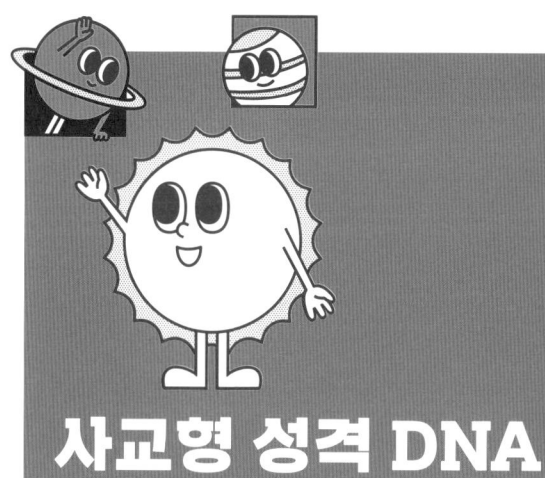

사교형 성격 DNA

(성격 정의)

사교형 성격을 가진 당신은 대인 관계가 매우 원만한 사람이다.
적극적으로 사람을 사귀고 포용하며 사람을 모으는 것을
즐긴다. 다른 사람과 잘 어울리고 친구도 많으며
자연스럽게 새로운 사람을 알아간다.[129]
당신은 흥이 많고 즉흥적이고 열정적이기까지 해서
옆에 두면 생기가 넘치는 사람이다.
말하는 것, 특히 활발하게 토론하는 것을 좋아한다.
모두에게 진심으로 따뜻하고 환영하는 태도를 보여준다.[130]

당신의 도전과제 세상을 하나 되게 만드는 것

사교형 성격이 특별한 이유

✳

당신이 없는 세상은 생각할 수 없다.
순간적으로 행동하고 말하고 박장대소를 하며, 기쁨을 진심으로 표현하는 당신을 보면서 우리는 당신이라는 사람에게 기대게 된다. 우리를 더 행복하게 만들어줄 만한 사람이라고 생각하기 때문이다. 당신은 정말 멋진 성격을 가지고 있다. 솔직히 우리 같은 사람들은 그저 '나' 하나를 즐겁게 만드는 일도 버거울 때가 있는데 당신은 그렇지 않다!

당신이라는 존재는 우리를 사회와, 사람들과 연결시켜 주는 접착제이자 연결 고리다. 이 세상의 사회적 유대 관계와 우정이라는 네트워크를 시작하고 세워나가는 사람이다. 이것이 당신의 가장 중요한 목표이기 때문이다.[131]

요즘은 급속한 세계 인구 증가로 사회와 도시 과밀화 그리고 환경 문제는 부인할 수 없는 문제가 되어버렸다. 이런 때일수록 내가 속한 가족, 직장, 조직, 도시 혹은 사회적 관계에서 협력하는 방법을 학습해야 한다. 사람들 사이에는 사회적, 문화적 차이를 비롯해 여러 차이가 있지만 서로 간에 예의가 필요하다.

하지만 사람들은 그런 노력을 하지 않는다. 오직 당신만이 다양한 공간에서 서로 다른 사람들을 하나로 모으는 일에 전념한다. 당신은 사람들이 서로 가까워지고 함께 하는 일이 많을수록 재미난 일도 더 많아진다는 것을 깨우치게 해준다.[132]

사람들은 협업의 어려움에 대해 잘 알고 있다. 성격이 서로 안 맞아서 갈등이 생기기도 하고, 어려운 대화는 의도적으로 회피하는 비사회적인 성격의 사람도 있다. 그러나 우리가 직면한 깊은 사회적, 문화적 갈등을 해결하려면 대화가 필요하다. 겉으로는 다들 사회적으로 바람직한 방식으로 행동하지만, 진정한 사회적 동기와 타인에 대한 비판적인 의견을 숨기는 경우가 있다. 착해 보이고 싶어서 그러는 것일까?

또 어떤 사람들은 지나치게 형식적이고 정치적으로 올바른, 즉 극도로 정중한 태도를 취하기도 한다.[133] 대부분의 비사회적 성격 유형은 진정한 신뢰를 구축하는 데 굳이 시간을 들이지 않는다. 많은 사람이 협력하는 상황에서 발휘되어야 할 리더십 역할을 이해하지 못한다. 진정으로 협력하는 팀만이 계속 번창할 수 있다는 사실을 알면서도 그렇다. 반면에 당신은 그야말로 협업, 상호 작용, 대화와 활발한 토론의 달인이다. 다른 사람들과는 달리 놀라운 사회적 능력을 타고난 사람이다.

당신은 누구보다도 우주의 기본 법칙을 완벽하게 이해하고 거기에 맞게 행동하려고 한다.

> "모든 것, 모든 사람은 모든 것, 모든 사람과 연결되어 있다."

T.S 엘리엇이 단테의 『신곡』(지옥편)에 대해 쓴 것처럼 "지옥은 무에서 무로 연결된 곳이다"[134]라는 것을 당신은 완벽하게 이해한다. 당신에게 지옥은 아무도 다른 사람에게 손을 뻗고 싶어 하지 않는, 스스로를 얽맨 실존주의만 가득한 곳이다. 이런 곳에서도 당신은 함께 좋은 시간을 보내는 일이 신속하게 결과를 내고 큰 이익을 내는 것만큼이나 중요하다고 알려주려는 사람이다. 당신에게는 이런 일이 우주의 이치를 이해하는 것만큼 중요하다. 더 위대한 탁월함을 추구하고 세계를 파멸에서 건져내는 것만큼 중요한 일이다!

당신은 타고난 열정과 활기 가득한 본성으로 사회적인 관계를 맺는 것이 가치 있다는 것을 상기시켜주는 빛과 같은 역할을 한다.[135] 신은 우리 주변에 우리 자신만큼 중요한 사람들이 있다는 사실을 발견할 수도 있다는 것을 알고 있다!

사교형 성격, 당신은 누구인가

✳

"매력적인 인간들에 대해 알아가는 것은 언제나 유쾌한 일이다. 그것은 꽃과 숲과 맑은 시냇물처럼 우리의 마음을 상쾌하게 해준다." - 조지 엘리엇[136]

당신은 단순히 외향적인 정도가 아니다

당신이 스스로를 그저 '외향적 성격' 정도로 왜곡하거나 단정 짓지 않기를 바란다. 당신은 겉보기에 말이 많고, 거만해 보이고, 정서적으로 결핍되고, 사회적으로 분열을 조장하고, 관심 받고 싶어 하고, 쉽사리 산만해지고, 자기중심적이고, 의존적이어서 혼자서는 한순간도 견디지 못하는 사람이 아니다. 차차 알게 되겠지만, 사교형은 외향성 혹은 내향성보다 더 심도 깊고 다양한 모습을 가지고 있다. '사교적'이란 단어는 훨씬 더 포괄적이고 복잡한 단어다.

실제로 말이 많고, 거만하고, 불쾌한 면이 있고, 정서적으로 불안하고, 사회적으로 파괴적이며, 남들의 관심 받는 일에 빠져 있고, 자기도취적이고, 쉽게 산만해지고, 자기중심적이고, 사회적으로 의존적이며, 혼자서는 단 한 순간도 견딜 수 없는 친화적인 유형의 사람을 만나면 그들의 어린 시절이나 환경이 불우했을 거라고 판단하기 쉽다. 그들이 지속적으로 무시당하고 무관심으로 방치되고 괴롭힘을 당해서 감정적으로 취약한 탓에 자존감마저 무너졌다는 논리다.

이런 후천적인 경험은 건강한 행동을 왜곡해서 사회적 성향과 일치하지 않을 수 있다. 그러나 이 점에 대해서는 염려하지 않아도 된다. 당신이 가진 진정한 성격의 풍요로움은 여전히 살아 있으며, 당신이 과거에서 해방되어 자유로워지기를 기다리고 있다.

당신은 파티의 꽃이다. 활발하고 즉흥적인 감정으로 사람들을 끌어들이는 매력을 가지고 있다. 칼 융[137]은 사교형은 군중에게서 큰 활력을 받는다고 말했다. 사회 생물학적 연구 결과를 봐도 어떤 사람들이 다른 사람에 비해 두드러지는 사교적 특성을 보이는 데는 유전과 호르몬이라는 이유가 있다. 당신의 성격은 사교적인 분위기를 즐기며, 전혀 힘들이지 않고 스스로 관심의 중심이 된다. 이것은 당신만이 누리는 지위다. 당신은 보통 타인과의 교류로 에너지를 얻고 자극을 받으며 자신만의 매력과 유머감각으로 사람들의 마음을 사로잡는다.

당신이 사람들을 별로 두려워하지 않는다고 말하는 것은 절제하여 표현한 것이다. 당신은 늘 새로운 사람들에게 먼저 자신을 소개한다. 사람들과 어울리면 에너지가 바닥 나는 통찰형과 달리, 당신은 혼자 있는 시간이 길어지면 에너지가 소진된다. 당신은 사람들과 시간을 보내면서 정신 에너지를 재충전하는 성향을 가졌다.

당신을 정의하는 또 다른 표현은 '대인관계에 능숙한' 사람이라는 것이다. 당신은 사교적이지만, 특히 대인관계에서 나타나는 당신의 포괄적 성격 재능은 '다중 지능' 중 하나다.[138] 이것은 수학적 재능이나 예술적 창의성만큼 가치가 있다. 당신은 다른 사람들을 이해하고 소통하는 능력이 뛰어나며, 그 능력을 통해 사람들이 스스로 이해받고 필요한 존재라고 느끼도록 만든다.

이런 당신의 능력을 '대인관계지능'이라고 부른다. 대인관계지능은 사회적인 뉘앙스를 이해하고 다른 사람들과 효과적으로 소통할 수 있도록 행동을 조정해내는 강력한 능력이다. 여기에는 평균 이상의 언어적, 비언어적 의사소통 능력도 포함된다. 다른 사람들 사이에서 미묘한 차이를 포착해내고 그들의 기분과 기질을 파악해내는 예민함도 당신의 능력이다.[139]

당신의 이런 능력은 사람들의 관점이 서로 다를 때 그들을 갈라놓는 것이 아니라 오히려 하나로 묶어준다. 성공한 교사, 영업사원, 배우, 정치인은 모두 뛰어난 대인관계지능을 가지고 있다. 당신은 일찍부터 동료들 사이에서 리더감이라고 인정을 받는다. 당신은 다른 사람들의 진심이나 동기를 이해하고 소통하는 데 매우 능숙하기 때문에 아무리 수줍음이 많은 사람도 당신 앞에서는 편하게 말을 한다.

사교형 성격은 우리의 관계 리더

✺

당신은 리더로서 늘 이렇게 말한다.

"더 빨리 가려면 혼자 가고, 더 멀리 가려면 함께 가야 한다."[140]

당신에게 리더십은 권력이 아니라 리더가 팀의 안녕에 가치를 두는 것이다. 당신은 리더의 역할을 수행하면서 위원회를 운영하고 여러 학습 프로젝트에도 진심으로 즐기는 마음으로 참여한다. 가능하면 서로 얼굴을 보고 소통하라고 권장한다. 어린 시절에도 당신은 어른들과 동년배인 것처럼 대화를 나누는 것이 전혀 어렵지 않았고 편안했다. 이것이야말로 당신이 리더를 하기 위해 태어난 운명이라고 생각할 만한 단서가 아닌가!

조직이 당신에게 '공식적인 리더'라는 직함을 줄 수는 있다. 하지만 당신은 동료들 사이에서 아래로부터의 지지를 얻고 리더십 지위를 얻는 사람이다.[141] 관계형 리더로서 당신은 이 점을 깨닫고 기억해야 할 것이다. 누가 강제로 리더가 되라고 해서 될 일이 아니다. 당신이 함께하는 팀과 지역사회만이 그렇게 해줄 수 있다. 공식적인 권위도 당신의 리더십과 영향력을 능가할 수 없다.

당신의 리더십은 모든 것을 품는다. 당신은 '나'를 내세우지 못하기도 하고, 그렇게 하는 걸 싫어하기 하기 때문이다. 당신의 머릿속에는 오직 '우리'만 있다. 이는 '내가 이끄는 팀이 있다'는 의미 그 이상이다. '우리'를 강조하는 당신의 모습에는 신뢰를 구축하는 일, 타인의 의견에 진심으로 귀를 기울여 주는 일, 팀 내에서 서로 존중하는 일이 모두 포함된다. 당신은 팀원들이 아이디어를 교환할 수 있도록 해야 한다고 믿는다. 이렇게 함으로써 팀원 간의 협력을 독려해야 하며, 그런 상황에서만 더 열린 분위기가 만들어진다는 것도 알고 있다. 이런 분위기에서는 당신이 이끄는 팀원들도 더욱 회사에 기여하게 된다.[142] 당신은 이런 관계를 만들어내고 직원들을 서로 연결하는 능력을 통해 필요한 리더십 기술을 능숙하게 습득한다. 이것만으로도 충분히 유능한 사교형 리더가 되고 그 상태를 유지할 수 있다.

친밀감, 나눔, 그룹, 형식에 구애받지 않는 활동, 팀을 대변하려는 책임감은 사교형 성격 유형이 즐기는 것이다. 당신의 리더십 스타일과 성격은 업무를 하면서 사람들에게 정보를 전하고, 도와주고, 훈련하고, 개발하는 일을 하는 걸 즐거워하는 성향이다. 대인관계의 갈등을 해결하는 것은 당신에게 너무나 자연스러운 일이다. 사소한 감정에도 민감한 당신의 성격은 인간관계에서 오는 온갖 문제를 해결하는 데 도움이 된다. 사람들은 갈등이 구체적으로 드러내기 전에 이미 문제 상황에 빠지기 때문이다.[143]

이런 가운데 당신은 사람을 하나로 모으고 좋은 방향으로 긍정적인 에너지를 만들어낸다. 특히 이 유형의 리더가 다른 성격을 가진 리더와 차별화되는 점이 바로 개인과 그룹에 흐르는 기류를 잘 포착하는 민감성을 가지고 있다는 것이다. 사람들 간의 화합을 만들어내고 동기부여와 영감을 줄 수 있는 당신만의 수단을 가진 셈이다.[144]

사교형 성격이 가진 최고의 성격 재능

※

당신의 성공을 결정하는 특성들

직업적 성공은 무엇보다 적절한 위치와 역할에서 당신의 성격의 강점을 얼마나 잘 활용하는가에 달려 있다. 또한 다른 사람들이 더 많이 갖고 있는 보완적인 성격 요소들을 폭넓게 이해해야 한다.

사교형 성격 DNA를 구성하는 멋진 성격적 역량은 다음과 같다.

- **전략적 파트너십** – 당신은 편안하고 진지하면서도 친밀감 있는 분위기에서 사람들에게 친화적인 분위기를 잘 만들어내는 재능이 있다. 당신에게는 '나' 보다는 '우리'가 항상 먼저다. 당신은 그룹 활동을 운영하고, 클럽을 결성하며, 사회적 모임을 주최할 필요성을 처음으로 인식하는 성격 유형이다. 더 큰 도시와 다른 문화권의 사람들까지 모을 수도 있다.

- **유머 감각** – 당신의 유머는 쉽고 재미있고 적정선을 지킨다. 당신은 사람들이 일하는 중에도 재미있어 하는 편안하고 딱딱하지 않은 근무 환경을 만들고 싶어 한다. 여유를 가지고 순간의 행복감을 표현하는 것을 최우선으로 한다. 당신에게 웃음이란 사회 관계에 있어 윤활유 역할을 하고 자연스럽게 표현되는 것이다.

- **통찰력 있는 의사소통** – 당신에게는 명확한 권고 사항을 제시할 수 있는 능력이 있다. 의사소통과 문제해결은 서로 연관된 문제라고 믿으며, 의사소통을 하고 문제를 해결하는 데에는 외교적 언어 감각뿐만 아니라 수려한 세련미와 어휘도 필요하다고 생각한다.

- **고객 중심** – 당신은 고객들의 니즈를 충족시키고 서비스의 전반적인 향상을 위해 고

객과 진정성 있는 관계를 구축하는 일에 관심을 둔다. 고객과 소통하는 일도 당신에게는 사회적 활동이다. 당신은 다른 사람들에 관해 알아가는 것을 즐기고 그들의 니즈에도 관심을 가지고 있다.

- **사회적 영향력** – 사회적으로 영향력 있는 방법을 통해 방향을 잡아주고 사람들에게 영향을 미칠 기회를 의도적으로 찾아본다. 자기 의견을 설득력 있게 피력할 수 있다. 당신이 변화의 바람을 일으키면 당신의 신념, 말, 행동이 사람들에게 영감을 불어넣어 자연스레 따르게 한다.

- **속도와 지구력** – 신체적 건강을 유지하고 활동량이 많은 라이프스타일을 유지하려고 의도적인 노력을 하는 편이다. 한시도 한가할 틈이 없다. 가만히 있는 것을 싫어한다. 이런 생기와 에너지는 전염성이 있다. 너무나도 분명한 이유 때문에 당신은 옆에 같이 있으면 훨씬 더 즐거운 사람이다. 열정을 자연스럽게 뿜어내고 지치지 않는 것처럼 보인다.

- **공감배려** – 당신은 직장에서 다양성의 가치를 인식하고 사회적 불의와 불평등에 대해 민감하게 반응한다. 당신 주변에 누가 있는지, 당신의 행동이 다른 사람들에게 어떤 영향을 미치는지 민감하게 생각하지 않을 수 없다. 당신에게 인생의 중요한 역할은 모든 사람을 포용하고 연민의 감정을 갖는 것이다. 많은 사람이 누군가를 보살펴 주고 두루 파악하는 것이 피곤한 일이라고 생각하지만 당신은 오히려 이를 통해 활력을 얻는다.

- **합의 도출** – 타협, 감정 조절, 대인관계의 관용을 중요시하는 당신은 팀의 일원으로 적극적으로 일하고자 하는 의지가 있다. 예민하면서도 이해심이 많은 당신은 민주적인 참여자가 되고 싶어 한다. 합의점을 찾는 일은 당신에게 협력적 문제 해결의 한 형태이며 갈등 해결 과정이다. 이걸 성공적으로 실행하면 복잡한 다자간 분쟁을 해결할 수 있다.

사교형 성격을 가진 훌륭한 사람들

※

- **무하마드 알리** – 세계적으로 유명한 권투 선수인 무하마드 알리는 자신을 가리켜 '가장 위대한' 이라는 수식어를 사용했다. 그는 운동선수이자 연기자였다. 파킨슨병에 걸려 고통을 겪었지만 질병도 그를 완전히 꺾을 수는 없었다. 누가 봐도 사교형이다.[145]

- **마거릿 대처** – '철의 여인'으로 불리는 대처는 수줍음이 많은 사람은 아니었다. 그녀의 외향적인 성향은 성차별을 극복하고 영국 최초의 여성 총리가 되는 데 기여했다.[146]

- **빌 클린턴** – 백악관은 대부분 외향적인 성향의 사람들이 차지한 공간이었다. 그러나 어느 누구도 클린턴 대통령만큼은 아니었다. 누구라도 기진맥진하게 만드는 군중의 존재도 그에게는 오히려 활력소가 되었다.[147]

- **오프라 윈프리** – 사교적인 기업가이자 토크쇼의 장수 진행자인 윈프리는 영감을 불어넣어주는 사교형 리더에 완벽하게 맞는 사람이다.

사교형 성격의 가치와 철학

※

'활달하고 외향적인 사교형'과 '사려 깊고 조용한 경청자'의 사회적 행동의 가치를 두고 수세기 동안 논란이 있어왔다. 이에 대해서는 『콰이어트: 시끄러운 세상에서 조용히 세

상을 움직이는 힘』의 저자인 수잔 케인이 가장 잘 표현했다.[148]
더 나은 세상을 만들기 위해 모든 부류의 사람이 저마다 중요한 역할을 해야 하며, 누구보다 더 나은 사회적 지위란 없다는 사실은 알아야 한다. 하지만 사교형으로서 당신이 가진 타고난 특성들은 일상을 살다 보면 여러 가지 상황에 영향을 받게 될 것이다.[149] 사교형은 스펙트럼의 양 극단에 있는 사람들 모두에게서 장점을 본다. 사람들이 필요할 때는 사회적으로 인상적인 사람이 되는 기술을 연마하는 한편, 상황에 따라서는 성찰적이고 지적으로 깊이 있는 태도를 갖추는 것이 현명하다고 믿는다.[150]
케인은 이렇게 썼다.

> "사람들이 자기 내면의 직관적 통찰력에 더 관심을 기울였더라면 미국의 월가는 2008년 금융위기를 피할 수 있었을 것이다."

통찰력이 있지만 조용한 성향을 가진 투자 회사의 전무이사인 보이킨 커리(Boykin Curry)는 실제로 "글로벌 금융 붕괴를 일으킨 것은 강력한 외향성의 사람들"이라고 느꼈다고 전한다.[151]
외향적 유형은 글로벌 위기에서 부정적이고 영향력 있는 역할을 했는데도, 권력과 존경은 내향적 성향이 아닌 외향적 유형에게로 간다. 반면 케인은 내향적인 사람들이 사교형 성격과 비교해서 '실망과 병리적 상태 사이'에 있는 '2등급 성격'을 가진 것으로 인식된다고 지적한다.[152]
사교형이 가지는 철학과 행동은 서양에서는 이상적인 것으로 간주되는 반면 "아시아에서는 침묵이 금이다." 라고 케인은 설명한다. 19세기 후반까지 농경사회가 지배한 세계에서 서구권 사람들은 절제된 개인적 가치를 고수했다. 자기 절제, 금욕주의, 개인의 입신양명과 같은 가치가 최적의 사회적 행동이 되었다. 오늘날 사교형의 가치에 대해 케인은 이렇게 설명한다.

> "이상적인 자아는 사교적이며 자신감과 성취감이 큰 알파 성향이 있고, 주목을 받는 것을 즐길 줄 알아야 한다는 믿음이 만연해 있었다."[153]

그렇다 보니 사회적으로 활발한 모습을 보여야 하고 매력적으로 보일 뿐만 아니라 관심을 받는 것을 즐기는 것이 중요하다는 인식이 팽배하다. 적어도 오늘날 직장에서 성공하려면 그렇다.

미국이라는 나라 전체가 사교형 성격의 가치를 앞장서서 퍼뜨렸고, 문화 역사가인 워렌 서스만(Warren Susman)[154]의 표현에 따르면 '성격의 문화'를 꽃피우는 나라가 되었다. 외향적이고, 적극적이고, 명료하고, 사회적으로 인상적인 사교형의 특성과 가치는 과거 어느 때보다도 주목을 받고 있다.

예전에는 겸손하고 이타적으로 신중하게 행동하면 존중을 받을 수 있었다. 그러나 지금은 직장에서 성공하기 위한 핵심 역량을 홍보하는 연구나 잡지 기사나 비즈니스 서적 모두 사교형 특성이 필요하다고 말한다. 노골적으로 활기차고, 항상 명랑하고, 열정적이고, 무엇보다 '사교적'이어야 한다고 말이다. 그렇지 않으면 놓치기 아까운 일대일 면접, 새로운 회사에서의 새로운 일, 현재 조직에서 더 좋은 역할을 할 수 있는 소중한 기회가 주어졌을 때 손해를 볼 것이다.

사교형 성격의 대인관계

✳

사교형과 함께 살고 일하는 것은 어떨까? 당신이 사교형이라면 아마 이렇게 말할 것이다.

> "제 주변에 있어보면 저는 쾌활한 사람이란 걸 알 겁니다. 좀 사랑스럽고 활기차고 유머도 넘치죠. 저는 늘 사람들에 둘러싸여 있어야 행복감을 느낍니다. 대담하고 냉소적인 농담을 하기도 하고, 거침없이 제 의견을 말하죠. 매사에 바로 반응하고 즉흥적으로 말하기도 해서 가끔 문제가 생기기도 합니다."[155]

일반적으로 사교적 특성은 관계를 맺을 때 사용하는 여러 대인 관계 기술과 관련이 있다. 여러 긍정적인 관계 중에서도 당신은 새로운 우정을 찾으려고 한다. 연구에 따르면 당신은 다른 11가지 성격 유형에 비해 자신을 더 개방적으로 표현하고 더 행복감을 느끼는 편이다. 우리는 당신의 번뜩이는 재치와 유머 감각을 사랑하고, 당신을 대외적으로 자신감이 넘치는 사람이라고 평가한다.[156] 당신은 다른 사람을 잘 수용하고 쉽게 어울린다. 우리 역시 당신의 말을 듣는 것을 좋아한다. 당신은 우리처럼 앞에 잘 나서지 못하는 사람들을 즐겁게 해주는 재주가 있다.

사회적으로 매우 순응적이면서 매력적인 모습으로 비쳐지는 유형이 바로 당신이다. 또 당신은 언제나 모든 사람이 존중받고 있다고 느끼게 해주는 사람이다. 기본적으로 당신이 가진 '외향성'은 주변 사람들이 당신 옆에 있고 싶게끔 만드는 권장할 만한 특성이다. 당신은 진심으로 거의 모든 사람을 좋아하는 것 같다. 또 당신은 다른 사람들과 같이 있으면서 충전되고, 영감을 받고, 그런 교류를 통해 신선해지는 기분도 느낀다. 사교형은 사람들과 더 어울릴수록 에너지를 얻고 기운이 나서 감정적인 반응도 더 많아진다고 알려졌다.[157]

하지만 당신 내면의 더 깊은 본성을 알아주는 사람은 거의 없다. 다들 당신이 사람들과 너무나 사교적으로 잘 어울리는 모습만을 알기 때문이다. 당신은 다른 11가지 성격 유형에 비해 외부적으로는 외향적이지만 내적으로는 섬세한 스타일이다. 당신은 사회적 긴장에 민감하고 겉으로 드러나지 않는 감정적 요구에 빠르게 반응할 수 있다. 당신이 외향적이라는 사실은 부인할 수 없지만, 동시에 주변 사람들의 생각이나 경험, 의견 등을 지나치게 의식하는 예민하고 모순적인 성격이기도 하다. 그래서 당신을 대놓고 얕잡아보거나 당신의 지적 수준을 낮게 평가하는 사람들을 보면 일부러 관심 없는 척 무시한다.

당신은 스스로 가끔 헷갈리는 만큼 다른 사람도 헷갈리게 만든다. 당신과 함께 산다는 것은 당신의 감정적이고 즉흥적인 느낌을 끊임없이 살피는 일이라 할 수 있다. 사교적인 성향의 페르소나를 유지하기 위해 의식적으로 평온함과 인생의 기쁨을 드러내 보여주는 경우를 제외하고는 필터가 없기 때문이다. 머릿속에 생각나는 말들이 걸러지지 않은 채 입 밖으로 튀어나온다. 그래도 당신의 타고난 순발력 있는 유머 감각에 저급함이나 무례함은 없다.

사교형 성격의 관계궁합을 찾아서

✴

12DNA의 이론은 자신의 성격 유형을 이해하는 것이 성공적인 관계를 구축하기 위한 첫걸음이라는 것이다. 이 지식은 당신이 정보에 기반한 선택을 하고, 인간 관계의 복잡성을 잘 헤쳐 나가도록 도울 수 있다.

성공적 관계를 위한 핵심 요소는 무엇일까? 여기에 상호 일치 이론이 기업 문화나 팀, 개인 간 안정성이 그들 간 공통점 정도에 의해 결정된다고 말하는 것도 고려해볼 수 있다. 하지만 '사랑', '썸' 그리고 '외적 매력'의 본질은 아직 과학적 규명이 완전하지 않은 상태이다.

대부분의 사람들이 사교형을 좋아하는 것처럼, 당신도 다른 사교형과 함께 있을 때 잘 맞다. 특히 여러분을 보완해줄 수 있는 하이브리드 사교형인 경우 더욱 그렇다. 잘 맞는 하이브리드 유형은 기회사교형, 이타사교형, 사교예술형, 사교발명형, 과정사교형, 결과사교형, 사교분석형, 사교통합형, 사교책임형, 사교개인형이다.

사교형 성격 의사소통 스타일

✴

현대 사회, 교육 시스템, 직장은 모두 외향성에 대한 편향성이 강하다. 우리 자신을 드러내고 팀 내에서 열정적으로 일하면 보상을 받는다. 사회적으로 당신의 존재감이 크게 보이는 이유도 조금이라도 더 말하려고 하는 타고난 성향 덕분이다. 말할 때 목소리 톤이 올라가고, 순발력과 유머 감각도 있고, 대개 '물리적 공간도 더 차지하는' 편이다.[158] 보통 사람들보다 신체 동작이 크고 대화를 더 많이 시도하는 사람도 바로 당신이다.

당신은 사람들과 눈을 마주치려 하고 어떻게든 조용한 사람들과는 말을 더 해주어야 한다고 생각한다. 다른 사람들보다 더 자신감이 넘치는 의사소통을 하고 비언어적인 소통에서 전달되는 미묘한 메시지도 더 기민하게 해석한다. 바디랭귀지도 해독해내는 특별한 능력은 감각적 자극에 대한 욕구가 크기 때문일 것이다. 어쨌든 이런 점은 의사소통에서 결정적인 이점이 된다.

문제는 사회적으로 활동적인 유형과 사회적으로 회피하는 유형이 같이 있는 경우 조용한 사람들이 의사소통을 빠르게 처리하지 못한다는 점이다. 그럼에도 순발력 있고 사교적이며 적극적인 당신의 성격이 감정적으로 더 행복하다는 분명한 징후가 있다. 따라서 내성적인 유형은 이런 부분을 관장하는 뇌를 유연하게 훈련하는 것이 도움이 될 수 있다.[159] 이 사실은 사회적으로 내성적인 사람들이 대중 앞에서 연설해야 할 때 겪는 일상적인 경험이 뒷받침한다. 당신과 달리 내성적인 사람들은 남들 앞에서 말하는 것에서 도무지 즐거움을 찾을 수가 없다. 하지만 일단 한 번 해보고 나면 몇 주, 몇 달이 지난 뒤에 그들은 놀랄 만큼 달라진다. 그때의 경험을 떠올려보면 자신감도 생기고 내적인 만족감이 충만해진다. 물론 당신은 항상 이런 만족감을 느끼고 있을 것이다!

긍정심리학의 대가인 소냐 리보미르스키(Sonja Lyubomirsky) 교수는[160] 일시적으로라도 외향적인 특성을 채택하려고 의도적으로 노력하는 사람들의 행복감이 눈에 띄게 증가한다는 사실을 발견했다. 자신을 완전히 내향적인 사람이라고 정의한 사람들에게 적용했을 때도 연구진이 사용한 모든 측정치에서 동일한 결과가 나왔으며, 노력한 후 더 행복해졌다고 답했다. 그렇다고 해서 내향성을 모두 외향성으로 전환해야 한다는 뜻은 아니다. 다만 외향적인 성격이 의사소통 방식과 정서적 행복을 향상시키는 유용한 도구가 될 수 있다.[161]

사교형 성격의 건강 관리

- **정신 건강**: 사교형에게 우울증이란 없다! 마음에서 일어나는 일이 몸으로 드러난다는 연구 결과가 점차 늘어나고 있다. 개인적이고 사회적인 표현이 건강 상태에도 영향을 미친다. 워싱턴 주립대학 연구진들은 일상적인 상황에서 더 사교적이라고 느끼거나 행동하는 전 세계 대학생들이 차분한 사람들보다 더 행복하다는 것을 발견했다. 같은 대학 심리학 교수인 티모시 처치(Timothy Church)는 이렇게 분석했다.

    "일상의 행동이 외향적일수록 더 긍정적인 기분으로 이어질 수 있다는 사례를 보여준 것은 우리가 처음이 아닙니다."

- **면역 체계**: 2014년 영국 노팅엄 대학교와 미국 UCLA의 공동 연구는[162] 당신이 더 강한 면역체계를 갖고 있을 수 있음을 시사했다. 붙임성 있고, 외향적인 성격은 면역 강화(감염과 싸우고 부상에서 회복하는 힘)와 관련된 전염증성 유전자 발현이 증가하는 경향이 있다. 한 이론은 당신의 사교적, 사회적 성향이 전반적으로 더 많은 세균에 노출시킨다고 추측한다. 이것이 당신의 면역력을 키우고 전염병으로부터 몸을 보호하는 데 중요한 역할을 한다.

- **수면 부족**: '월터 리드 아미 연구(Walter Reed Army Institute)'[163]의 2010년 연구에 따르면, 수면 부족은 사교적인 사람에게 더 큰 타격을 준다. 이 연구는 사교형의 사람을 36시간 동안 깨어 있게 했다. 한 그룹에게는 12시간 사회적 상호 작용을 하게 했고, 다른 그룹에게는 12시간 고립된 활동을 하게 했다. 그 결과 더 많은 사회적 상호 작용을 한 외향적 참가자들이 각성 및 반응 시간 테스트에서 더 낮은 점수를 받았다. 매우 사교적인 개인의 경우에도 사회적 상호 작용이 수면 욕구를 감소시켜 집중을 관장하는 뇌 영역의 기능을 떨어뜨렸다.

- **과식**: 내가 평소에 관찰한 바로는 외향적인 사람은 과체중인 경향이 있는 반면, 불안한 사람은 마른 체형일 가능성이 높다. 2022년 미국 국립보건원의 연구에서도 비슷한 결과가 나왔다. 코넬 식품 및 브랜드 연구소의 한 연구에서는 성격과 아동의 과식 행동 사이의 연관성을 발견했다.[164] 이 연구에서는 아침 식사 그릇의 크기가 학교에서 아이들이 스스로 담는 시리얼과 우유의 양에 영향을 미치는지 실험했다. 그 결과 큰 그릇을 사용해 스스로 음식을 담을 때, 붙임성 있고 활발한 아이들(교사와 카운슬러가 판단)은 사회적으로 내성적인 또래보다 33% 더 많은 음식을 담았다.

사교형 성격을 위한 식단

앞의 내용은 식단에 대한 논의로 직접 연결된다. 말이 많고 활기찬 성격을 가진 당신은 과체중이 될 가능성이 더 크다. 과학자들은 외향적인 사람과 내향적인 사람의 뇌가 다르다는 것을 오래 전부터 알고 있었다.[165] 예를 들어, 사교형 성격은 즉각적인 보상을 선호하고 더 충동적으로 행동한다. 단맛에 대한 선호는 충동성은 높지만 개방성은 낮은 것과 관련이 있다.

이러한 특성은 식단 선택에도 영향을 미치는 것으로 추정된다. 이는 외향적인 사람이 식욕이 왕성하고 과식 및 비만에 취약한 경향이 있음을 의미한다. 또 당신은 사교적인 상황에서 다른 사람들과 함께 있을 때 더 많이 먹으려는 편이기 때문에 기름진 음식을 더 많이 먹고 술을 더 많이 마실 가능성이 있다.[166]

사교형 성격에 맞는 직업들

✳

"자신이 하는 일에 매우 적합할 뿐만 아니라 자신의 일에 대한 열정을 품은 사람만이 탁월한 결과를 만들어낸다." - 래리 캐시

사교형 성격은 다음에 나열된 직업에서 성공할 가능성이 가장 크다.

사교형에 대한 당신의 점수

이 성격 유형의 점수에 따라 '4C'[상당한(Considerable), 유능한(Competent), 능력을 발휘하는(Capable), 신중해야 할(Cautious)]로 직업적 성공 수준을 해석할 수 있다.

만약 당신의 점수가…

- **70~100 범위라면** 당신은 '상당한' 재능을 가진 것이다. 당신이 이루어 내는 성과는 일관되게 성과 기대치를 초과할 것이고, 이러한 경력에서 당신에게 필적할 만한 또래 그룹은 거의 없을 것으로 예상된다.

- **60~69 범위라면** 당신은 꽤 '유능한' 것이다. 우리는 당신의 성과가 일반적으로 기대치를 초과하고, 다음에 제시한 경력을 택한다면 평균 이상의 결과를 제공할 것으로 예상한다.

- **40~59 범위라면** 당신은 일관되게 '능력을 발휘하는' 사람이다. 다음에 제시한 경력을 택한다면 일관되게 성과 기대치를 충족하거나 능가할 것으로 예상한다.

- **0~39 범위라면** 우리는 당신이 다음의 경력들을 선택하는 데 '신중' 하기를 권고한다. 당신의 성격 유형은 이러한 경력들에서 성공한 다른 사람들과 공통점이 거의 없을 것으로 예상한다.

사교형 성격에 적합한 이상적인 경력

경영진
회장 & CEO - 국영기업
이사/부회장 – 대외협력
회장 & CEO - 재무 및 투자 부문
최고 행정 책임자
이사/부회장 - 설비관리
프로젝트 총괄

관리
국영기업 매니저/이사
일반기업 매니저/이사

엔터테인먼트
패션모델

인사
인사 관리자
인사 컨설턴트
인사 사업부 이사
인사 사업부 부회장
인사 사업부 부회장 보조

마케팅
마케팅 서비스 및 고객 관계 매니저
무역 시장 관리자
마케팅 서비스 및 고객 관계 부사장

고객 관계
고객 만족 담당자

법과 정치
정치인
노동조합 사업부장
계약 변호사
법무법인 변호사
가정 변호사
파트너 변호사
노동 조정 조정자
법률 및 규제 문제 변호사

점검
규제 업무 조정관

정부
의회 보좌관
정부 기관 고위 행정관

스포츠
피트니스 강사
공원 및 레크리에이션 강사
모험가이드

소매
소매 판매 사원
소매 임대 매니저
호텔 직원
소매 임대 중개인

가정
가정 경제학자
가정주부 및 전업부모

공학
엔지니어링 컨설팅 임원

의료
약사 보조
의료 부문장/부회장

정보기술
컴퓨터 기술 부문 부회장
정보 기술 클라이언트 경영진

건설
건설 사업부/지역 이사
건설 총괄 매니저

제품 공급
제품 및 물류 운영 코디네이터
마스터 공급망/제품 기획자

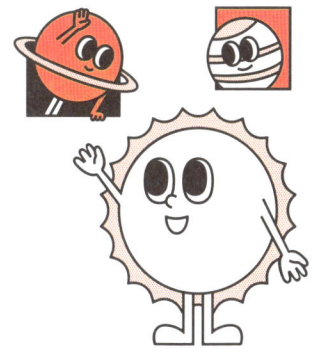

분석형 성격 DNA

(성격 정의)

분석형 성격의 당신은 수많은 정보를 접할 때
편안함을 느낀다. 차트, 그래프, 사실 정보와 수치뿐만 아니라
관련된 아이디어들을 접할 때도 마찬가지다.
당신은 아주 똑똑한 사람으로 인식된다. 실제로 당신은 매우
이성적이고 분석적이며 문제 해결 능력을 소유한 사람이다.
이 성격은 내적이고 지적인 능력이 있어
복합적인 문제가 엉켜 있는 과학적인 문제의 해결 방안도
심층적으로 모색할 수 있다. 그래서 주변 사람들은 당신을
찬사와 존경의 눈으로 바라보게 된다.[167]

당신의 도전과제 세상을 이해시키는 것

분석형 성격이 특별한 이유

엔지니어, 금융 분석가, 과학자, 수학자가 없는 세상에 문명이란 없다!
기차, 비행기, 자동차, 컴퓨터, 전화기와 인터넷이 없는 세상을 상상할 수 있는가? 분석, 복합성과 이성적인 사고가 모두 사라진다면? 상상하기 힘들지 않은가? 분석형 성격이 존재하지 않는다면 아마도 우리는 아직도 동굴 속에서 살면서 어딘가에 가려면 걸어가야 할 것이다. (사실 저자는 새로운 생체 공학 무릎 없이는 걷지도 못할 것이다.)

나도 스스로 지적인 능력이 있다고 생각하지만, 만약 나에게 비행기가 어떻게 날 수 있는지, 10억 개 이상의 전자 신호 또는 전파가 10억 개 이상의 서로 다른 휴대전화에 어떻게 동시다발적으로 도착할 수 있는지를 설명하라고 한다면? 글쎄, 그저 멍한 표정으로 쳐다보게 될 것이다! 양자물리학은 누군가가 나를 보고 있지 않을 때 내가 어떻게 한 순간, 한 장소에 존재하면서도 우주의 다른 어딘가에 '끈'으로 연결될 수 있는지 설명해준다.[168] 이런 이야기들은 보통 사람들을 더욱 혼란에 빠뜨린다. 당신이 이런 복잡한 내용을 설명하는 동안 남들이 이해해주기를 바란다면 시간을 허비하는 것이다.

비즈니스 세계의 관점에서든, 현재가치로 퇴직연금의 순수 가치를 계산하기 위한 금융 투자 전략을 통해서든, 컴퓨터 기술이나 과학적 데이터의 관리 분석 등 어떠한 방식으로 보든, 당신이 가진 분석 능력은 미래에서 가장 수요가 많은 중요한 성격 유형이다. 인류 문명의 시작과 함께 그랬던 것처럼 분석형이 없다면 세상과 그 잠재력을 해석하는 방법을 이해하고 설명해줄 사람은 없을 것이다. 당신이 없다면 정말 모든 것이 불편한 난장판이 되어버릴 것이다. 당신은 깊고 체계적이며 논리적인 사고력을 갖추고 있으며, 수치화되거나 이미지화된 정보의 디테일까지 시간을 들여 분석하는 사람이다. 이를 통해 당신은 폭넓은 관점을 갖게 되고 복합적인 결론을 도출하게 된다.[169]

우리 일상에서 분석형은 혼돈의 세상에서 떠다니는 점들을 연결해주는 역할을 한다. 이들의 공로가 없었다면 여전히 우리는 태양신을 숭배하면서 질병은 하나님이 나쁜 사람을 벌주는 것이라고 믿는 수준에 머물러 있을 것이다. 문명의 접착제와도 같은 역할을 해주면서 당신은 우리가 세상의 사실과 진실을 끊임없이 이해하도록 돕는다. 당신의 분석적인 사고는 다른 성격 유형에서 찾아보기 힘든 독특한 지능을 가지고 있다. 표현을 관장하는 좌측 뇌가 발달한 당신은 복잡한 금융, 수학, 과학, 기술과 관련된 개념과 프로세스를 개발할 수 있다. 이는 우리 같이 평범한 사람들에게 필요한 것이다![170]

분석형 성격, 당신은 누구인가

✳

당신을 설명하는 두 단어, 데이터와 시간

당신은 타고난 분석 능력으로 유명하다. 비판적인 사고 기술을 사용해 정보를 분석하는 일에 타고났다. 당신이 정보를 다루고 받아들이는 방식은 여느 사람들과 다르기 때문에, 당신은 사람들이 오히려 지적인 부담을 크게 느끼는 분야에서 직업을 택하면 성공한다. 대개 혼자 조용히 일하는 것을 선호하며, 정말 중요한 일에 집중할 수 있도록 오랫동안 시간을 들여 생각하고 조용히 보내는 것을 소중히 여긴다. 수십억 개의 행이 있는 컴퓨터 코드를 만들어 다른 사람이 컴퓨터 게임을 즐길 수 있도록 하는 것처럼 말이다.

분석형 성격의 두뇌는 스펀지와 같다. 완전히 새롭고 복잡해 보이는 정보라도 그것을 흡수하고 기억하는 능력은 가히 타의 추종을 불허한다. 무언가를 배우기만 하면 별다른 이유가 없는 한 절대 잊어버리지 않는다. 그것들을 지우려면 신경세포의 데이터 저장소에서 직접 제거하는 편이 더 나을지도 모른다![171]

여기서 매우 분석적이라는 말은 별다른 노력을 하지 않아도 어떤 내용의 패턴을 찾아내 낱개의 점들을 연결하는 능력을 가지고 있다는 뜻이다.[172] 모든 사람이 그러한 사고 능력을 가진 것이 아니라는 것을 깨달았을 때, 분석형 사람들이 보이는 반응이 나는 늘 재미있다. 이들은 다른 사람이 그렇게 못하는 것 자체를 이해하지 못한다. 이들은 사실적인 정보를 취하기 위해서 이슈마다 언제나 깊이 파고들어 생각하는 것을 즐긴다. 이전에 아무도 몰랐던 사실을 스스로 발견해내더라도 "와, 유레카!" 라고 외치며 호들갑을 떠는

법이 없다. 오히려 "그냥 재미로 해봤어요"라고 말할 가능성이 훨씬 더 높다.[173]

당신과 같이 깊이를 가진 사상가는 분명하고 간결한 발표를 좋아하며, 서로 깊이 있게 이해하기 위해 비판적인 관점에서 문제를 생각하는 것을 즐긴다. 누구의 의견에도 바로 휘둘리는 법이 없다. 당신과 같은 성향의 사람과 대화를 나눌 때는 우리도 지적인 사고를 해야 한다. 당신이 우리가 주장을 펼칠 때 거기에 맞는 객관적이고 과학적인 근거를 주기를 기대하기 때문이다. 사물을 인지하는 당신만의 스타일은 자연스레 비판적 사고의 뼈대가 된다. 당신이 한쪽으로 치우지지 않은 판단을 내릴 수 있는 것도 문제를 객관적인 시각으로 분석하고, 사실에 입각한 다량의 정보를 받아들이는 덕분 때문이다.

분석형 성격 사고가 중요한 이유

✹

당신의 존재 이유는 진리의 의미를 탐구하고, 실제로 무엇이 현실인지 식별하는 데에 있다. 인류 역사를 통틀어 '진리'는 현실을 반영하는 것으로 정의되어 왔다. 즉, 자신이 살아가는 환경에 대한 인식과 자신의 믿음이나 관점이 '현실'과 일치한다고 생각할 때 진리를 파악했다고 믿으며, 이를 진리의 대응 이론이라고도 한다. 논리와 논리적 사고 과정은 이러한 일치의 근원을 찾아내는 데 있어 신뢰할 수 있는 도구이다.

당신의 사고 방식에서, 논리성과 성공적인 분석적 추론은 진정한 삶의 관점을 발전시키는 핵심이다. 당신은 본능적으로 현실에 대한 합리적인 비전을 추구하고 그에 따라 살아간다. 철학자이자 논리학자인 에드 L. 밀러(Ed L. Miller)는 그의 훌륭한 철학 입문서 『중요한 질문』에서 당신의 목적을 잘 요약하고 있다: "신중한 사상가는 자신의 주장, 입장, 선언을 합리적으로, 즉 잘 구상되고, 잘 입증되고, 잘 표현되고, 설득력 있게 만들기 위해 노력한다."

이를 위해서는 현실적이고 정직하며 탄탄한 세계관을 형성하는 데 결정적인 규율로써 논리의 과정과 그 수사학을 수용해야 한다. 분석적인 사람으로서, 당신은 오직 합리적인 세계관만을 받아들이며, 논리적 수사를 통해 그 중요성과 본질적인 타당성을 다른 사람들에게 설득하려 한다. 끊임없이 쏟아지는 선전, 희망적이고 느슨한 생각, 거짓 뉴스를 걸러내고, 오해의 소지가 있는 비합리적이며 잘못된 생각을 맹목적으로 받아들이지 않기 위해서는 비판적 사고가 필요하다. 당신에게는 20세기 후반에 사람들이 파괴적인 권위주의 정권과 그들의 전체주의 이념을 지지했던 것이 그저 놀라울 따름일 것이다. 마찬가지로, 비합리적이고 심각한 모순 덩어리나, 경직되거나 맹목적인 종교적 교리 등을 그 필연적인 결과에 대한 합리적인 사고나 논리적 분석 없이 받아들인다는 것도 이해하기 어렵다.

분석적 사고는 합리적인 사고방식과 삶에 대한 분석적 관점을 수용하는 논리적 사고의 기초적인 훈련을 필요로 한다. 분석적 추론은 오로지 인간만이 할 수 있는 능력으로, 읽기, 쓰기, 수학, 과학, 심지어 음악까지도 가능하게 하는 근간이 된다. 당신은 논리의 타당성을 당연하게 여긴다. 논리적 사고 능력을 가진 사람은 항상 인간 존재의 핵심에 자리할 것이다. 신중한 사고는 우리가 피할 수 없는 삶의 다양한 어려움을 헤쳐 나갈 때 생존의 본질이 된다. 그리고 논리의 원칙에 따라 사는 것은 당신의 사고를 확고한 현실에 기반하도록 유지시켜 준다.

분석형 성격은 우리의 정보 리더

✷

분석형 성격은 사람들을 주도할 수 있을까? 경영진에 이들을 위한 빈자리가 있을까? 전 세계적으로 비즈니스는 데이터, 분석 및 AI의 효율적인 사용을 위해 애를 쓰지만, 실제로는 몇 가지 장애물이 기업 활동을 방해하고 있다. 데이터 분석 능력과 이를 통해 얻는 탁월한 의사 결정의 결과물을 높이 평가하는 리더십이 절대적으로 부족하다. 사용 가능한 정보가 계속 넘쳐나는 상황에서 기업의 목표 달성을 위해 전사적인 결정을 내려야 할 때 데이터를 활용하고 적시적소에 적용하는 기술은 오늘날의 리더십에서 가장 핵심적인 요소다.[174]

전반적으로 데이터가 풍부한 상황에서 정보를 효과적으로 취사선택하여 활용하는 능력이야 말로 분석형 성격의 리더가 갖는 특징이다. 실력 있는 분석가는 데이터에서 일정한 패턴을 발견한다. 그러나 데이터를 해독하는 사람은 그중에서도 가장 의미 있고 실행 가능한 패턴만을 식별해내고 자의적인 판단이 개입될 가능성을 차단한다. 즉 메시지에서 소음을 제거하는 것이다. 말은 쉽지만 사실 이렇게 하기는 어렵다.

당신이 갖고 있는 리더십의 강점은 바로 동료 관리자들 사이에서 발생할 수 있는 근시안적인 가정을 인식한다는 것이다. 당신은 동료 관리자들이 당신이 제공한 데이터에서 분명하게 드러나는 예상치 못한 현실을 알아채거나 인식하지 못할 때 발생하는 맹점을 인식하고 있다.[175] 그들은 이렇게 말할지도 모른다.

> "당신이 오히려 근사한 공식을 던져주고 분석을 해버리는 통에 우리가 더 혼란에 빠졌어요. 내 직감에 이건 믿을 만하다고요."

물론 그 말이 맞을 수도 있다. 그들의 직감이 72시간 후의 날씨를 예측할 수 있다고 믿는 것처럼 말이다. 당신은 당신처럼 생각하지 않는 사람들에게 인내심을 가져야 한다. 사람들은 많은 양의 데이터와 정보를 접하면, 인지 능력에 과부하가 걸려 기능이 약해진다. 특히 근거가 충분하고 어느 정도 예측이 가능한 결과가 아니라, 과거에 기반해 어떤 결론을 내려야 할 때 더욱 그런 현상이 나타난다. 따라서 분석형이 리더로서 해야 할 역할은 당신이 이끄는 사람들과 정보를 제공하는 사람들 사이에 더 많은 이해가 필요하다는 걸 인식하는 것이다. 다른 사람들은 한꺼번에 많은 데이터를 받아들이는 데 한계가 있다는 것을 알아야 한다. 특히 그들이 데이터가 제공하는 정보의 중요성을 수용하는 마음을 갖도록 격려하는 연습을 해보자. 그렇지 않으면 그 정보는 당신에게만 중요할 뿐 그들에게는 보이지 않는 것이나 마찬가지다.

영향력은 리더십의 핵심이다. 분석형 리더에게는 이것이 특히 필요하다. 주어진 대안들과 다양하고 방대한 정보를 다른 사람들도 잘 다루어 당초 목표대로 결과를 낼 수 있도록 방향을 잡아주어야 한다. 일단 효과적인 정보를 잘 구분하고, 거기서 간추려 배포할 준비를 해야 한다. 팀 구성원과 조직 내 개인들이 이를 적절히 활용해서 의사결정에 필요한 배경 지식을 갖출 수 있게 된다.

분석형 성격이 가진 최고의 성격 재능

당신의 성공을 결정하는 특성들

직업적 성공은 무엇보다 적절한 위치와 역할에서 당신 성격의 강점을 얼마나 잘 활용하는가에 달려 있다. 또한 다른 사람들이 더 많이 갖고 있는 보완적인 성격 요소들을 폭넓게 이해해야 한다.

별로 애쓰지 않아도 영향력 있는 조직에서 최고 기술 책임자, 엔지니어링 책임자, 수석 과학자, 위험 관리 부사장 또는 수석 글로벌 경제학자 등의 높은 지위에 올라간 것처럼 보이게 만드는 분석형의 놀라운 성격 DNA는 다음과 같다.

- **분석적 통찰력** - 당신에게는 문제를 쪼개어 거기에서 패턴, 추이와 관계성을 찾아내고 문제 해결에 필요한 유의미한 결과물을 해석해서 문제의 핵심을 파악하는 능력이 있다. 정량적 분석을 사용해 모든 가능한 해결 방안을 탐색하고, 문제의 근본 원인을 제거하는 최선의 조치를 택하는 것도 포함된다.

- **이론적 통찰력** - 복잡한 아이디어와 문제, 상황을 이해하고 추상적인 용어로 생각할 수 있다. 당신은 지속적인 학습 과정에 참여해 알고 있던 내용과 새로 얻게 된 정보들을 관련지어 생각해보기도 하고, 이해가 안 되는 부분은 해결하려고 한다.

- **이익 중심** - 당신은 성격상 재정적인 독립에 집중하고, 이를 위해 부를 축적하며 금전적인 보상을 바란다. 이러한 특성 덕분에 당신은 시장에서 어떤 것이 잠재적인 가치를 가지는지 정확하게 이해한다. 또 투자 수익을 보장받으려면 취해야 할 일을 미리 예리하게 분석한다.

- **체계적 접근 방식** - 목표를 정했으면 가능한 한 체계적이고 효과적으로 일하기 위해

일의 우선순위를 정한다. 당신의 성향이 돌발 상황이나 사고가 발생하지 않고 원활하고 일관되게 업무가 실행되는 것을 선호하기 때문이다.

분석형 성격을 가진 훌륭한 사람들

- **바버라 매클린톡(Barbara McClintock)** – 미국의 유전학자로 노벨 생리의학상을 수상했다. 과학계가 '점핑 유전자(유전체의 이곳저곳을 옮겨 다니는 유전자)'가 인간 게놈의 40%를 구성한다는 사실을 인식하기 시작한 것도 그녀의 연구 결과 덕분이었다. 그녀는 유전자가 외부 요인에 반응하여 활동을 변경한다는 후생 유전학의 아이디어를 처음으로 제안했는데, 이 주제가 공식적으로 연구되기 약 40여 년 전이었다.[176]

- **도로시 호지킨(Dorothy Hodgkin)** - 이 영국 생화학자는 콜레스테롤, 페니실린 및 비타민 B12의 원자 구조인 X선 결정학 분야의 연구를 발전시킨 것으로 유명하다. 또 수용성 비타민 B12의 구조를 밝혀낸 공로로 노벨 화학상을 수상한 유일한 영국 여성이기도 하다. 그뿐 아니라 그녀는 페니실린의 구조를 처음으로 입증했다.[177]

- **마이클 스타인하트(Michael Steinhardt)** – 미국 월가에서 가장 위대한 투자자로 알려진 그가 개척한 헤지펀드는 1967년부터 1995년까지 투자자들에게 연평균 24.5%의 수익을 가져다주었다. 다시 말해, 1967년 스타인하트의 펀드에 1만 달러를 투자했다면, 그가 펀드를 종료할 때 480만 달러의 가치로 불어나 있었다는 것이다. (S&P사에 같은 금액 투자로 시작한 경우, 19만 달러의 가치로 불어났을 것이다.)[178]

- **워런 버핏(Warren Buffett)**은 투자지주 회사인 버크셔 해서웨이의 CEO이며 세계 금융계에서 가장 막강한 사람이다.

- **니콜라 테슬라(Nikola Tesla)**는 현대 전기 문명의 근간인 교류 전기 시스템의 발명에 크게 기여한 인물이다.

- **엘미나 윌슨(Elmina Wilson)**은 토목공학 석사학위를 취득한 최초의 여성 토목공학과 전임교수다.

분석형 성격의 의사소통 스타일

자신을 설명할 준비를 하라

어느 대학교 교정에서 한 학생이 다음 문구가 쓰인 티셔츠를 입고 있었다.

"모두의 시간을 절약하자. 나는 항상 옳다."

그런데 그의 티셔츠 등판에는 이렇게 쓰여 있었다.

"나는 엔지니어임."

당신은 재미있는 사람이라는 말을 들어본 적이 없겠지만, 그래도 당신만의 '썰렁한 유머'를 구사하는 사람이다. 오해는 말자. 당신이 문제라는 이야기가 아니다. 사람마다 유머와 감정을 표현하는 방식이 다를 뿐이다. 우리 모두는 똑같지 않다. 어쨌거나 당신과 의미 있는 의사소통을 하고 싶은 사람이라면 눈으로 확인할 수 있는 예시를 제시해야 한다. 그건 물론 당신에게 와 닿을 수 있는 구체적인 사실이나 데이터로 뒷받침되는 예시여야 한다.

이런 당신의 의사소통 스타일 탓에, 당신은 다른 성격 유형과의 관계에 다소 어려움을 느낄 수 있다. 물론 그런 어려움은 당신이 대부분의 사람과 너무 다른 방식으로 사고하기 때문에 생겨난다. 리서치 회사인 스탠디쉬 그룹(The Standish Group)[179]은 한 연구 조사에서 당신의 분석적인 의사소통 스타일로 인해 업무 환경에서 평균 40%가량 불필요한 시간과 에너지가 낭비된다고 밝혔다.

당신의 의사소통 방식에서 효과적이지 않은 부분들에는 공통분모가 있다. 상대방과 주거니 받거니 하는 대화에서 재치가 부족하고 도전적인 인상도 준다.

> "자세히 얘기해보세요", "왜 그런지 이유를 말해보세요", "내가 생각해볼 때까지 아무것도 하지 마세요."

당신과 대화를 나누려면 상대방도 당신만큼이나 논리적이어야 하고, 데이터 중심적이며 합리적이어야 한다. 그러나 우리 가운데 91.66666667%는 이런 식으로 의사소통하지 않을 것이다. "왜?"라고 바로 되묻거나 "증거를 대보세요(보통 당신이 이런 말을 할 때 추궁하는 듯한 어조로 말하는 것처럼 들린다)"라고 말하는 것 자체가 당신 뇌의 객관적이고 사실적인 부분을 보여준다.

당신은 한 번으로 그치지 않고 계속 "왜?"라는 질문을 던질 것이다. 우리는 당신의 소통 방식을 '5 단계의 왜(5 Whys)' 의사소통 방식이라고 부른다. 한 가지 질문에 답을 얻으면, 당신은 자동적으로 5번 이상 "왜"라는 질문을 한다. 합리적인 결론에 도달하는 데에 필요한 정보를 모두 받았다고 만족할 때까지 말이다.

자, 지금까지의 내용은 당신이 다른 사람들에게서 기대하는 것들이지만, 다른 사람들이 당신에게 기대하는 바는 무엇일까? 효과적인 의사소통 전략을 제안해보겠다. 다른 사람들에게 확실한 사실, 논리, 그래프, 데이터로 구성된 프레젠테이션으로 소통할 준비를 갖출 것을 기대하는 것은 어디서나 통하는 최선의 접근 방식이 아니다. 오히려 팀이 의사결정권자에게 제안서를 내기 전에 당신이 자진해서 필요한 사실, 수치와 뒷받침 논리를 모아 팀에 제공해주는 것이 당신의 역할과 책임이라고 생각하면 어떨까? 이렇게 되면 당신만의 뛰어난 지능과 비판적 추론 능력, 진지한 유머조차도 더 빛을 발할 것이다. 사람들은 당신을 진정한 파트너라고 여길 것이다.

논리적 사고로 관계를 유지하는 기술

가수 존 레논이 부른 노랫말 가사처럼 '당신에게 필요한 것은 사랑뿐(all you need is love)'이라고 생각하는 사람은 분석형인 사람과 데이트하는 것을 가급적이면 피하는 것이 좋겠다. 그들은 사랑을 얻기 위해 더 근본적인 가치에 연연해하는 사람들이기 때문이다. 하지만 트렌트 레즈너(Trent Reznor, 미국 밴드 나인 인치 네일스의 멤버)처럼 '사랑만으로는 충분하지 않아'[180] 라고 생각하는 사람은 사랑에는 순수한 감정이나 고상한 성적인 열망 그 이상이 필요하다고 생각한다. 이처럼 친밀한 관계에서 사랑만큼 중요한 눈에 보이는 다른 뭔가가 있다고 생각하는 사람이라면 당신과 잘 맞을 것이다.

당신은 다른 사람들과의 사이에서 사회적 거리를 유지하려고 한다. 객관적이고 청렴한 관찰자로 남기 위해서다. 우리는 순수하게 분석형 성격을 가진 수많은 사람을 코칭해왔다. 다른 사람들이 그들의 감정적인 태도를 어떻게 인식하는지 설명했을 때 그들이 보여주는 반응이 참 흥미롭다. 마치 외국 문화권에서 살다가 온 사람에게 설명한다는 느낌을 받을 때가 있다.

당신과 사귀거나 결혼할 생각을 하고 있는 사람은 화려한 로맨스와 과장된 감정 표현은 꿈도 꾸어서는 안 된다. 당신은 온통 신경이 쏠려 있는 프로젝트 때문에 바쁜 상황이라면 결혼기념일도 잊어버린다. 그렇지만 당신은 언제든 감미로운 와인을 마시며 고무적인 대화를 나누면서 밤을 지새울 수 있는 사람이기도 하다.

분석형 성격의 관계궁합을 찾아서

✳

12DNA의 이론은 자신의 성격 유형을 이해하는 것이 성공적인 관계를 구축하기 위한 첫걸음이라는 것이다. 이 지식은 당신이 정보에 기반한 선택을 하고, 인간 관계의 복잡성을 잘 헤쳐 나가도록 도울 수 있다.

성공적 관계 찾기의 핵심은 성격 유형의 상호작용이 될 것이다. 상호 일치 이론은 기업 문화나 팀, 개인 간 안정성이 그들 간 공통점 정도에 따라 결정된다고 주장한다. 반면 '사랑', '썸' 또는 '외적 매력'의 근본 원리는 여전히 과학적 규명이 완전하지 않은 상태이다. 분석형에게 가장 궁합이 좋은 유형은 다른 분석형과 하이브리드 분석형 성격들이다. 잘 맞는 하이브리드 유형은 기회분석형, 이타분석형, 분석예술형, 분석발명형, 과정분석형, 결과분석형, 통찰분석형, 사교분석형, 분석책임형, 분석개인형이다.

분석형 성향을 지닌 파트너의 고유한 과제
"내가 인간들을 섬기는 일을 오롯이 즐기지 못했다고 말해도 괜찮을까? 나는 그들의 비논리적이고 어리석은 감정이 자꾸 짜증스럽다." - 외계인 스팍, 「스타 트랙」

갈등 상황이나 감정적인 문제에 직면하면 분석형 성격은 예측가능한 반응을 보일 것이다. 예컨대, 배우자가 "여보, 어젯밤 일에 대해 당신과 대화를 나누고 싶어"라고 말하면, 당신은 그 말을 들었더라도 침묵을 지키며 상대의 말을 완전히 무시하는 것처럼 반응할 때가 많을 것이다. 하지만 당신은 그 말을 곱씹어보는 중일 것이다. 분석형 성격은 자신을 유능한 문제 해결사로 여기기 때문이다. 결과적으로 당신은 공감에 바탕을 둔 이해와 정서적인 지지를 해주는 대신에 상대방에게 다섯 가지 질문으로 반응을 보인다. 상대방은 당신이 그 마음을 헤아려 주지 못하고 무감각하다고 불만을 토로한다. 그러면 다시 당신은 대화에서 물러선다. 그 상황에 더 머무르기엔 당신도 이미 마음이 상해버렸기 때문이다. "나는 논리적이고 제대로 된 정보를 일단 얻으려고 한 것뿐이야."라는 말과 함께....[181]

반면 당신은 배우자가 말하는 내용을 과도하게 분석하려 하기도 해서 이 점은 주의해야 한다. 또 당신은 과도하게 생각하며 상대방의 말을 문자 그대로 받아들이는 경향이 있다. "좋아"와 "훌륭해" 또는 "응"과 "뭐, 괜찮지" 같은 말들의 차이를 구분해서 그에 맞게 반응한다.

만약 분석형인 사람과 관계를 형성하려 한다면, 말을 섞기 전에 다시 한 번 신중하게 생각해보는 것이 좋다. 때로는 상대방의 사소한 말실수가 그 사람의 '분석형 뇌'를 가동시켜서 그 말의 '진짜 의미'와 의미의 중요성을 관계 내에서 확대 해석해 분석하려 하기 때문이다.

분석형 성격은 우유부단한 것처럼 보일 수 있다. 하지만 당신의 배우자가 그렇게 믿도록 두어서는 안 된다. 배우자는 당신이 인생의 중요한 결정을 모두 그들에게 맡기려 한다고 생각할 수 있기 때문이다. 물론 당신은 그런 도움을 원하지 않을 것이다! 하지만 분석형 성격인 사람은 종종 배우자에게 '객관적인' 의견을 묻는다. 따라서 분석형 성격의 배우자를 둔 사람은 늘 솔직한 대답을 해줄 준비를 해야 한다. 분석형에게 거짓말을 하면 안 된다. 거짓말을 했다가는 얼마 지나지 않아 말의 앞뒤가 안 맞아서 해명하려다 또 다른 거짓말을 하게 될 상황에 놓일 수 있기 때문이다. 또한 분석형도 거짓말을 능숙하게 하지 못한다.[182]

분석형 성격의 건강 관리

저자들은 분석형을 가진 당신의 유전자를 건강하게 유지하는 데 필요한 것이 무엇인지 알아내기 위해 최선을 다했다. 하지만 최종 분석에서 여기에 도움이 될 만한 조언을 찾을 수는 없었다. 대신에 우리는 분석형의 사람들이 객관적이고 분석적으로 연구한 것 중 일부 내용에 초점을 맞춰보려고 한다. 어떤 습관이 건강하고 아닌지를 결정하는 충분한 증거를 가진 최근 연구들이 있다. 그렇게 논리적, 분석적으로 도출해낸 조언들을 따를지는 당신의 선택에 맡기겠다.

인간이 매일 얼마나 많은 물을 필요로 하는지에 관한 가장 기본적인 영양학적 연구조차 미심쩍은 과학에 근거하고 있다. 용천수 8잔을 마시라는 말들도 있는데, 정말 그래야 할까? 당신에게는 증거가 필요하다. 여러 분석을 봐도 무엇을 먹어야 하고 먹지 말아야 하는지에 대한 편견을 뒷받침하는 증거가 영양학에는 불충분하다.

다음은 한때 영양학적으로 금기시해온 목록이다. 객관적이고 분석적인 과학을 통해 이 음식들이 오히려 권장할 만한 좋은 건강 습관이라는 것이 밝혀지기 전까지 사람들은 그게 사실이라고 생각했다.

- **식사를 거르면 건강에 해롭다?**

  지금까지의 건강 조언 중에서 가장 신성하게 여겨져왔던 것이 잘못된 것으로 입증되었음이 과학적으로 확인되었다. 최근 연구에 따르면,[183] 식사를 거르면 체중 감량, 특정 암 발병 위험의 감소, 심지어 수명 연장에도 효과가 있다.

- **커피를 마시면 건강에 해롭다?**

  방대한 과학적 연구에 따르면 커피를 마시면 암 위험 감소, 당뇨병 예방뿐만 아니라 심장 건강을 증진시키는 등 다양한 건강상의 이점이 있다.[184] 다만 주의할 점은 카페인 섭취량을 하루에 약 3~4컵으로 제한해야 한다는 것이다.

- **달걀을 먹으면 건강에 해롭다?**

  달걀은 수년간 영양사들에게서 홀대를 받았다. 달걀에는 다른 음식에서 쉽게 얻을 수 없는 주요 비타민과 미네랄이 풍부하게 있는 것이 연구를 통해 입증되었다. 또한 달걀을 먹어도 '유해한 콜레스테롤' 수치가 증가하지 않는다.[185]

- **지방이 많은 음식이 건강에 나쁘다?**

  20세기에 들어서면서 우리는 버터 대신 마가린을 먹으라는 말을 들었다. 사실 이 말은 설탕 업계에서 퍼뜨리는 거짓말이다. 8년간 5만 명의 여성을 대상으로 실시한 실험에서 저지방 식품이 유방암, 대장암 또는 심장병의 위험을 낮추지 못하는 것으로 밝혀졌다.[186]

- **극단적이고 광범위한 운동이 건강에 좋다?**

  연구에 따르면 고강도 인터벌 트레이닝, 즉 'HIIT(High Intensity Interval Training) 7분 운동'과 같은 강도 높은 운동이 시간을 많이 투자하는 예전의 운동보다 몸에 더 좋다고 한다. 이에 대해 운동 생리학자인 크리스 조던(Chris Jordan)은 이렇게 설명한다.

  "고강도 인터벌 트레이닝은 이전에 긴 시간 중간 강도로 하던 운동과 비교해 운동 효과가 비슷하거나 더 큽니다."[187]

이러한 건강 조언을 분석형에게 해줄 수 있을까? 그냥 당신이 직접 조사한 것을 토대로 건강을 유지하길 바란다.

분석형 성격을 위한 식단

당신은 건강한 식단을 다루는 최근 연구 결과들의 과학적 접근 방식을 진정으로 받아들이지 못하는 것처럼 보인다. 그래도 과학자나 유명 수학자 자신들이(분석형 성격을 가진 당신의 선배이기도 하다) 먹었던 것들이 과학적으로 입증되었다는 역사적인 증거를 본다면 얘기가 달라질 것이다. 위대한 사람들과 그들의 식습관에 대한 연구에서 수집한 다음의 예를 살펴보자.

토머스 에디슨은 수프를 놓고 여러 지원자를 인터뷰했다. 수프를 먼저 맛보지 않고 소금이나 후추로 간을 한 지원자는 첫 번째 실험(맛보기) 없이 추측을 했다는 이유로 바로 탈락했다.[188]

스티브 잡스는 주로 대추야자, 아몬드, 수많은 당근으로 식사를 해결했다. 그는 당근을 너무 많이 먹었기 때문에 그의 친구들은 "때때로 그가 노을빛 오렌지색을 띠었던 것으로 기억한다"라고 한 적도 있다. 그는 이런 기이한 식단이 일부 원인이 되어 사망했다.[189]

미켈란젤로에 대한 전기를 쓴 아스카니오 콘디비(Ascanio Condivi)에 따르면 그는 음식에 무관심했고 먹는 즐거움보다는 먹어야 한다는 필요 때문에 더 많이 먹었다. 콘디비는 이렇게 설명한다.

> "그는 그림을 다 완성하는 날에는 저녁이 될 때까지 한 입도 먹지 않았다."

찰스 다윈은 매주 모여 올빼미, 매, 해오라기 등 '이상한 고기'를 먹는 글루톤 클럽(Glutton Club)을 주도했다. 나중에 그는 비글호에 승선해서 아르마딜로(맛이 좋고 오리처럼 생겼다), 이구아나, 몸집이 큰 거북이를 먹었다.

안타깝게도 역사상 여성 천재나 그들의 식사 습관에 대한 정보는 많지 않다. 현 시대의 여성 천재들은 존경을 받을 가능성이 더 높을 것이라 기대한다. 노벨상을 두 번 수상한 마리 퀴리가 파리에서 가난한 학생 시절을 보낸 몇 년 동안, 빵과 버터를 먹으며 버텼던 일화는 익히 알고 있을 것이다.[190]

분석형 성격에 맞는 직업들

"자신이 하는 일에 매우 적합할 뿐만 아니라 자신의 일에 대한 열정을 품은 사람만이 탁월한 결과를 만들어낸다." - 래리 캐시

분석형 성격은 다음에 나열된 직업에서 성공할 가능성이 가장 크다.

분석형에 대한 당신의 점수 ☐

이 성격 유형의 점수에 따라 '4C'[상당한(Considerable), 유능한(Competent), 능력을 발휘하는(Capable), 신중해야 할(Cautious)]로 직업적 성공 수준을 해석할 수 있다.
만약 당신의 점수가...

- **70~100 범위라면** 당신은 '상당한' 재능을 가진 것이다. 당신이 이루어내는 성과는 일관되게 성과 기대치를 초과할 것이고, 이러한 경력에서 당신에게 필적할 만한 또래는 거의 없을 것으로 예상된다.

- **60~69 범위라면** 당신은 꽤 '유능한' 것이다. 우리는 당신의 성과가 일반적으로 기대치를 초과하고, 다음에 제시한 경력을 택한다면 평균 이상의 결과를 제공할 것으로 예상한다.

- **40~59 범위라면** 당신은 일관되게 '능력을 발휘하는' 사람이다. 다음에 제시한 경력을 택한다면 일관되게 성과 기대치를 충족하거나 능가할 것으로 예상한다.

- **0~39 범위라면** 우리는 당신이 다음의 경력들을 선택하는 데 '신중'하기를 권고한다. 당신의 성격 유형은 이러한 경력들에서 성공한 다른 사람들과 공통점이 거의 없을 것으로 예상한다.

분석형인 성격에 적합한 이상적인 경력

관리
기술 운영 부회장
엔지니어링 디렉터
엔지니어링 매니저
기술 프로젝트 매니저
공급망 계획 매니저

컨설팅
경영 컨설턴트

수학
보험 계리사
통계학자
수학자

엔지니어링
전문 엔지니어
생체의공학 엔지니어
화학 엔지니어
산업 엔지니어
신뢰성 엔지니어

재무
투자 상품 글로벌 자산 운용사
재무부 운영 수석 애널리스트
전문 회계사
재무 사업부 매니저
투자 리서치 애널리스트
IT 비즈니스 애널리스트

기술
원자력 발전소 오퍼레이터
시스템 애널리스트
네트워크 기술자
전기 기술자
고장 분석 기술자
제조 시스템 오퍼레이터
계측 및 제어 기술자

정보기술
시스템 프로그래머
네트워크 시스템 및 통신 플래너
컴퓨터 제품 지원 담당자
이러닝 전문가

기계
기계공
기계 조작자
금형 제작자

비상 대응 담당
환경 건강 전문가
비상대응팀원
방사선 보호 보조원

생명 과학
생물학자
환경 과학자
의료 연구원

통합형 성격 DNA

성격 정의

통합형 성격 유형을 가진 당신은 내적으로나 주변 환경을 초월해 어디론가에 시선을 두고 있다. 항상 질문을 던지고 궁금증을 품고 연관 지어 생각해보려 한다.[191]
타고난 현명한 리더이며 지혜롭고 창의적으로 생각하며 신비하리만치 직관력이 뛰어나다. 탐구하는 당신에게 사람들은 자연스럽게 끌린다. 하고 있는 일에 언제나 사람들을 참여시키고, 당신을 거부감 없이 따르게 만드는 사람이다. 열린 마음으로 포용하는 자세가 특징인 당신은 경험을 통해 배우는 일에 능하며, 변화를 누구보다 먼저 받아들이고 적응한다.

당신의 도전과제 새로운 세상을 그리기

통합형 성격이 독특한 이유

✳

통합형의 기저에는 자기 이해에 대한 고유한 욕구가 있다.
당신은 무엇이 자신과 다른 사람들에게 동기를 부여하는지 직관적으로 아는 지혜와 통찰력을 가지고 있다. 여전히 당신은 늘 많은 것을 배우려고 부단히 노력한다. 이 다재다능한 특성 때문에 당신은 언제나 남과 다른 비범한 방식으로 인생을 탐색하고 방향을 찾아간다. 그뿐 아니라 아주 설득력 있는 방식으로 다른 사람과 자신의 비전에 대해 이야기한다.[192]

당신의 독특하고 타고난 적응력과 모든 경험에서 빠르게 배우는 능력은 당신의 전체적인 성격을 지배한다. 당신은 같은 실수를 되풀이하지 않는다. 이상적인 자아와 실제 행동을 지속적으로 일치시키고자 하는 드문 욕구를 당신은 지니고 있다. 저명한 심리학자 칼 로저스(Carl Rogers)[193]의 표현을 빌리면 '말한 대로 실천'한다. 현실에 부단히 적응하면서 성공적으로 전진하는 것이다. 그런 점에서 당신은 본질적으로 모든 경험에 열려 있으며, 가치가 있다고 판단되는 것은 타협 없이 수용한다.

'리더'라는 단어를 빼놓고 통합형의 본질을 논하기란 거의 불가능하다. 당신은 많은 사람에게 많은 역할을 수행할 수 있는 놀라운 리더십 재능을 가지고 있다. 통합형의 리더십 스타일에 대한 연구에 따르면, 직장에서 동료들인 당신에게서 인식하는 상반된 두 가지 자질이 있다. 때때로 사람들은 당신의 현명한 지침을 따르고 싶어 한다. 당신의 야심 찬 인생의 목적에 함께함으로써 더 나은 사람이 될 수 있다고 생각하기 때문이다. 한편으로 그들은 당신도 사실은 자기들과 같지만 어쩌다 조금 더 훌륭해진 사람으로 본다.[194] 그들은 자신들의 현재 모습이 완전하다고 느끼는 동시에, 당신이 자연스럽게 보여주는 이상적인 자아도 갖고 싶어 한다.

연구들을 통해 보아도 선견지명이 있는 당신은 위기의 시기에 더욱 빛난다. 자신을 분명하게 표현하면서 모범이 될 만한 희망의 메시지를 전달하는 능력이 뛰어나다. 안 좋은 상황에서 사람들은 당신과 함께하면서 안정감을 느낄 수 있다. 최고의 자아를 유지하려는 당신과 함께 행동하도록 사람들에게 활력을 불어넣는다.

통합형 성격, 당신은 누구인가

✳

통합형 인간이 된다는 것은 어떤 의미일까? 이 성격이 보여주는 독특한 사고 과정은 종종 '유동적 사고'라고 특징지어진다. 즉 인지적으로 유연하고 개방적이며, 도전에 직면하면 바로 적응하기 위해 여러 가지를 연관 지어 생각하는 지혜를 가졌다.[195] 경직된 문제해결 방식은 거부하지만, 답을 찾아가는 과정에서는 타협하지 않는다. 과거 경험에서 얻을 만한 게 있다면 거기에 집중하지만, 과거에 얽매이지는 않는다. 과거는 여러 가지 답을 찾는 시작점으로 충분하다.

당신은 어떤 주제나 문제를 두고 한 가지 방법으로만 접근하지 않는다. 돌아가는 판세를 읽고 전체적인 큰 그림을 그린 다음 확신에 찬 도약을 한다. 그러다 보면 특정 순간과 맥락 그리고 전체 사건이 생각지도 못하게 이해된다. 계획에 없던 대안을 생각할 여력도 생긴다. 그래서 당신은 언제나 새로운 경험을 만들어내며 실험한다.[196]

당신은 언제나 열린 마음으로 각 문제를 더 넓은 관점에서 바라보면서도 각기 다른 상황의 관련성과 맥락에 집중하는 태도를 가지고 있다. 당신은 '체계적 사상가'다. 주변의 일들이 전체적인 틀 안에서 어떻게 움직이는지 상관관계를 읽어내는 능력이 있다.[197] 모든 일에는 원인이 있고 그 원인들은 복합적이다. 그러나 당신의 눈에는 그것들의 관계도가 훤히 그려지기 때문에 주변 상황에 대해 총체적인 평가를 내릴 수 있다. 주변에서 펼쳐지는 삶의 요소들이 갖는 접점과 그들이 연결되는 모습에 집중하지 않을 수 없다. 겉으로 보기에는 서로 얽혀 있는 듯이 보이지만 그것들은 자연스레 하나의 패턴을 이룬다.

당신의 심리학적 능력이 물리학의 '끈 이론(string theory)'와 닿아 있다고 말할지도 모르겠다. 이 이론은 우주의 구성 요소가 '끈'으로 과거-현재-미래로 연결되어, 시공간에서 진동하고 상호작용한다고 주장한다. 당신에게 '전체는 부분의 집합체 그 이상'이다.[198]

하지만 당신의 출발 지점은 바로 자신이다. 자신의 정체성을 자각하는 것이 시작이다. 당신은 자신을 제대로 들여다볼 줄 알면 다른 사람도 똑같이 이해할 수 있다고 믿는다. 각자가 모여 전체를 이룬다. 칼 로저스의 말에 따르면, 당신은 "자신에 대한 체계적이고 일관된 인식과 믿음'[199]을 찾는다. 이런 자아감에는 자신이 누구인지, 그리고 자신이 될 수 있는 사람이 누구인지도 포함된다. 당신은 삶에서 의식적으로 선택한 모든 측면에서 이러한 통합형 관점에 따라 행동하며, 근본적으로는 완전한 자기 인식을 달성하는 동기를 얻는다.

통합형 성격은 우리의 타고난 리더

통합형은 무엇보다도 '타고난 리더'로, 다른 사람들이 자연스럽게 끌리는 유형이다. 비록 당신은 본인 만족을 위해 타인을 지배하거나 통제하려는 감정적 필요나 욕망이 없더라도[200] 사람들은 본능적으로 당신이 가진 지혜를 찾게 된다. 당신은 본질적으로 타인에게 영향력을 발휘하고, 그들은 신기하게도 당신을 따라야 한다고 느낀다.

통합형 리더들은 '누군가를 갈망하는 사람들의 마음을 사로잡는' 능력을 소유한 듯하다. 당신은 자신의 재능을 계발하는 열정을 제시하고, 당신을 따르는 사람들의 잠재력을 깨워 그들에게 의미 있는 경험을 선사한다. 당신은 그들이 경력을 성장시키고 빛을 발할 방법을 찾아낸다.

리더십에 대한 연구결과들을 보면 암담하다. 약 65%의 관리자가 처음 리더로 승진했을 때 관리 성과 기대치를 충족시키지 못한다.[201] 그 통계치는 한 단계씩 승진해서도 크게 다르지 않다. 평범한 직장에 다니는 사람이 까다롭고 무능한 상사를 자주 만나지 않았다면 정말 운이 좋은 경우다.

반대로 타고난 리더, 즉 통합형 리더를 대입해보자. 이때 리더로서 당신이 가진 제일 중요한 능력이 바로 자기 인식이라는 점은 앞에서도 여러 번 언급했다. 당신은 사람들의 타고난 성향을 제대로 파악하고, 그 지식을 사용해 그들을 도울 수 있다. 그들의 진정한 내적 능력을 자각하지 못하는 사람들이 자신의 재능을 발견하여 성장시킬 수 있도록 한다.[202]

통합형 리더인 당신은 스스로 결정한 것의 결과를 받아들일 준비가 되어 있다. 그리고 다른 사람의 필요나 의견, 판단이 자신의 것보다 중요해지는 것을 용납하지 않는다. '올바른 일'을 하려는 당신의 욕망이 다른 사람들의 이기적 요구에 지지 않도록 한다. 그런 요구 속에서 당신이 리더십을 발휘하는 것이 힘에 부치긴 하지만, 끝까지 자신의 기대치를 버리지 않고 목표를 달성하는 방법을 안다. 다른 사람들의 이기심이 감지되는 상황에 직면해도 당신은 꺾이지 않는다. 그 속에서도 미래에 대한 희망을 말하는 사람이 바로 당신이다.

나는 통합형 리더들이 영감을 주는지, 아니면 영감을 받는지에 관해 동료들과 토론한 적이 있다. 무엇이 먼저인지 묻는다면, 나는 둘 다 중요하다고 생각한다. 당신은 영감을 얻는 방식으로 살아가며, 당신의 리더십도 확실히 다른 사람들에게 영감을 준다. 리더로서 당신은 팀에 진정성을 가져다주며, 사람들은 당신이 진국이라는 것을 느낄 수 있다. 당신의 리더십은 엄격하지만 자신의 기대에 부응하면서 목표를 달성하는 법을 안다. 당신은 진정한 리더다.

통합형 성격이 가진 최고의 성격 재능

✻

당신의 성공을 결정하는 특성들

직업적 성공은 무엇보다 적절한 위치와 역할에서 당신의 성격의 강점을 얼마나 잘 활용하는가에 달려 있다. 또한 다른 사람들이 더 많이 갖고 있는 보완적인 성격 요소들을 폭넓게 이해해야 한다.

통합형 성격 DNA를 구성하는 이런 멋진 성격적 역량은 무엇일까? 통합형 성격은 이렇다.

- **진보성** – 불안한 상황에서도 수용하고 개방적인 자세를 갖추고 급속한 변화에도 적응하려는 의지가 있다. 당신은 여러 가지 상황, 사람, 목표에 맞게 수위를 조절해 행동한다.

- **전략적 비전** – 멀리 내다보고 당신이 품고 있는 비전을 중요한 방법들로 구체화한다. 여기에는 복잡한 전략을 실행할 수 있는, 상세하게 정의해 놓은 일련의 목표들이 포함된다.

- **창의적 통찰력** - 폭넓게 생각해보고, 현명하면서도 혁신적인 해결책을 찾아내기 위해 상상력을 동원한다. 당신이야말로 독창적인 사상가다. 당신은 마음에 순간 떠오르는 첫 번째 생각, 현상 유지와 '예전에 시도해본 괜찮은 것'에 만족하지 않는다.

- **강한 리더십** - 방향성과 조언을 구하는 사람들에게 선한 영향력을 미치려는 바람을 가지고 있다. 또 그럴 필요가 있다고 생각한다. 사람들의 판단이나 의견에 휘둘리지 않고 스스로 중심을 잡는 확신을 가지고 있다.

- **사회적 영향력** - 포부가 있고 선견지명이 있는 리더로서 당신은 영감을 주는 독창적인 리더다. 위기가 닥치고 절망의 순간에도 사람들을 두려움과 무기력에서 벗어날 수 있게 해줄 능력이 있다. 이런 점에서 당신은 미래와 변화라는 희망을 노래하는 사람이고, 당신이 전달하는 메시지는 당신을 따르는 사람들에게 깊은 울림을 준다.

- **자기 동기부여** – 당신의 내면의 힘을 통해 성취를 이루어낼 수 있을 것이라는 점을 잘 알고 있다. 그 과정에서 예상되는 손실보다는 얻을 수 있는 이익을 근거로 여러 대안을 검토해보고 위기를 감내해낸다.

- **결과 지향** - 근면하고 세심한 당신은 눈앞에 있는 일들을 최선을 다해 처리하면서 목표를 이루어낸다. 당신이 가진 부지런함이야 말로 여러 가지 중요한 우선순위 사이의 균형을 유지하면서 결국 결실을 맺어 회사에 대해 보상을 제공한다.

- **정치적 요령** - 다른 사람이 자기 동기가 많고 꼭 대의적인 선을 위해 일하지 않는 것을 잘 파악하고, 주요 이해관계자들의 기대치에 어느 정도 자신을 맞추어준다. 그러면서도 당신이 가진 날카롭고 사회적인 외교 감각에 따라 올바르게 말하고 처신한다.

통합형 성격을 가진 훌륭한 사람들

통합형 성격의 리더는 확실히 남들보다 더 먼 미래를 내다보는 안목이 있고 사람들에게 영향력을 줄 만한 능력과 감각을 타고났다.[203] 역사를 통해 위대한 수많은 통합형 리더가 이 세상을 이끌어왔다. 그런 리더가 주도하는 것을 좋아하지 않을 사람이 있을까?

- **넬슨 만델라(Nelson Mandela)** – 그는 민주적으로 선출된 최초의 남아프리카공화국 대통령이었으며 '반 인종격리(Anti-Apartheid)' 운동을 상징하는 인물이자 리더로 평생 동안 부당한 인종 차별과 사회적 차별에 맞서 싸웠다.[204]

- **실비아 메타이어(Sylvia Metayer)** - 그녀는 7천 500만 명이 넘는 사람들의 삶의 질을 향상시키는 일에서 세계적 리더 역할을 하는 프랑스 푸드 서비스회사 소덱소(Sodexo)의 기업 서비스 부문을 이끌고 있다. 2016년 소덱소는 미국 「포춘」에서 "세계에서 가장 존경받는 기업"으로 5년 연속 선정되었다.

- **게리 리지(Garry Ridge)** – 그가 가정용 화학용품 제조업체 WD-40의 CEO로 있을 때 직원 참여율은 지난 14년 동안 지속적으로 증가한 주주 가치와 합쳐 90% 이상이었다. 그의 성공은 통합형 리더십 원칙을 적용해 회사 직원들이 최고의 역량을 발휘하도록 도왔기에 가능했다.

- **셰릴 바첼더(Cheryl Bachelder)** - '뽀빠이 루이지애나 키친'의 주가는 40% 가까이 떨어진 상태였지만 그녀가 CEO가 된 후 100% 이상 상승했다. 그녀가 성공한 요인은 통합형 리더십을 통해 고객 경험을 만족스럽게 개선하고 고객 충성도로 이어지게 해서, 고객 경험을 전반적으로 향상시켰기 때문이다.

통합형 성격의 가치와 철학

통합형은 부분들이 상호의존적이라는 걸 인식하는 동시에 전체의 중요성을 강조한다. 통합형은 인생을 바라보는 선형적인 관점을 포기할 수 있는 지성을 가졌다. 이는 지극히 합리적이고 논리적이며 사실에만 국한된 접근 방식을 넘어서야 한다는 걸 의미한다.

당신은 인생이 '배움의 연속'이라고 믿는다. 당신은 더 온전하고 균형 잡힌 인생을 추구하려는 내면의 갈망을 진심으로 따르고자 한다.[205]

통합형 철학의 핵심 원칙은 바로 당신의 속에서 일어나는 일이 그 어떤 것보다 중요하다고 믿는 것이다. 당신은 정신적, 영적, 감정적, 신체적 건강을 유지하기 위해 노력하는 것이야말로 성공적인 삶을 사는 가장 좋은 방법이라고 생각한다. 영적으로 깨달은 사람들이 통합형 가치를 지니는 건 흔한 일이다. 당신은 자신이 더 큰 그림의 일부이고, 마음과 몸과 영혼이 모두 연결되어 있으며, 이 연결과 모든 것과 모든 사람에게까지 확장된다는 것을 이해한다.[206]

당신은 자신이 내놓은 것이 결국 자신에게 돌아온다고 믿는다. 따라서 미래의 행동이 몸 안에서 유기적으로 느껴지고, 주변 환경과 사람들에게도 영향을 끼친다는 걸 깊이 이해한다. 이게 삶에 대한 당신의 접근 방식이다. 당신의 자신의 생각과 감정, 내면을 돌봐야 한다고 믿으며, 이를 위해 삶의 모든 부분을 하나로 연결해야 한다고 생각한다.[207]

당신은 개인적인 이해를 얻고자 노력하고, 상호 작용과 경험을 통해 기회를 얻으려고 한다. 특히 그 결과가 당신의 존재와 주변 환경에 영향을 미칠 때 더욱 그렇다. 당신의 내면 상태를 인식할 때, 자신의 몸에서 일어나는 일도 알게 된다. 동시에 개인적, 지역적, 세계적, 보편적 현실과 접촉하고 있다는 걸 깨닫게 된다. 그때만 당신은 자신의 통합형 자아와 연결되어 있음을 느낄 수 있다.[208]

통합형 성격의 대인관계

통합형 파트너인 당신은 자신의 자아 존재감이나 행복을 당신의 통제 밖에 있는 사람들에게 두지 않는 것이 중요하다. 통합형 존재로서 당신이 통제할 수 있는 것은 오직 당신의 인생, 생각, 감정과 행동뿐이다. 당신과 함께 살거나 교류하는 사람들에게까지 이런 자유를 확대시키는 것도 마찬가지로 중요하다.[209]

당신의 대인관계 가치의 핵심에는 타인과의 관계성에 대한 고상한 철학이 있다. 그 핵심은 바로 당신과 관계가 있는 사람들에 대해 통제권을 행사하거나 의사 결정권자의 역할을 하는 것을 의식적으로 포기하거나 회피하려는 마음이다. 당신이 근본적으로 모든 인간은 다 신뢰할 만하다는 것을 전제를 하고 대인관계를 시작한다. 각자 자기 인생에서 자신들을 위해 바람직한 선택을 하고 책임을 지고 스스로 선택할 수 있다는 믿음이 있다. 그렇기에 파트너, 배우자, 리더, 동료, 가족 구성원, 부모로서 당신의 역할은 이러한 믿음을 키워내는 것뿐이다. 그런 식으로 당신이 맺은 관계는 더욱 단단해지고 친밀감이 쌓여 서로에 대한 충성도도 높아지게 된다.[210]

당신은 상대방과 갈등이 싹트기 전에 사전에 차단하는 방법을 함께 찾아서 해결하려고 한다. 깊게 파고들어 문제를 일으키는 원인이 '해결되었다'고 확신할 때가지 포기하지 않는다. 함께 살고 일하는 사람을 돕겠다는 배려 차원도 있지만 그와의 관계를 진전시키는 데 도움이 되었으면 하는 마음에서 생겨난 행동이다. 당신은 강요하거나 비난하지 않으며, 모든 사람이 자유의지에 따라 자기만의 방식으로 성장해야 한다고 믿는다.[211]

실제로 통합형의 대인관계에서 나타나는 전형적인 불간섭주의 접근 방식은 도교적 관점과도 잘 맞는다. 통합형이 가진 대인관계에 대한 신조를 요약하면 다음과 같다.

- 다른 사람의 삶에 간섭하지 말라. 그들은 자신을 돌볼 능력이 충분하다.
- 다른 사람에게 설교하지 말라. 혹여 타인의 인생에 도움이 될지 모른다는 착각 속에서 당신의 생각이나 가치관을 강요하지도 말라. 절대로 그래서는 안 된다.
- 통합형 파트너이자 동료로서 당신은 다른 사람이 발전할 수 있도록 진심으로 기여하고 함께 사는 사람들을 이해하고 싶다.

당신이 새롭고 다른 경험을 하는 것을 어렵게 만드는 사람과 같이 살아보려고 노력하는 건 별 의미가 없을 것이다.

통합형 성격의 관계궁합을 찾아서

✳

12DNA의 이론은 자신의 성격 유형을 이해하는 것이 성공적인 관계를 구축하기 위한 첫걸음이라는 것이다. 이 지식은 당신이 정보에 기반한 선택을 하고, 인간 관계의 복잡성을 잘 헤쳐 나가도록 도울 수 있다.

우리가 성공적 관계 형성의 핵심 요소로 지목할 수 있는 것은 성격 유형의 상호작용이다. 이는 상호 일치 이론이 기업 문화나 팀, 개인 간 안정성이 그들 간 공통점 정도에 따라 결정된다고 주장하는 것에 기초한다. 하지만 '사랑', '썸' 그리고 '외적 매력'의 본질은 여전히 과학적 규명이 완전하지 않은 상태이다.

통합형 성격은 특히 서로와 궁합이 잘 맞으며, 기회통합형, 이타통합형, 분석통합형, 과정통합형, 결과통합형, 통찰통합형, 사교통합형, 통합예술형, 통합발명형, 통합책임형, 통합개인형 등 통합형의 하이브리드 유형과도 잘 맞다.

통합형 성격의 의사소통 스타일

✳

통합형의 의사소통에서 기본 개념은 '포용'이다. 이는 칭찬할 만한 야망이다. 통합형 의사소통의 폭넓은 범위는 다른 사람에게도 기존의 교리나 과거 지식에서 탈피하도록 요구하기 때문에 도전이 될 수 있다. 이 포괄적인 전략은 의미 있는 의사소통을 통해 새로운 접근과 탐구를 할 수 있게 한다.

그렇지만 당신의 의사소통 전략은 아무리 노력해도 찾을 수 없는 것이다.[212] 당신은 전체적으로 생각하거나 토론을 통해 넓은 관점에서 소통한다. 당신이 속한 사회와 경제 상황뿐 아니라 청중의 필요까지 고려한다. 당신은 다양한 관점을 생각해보고 놓치지 않으려고 한다.[213]

통합형 의사소통은 이처럼 수많은 요소를 고려한다. 고객, 직원, 동료, 공급업체, 지역사회 등 모든 이해관계자를 다 고려 대상에 넣는다. 누구와 어떤 대화를 하든지 자신이 편안한 영역에서 벗어나는 것에 열려 있다. 외부와 소통할 때 더 용감해지며, 자기 실현 과정을 거칠 준비가 되어 있다.[214]

당신의 의사소통 방식은 단순하지 않다. 그러나 사람들이 당신의 말을 듣고 반응하며 존중해주기를 원한다면, 지금 당신이 말하고 있는 맥락과 요인들의 전체적인 모자이크를 살펴봐야 한다. 그런 다음 청중이 가장 공감하고 영향받는 것이 무엇인지 식별하고 채택한다. 유연하고 예리하며 폭넓은 관점으로 당신은 대부분의 사람보다 더 큰 영향력을 행사할 수 있다.[215]

통합형 성격의 건강 관리

✳

신학자이자 철학자인 이반 일리치(Ivan Illich)는 자주 인용되는 1975년의 기고문 「의학적 천벌(Medical Nemesis)」에서 이렇게 썼다. "건강은 죽음, 질병, 불행과 스트레스라는 필연성으로부터의 자유가 아니다. 오히려 능숙하게 그것들을 다루어내는 능력이다."[216]

통합적 건강론은 요즘같이 해로운 건강법들보다 훨씬 이전에 등장한 개념이다. 인간이 물을 너무 오염시키지만 않는다면 치유될 수 있다. 당신은 매일의 습관이 수명과 웰빙에 엄청난 영향을 미친다는 것을 이해하는 사람이다.

몇 명의 동료들에게 '통합적'이라는 단어를 들으면 어떤 것이 연상되는지 물어봤다. 예상대로 대부분의 응답은 부정적이었다. 간혹 당신이 건강한 음식에 관한 이야기를 꺼내면 사람들은 단호하게 말한다.

"나는 건강한 음식에 집착하고 싶지 않아!"

이 대답은 곧 "음식을 그냥 즐기면서 먹고 싶어!"라는 뜻으로 해석된다. 그러나 좀 더 건강하게 먹기 위해 건강한 음식에 집착할 필요는 없다는 걸 당신은 알고 있다. 통합적인 식단을 꾸리기 위해 굳이 정원에서 잡초를 뜯어먹고 녹차를 드럼통으로 마셔야 할 이유는 없다.

사실 당신에게 '통합적'이라는 말은 의미의 범위가 훨씬 더 넓다. 이는 인간 유기체 전체를 말한다. 불가피한 갈등과 스트레스를 받아들이면서 전인적으로 살자는 것이다. 요즘 들어 특히 주목받는 '최적의 건강 상태'라는 이룰 수 없는 목표를 생각하는 것보다 오히려 진정한 건강함의 본질에 더 가까워질 수 있다.

서점을 둘러보면 건강 전문가들이 완벽한 신체 건강을 갖는 법을 주장하는 책들이 널려 있다. 균형 잡힌 삶은 당신을 웰빙의 상태로 데려다 줄 것이다. 통합형 삶은 YMCA 로고처럼 몸과 마음과 정신의 균형 상태와 같다. 당신을 이루는 전체와 전체를 이루는 구성 요소들이 서로 미치는 영향을 아는 것이다. 다시 말하면 신체, 정신, 사회적 건강에 골고루 집중하면서 사고하고 행동하고 느끼는 것 모두가 중요하다.

여기에는 영적인 면도 있다. 영혼 혹은 더 높은 정신이라고 부르는 것은 통합형 건강에 기여하는 다른 요소다. 당신은 명상, 고양, 영감을 불어넣는 생각, 순수하게 인간적이지만 그것을 넘어 높고 깊은 차원에 이르게 하는 아이디어를 가치 있게 본다. 물론 이러한 움직임은 과학계 종사자들의 지지를 받지는 못한다.

당신에게서는 엉뚱한 생각도 쏟아져 나온다. 쓴웃음을 짓게 하고 무시해야 하는 아이디어도 많다. 타로카드 점괘부터 악령 퇴치나 암 치료를 위한 장신구 착용에 이르기까지, 이 모든 것이 통합형 웰빙으로 제안되곤 한다.[217]

이렇게 말도 안 되는 것들 중에서도 당신은 핵심만을 취한다. 웰빙, 건강, 그리고 리더십 분야에서 심리학과 행동 변화 전문가로 알려진 존 로빈슨(Jon Robison) 박사는 이렇게 설명한다.

> "의학에서 새로운 방향의 탄생을 말해보자면, 악성 세포와 그 개별 세포의 유전코드만 연구하는 것은 질병의 일부만 보여줄 뿐이다. 예를 들어, 암은 악성 세포의 부산물인 동시에 세포들 사이에 악성적인 관계로 인해 나타난 결과물이기도 하다. 이는 우리 자신과 우리 사회의 다른 부분에까지 시야를 넓혀 생각하라는 교훈이다."[218]

통합형 성격을 위한 식단

당신이 진정한 통합형이라면:

- 일단 유행하는 식단을 거부한다.
- 당신은 식사가 쾌락을 위한 것이라고 주장한다.
- 체형이나 체격에 상관없이 타고난 자신의 체형을 존중한다
- 신체 신호에 따라 언제 먹고 싶은지 결정한다.
- 식사습관과 관련 있는 변화를 합리적으로 고려한다.

통합형 식단의 최고의 건강상의 이점에는 에너지 재생뿐만 아니라 신체의 전반적인 웰빙에 대한 긍정적인 영향이 포함된다. 히포크라테스의 다음 말을 떠올려보자.

"음식이 약이 되고, 약이 음식이 되게 하십시오."[219]

이 말을 식단의 원칙으로 삼아라. 적절히 먹으면서도 즐겁게 먹는 것을 잊지 마라. 너무 강박관념을 갖지 말고 건강에 좋지 않은 기름진 햄버거라도 가끔은 자신에게 허용하라! 통합형 식단을 위한 전략은 가능하면 자연스럽고 가공되지 않은 자연 유기농 식품을 섭취하는 것이다. 살충제, 제초제, 항생제 및 호르몬으로 재배된 식품을 피하고 싶을 것이다. 과학적으로도 유기농 식품이 더 영양가 있고 맛도 좋다고 한다. 엑스트라 버진 올리브나 코코넛 오일과 같은 냉압착 오일을 선택하고, 고기는 카드만 한 크기를 먹어라. 자, 이래도 통합형 식단이 유별난가?

통합형 성격에 맞는 직업들

✳

"자신이 하는 일에 매우 적합할 뿐만 아니라 자신의 일에 대한 열정을 품은 사람만이 탁월한 결과를 만들어낸다." - 래리 캐시

통합형 성격은 다음에 나열된 직업에서 성공할 가능성이 가장 크다.

통합형에 대한 당신의 점수

이 성격 유형의 점수에 따라 '4C'[상당한(Considerable), 유능한(Competent), 능력을 발휘하는(Capable), 신중해야 할(Cautious)]로 직업적 성공 수준을 해석할 수 있다.

만약 당신의 점수가...

- **70~100 범위라면** 당신은 '상당한' 재능을 가진 것이다. 당신이 이루어 내는 성과는 일관되게 성과 기대치를 초과할 것이고, 이러한 경력에서 당신에게 필적할 만한 또래 그룹은 거의 없을 것으로 예상된다.

- **60~69 범위라면** 당신은 꽤 '유능한' 것이다. 우리는 당신의 성과가 일반적으로 기대치를 초과하고, 다음에 제시한 경력을 택한다면 평균 이상의 결과를 제공할 것으로 예상한다.

- **40~59 범위라면** 당신은 일관되게 '능력을 발휘하는' 사람이다. 다음에 제시한 경력을 택한다면 일관되게 성과 기대치를 충족하거나 능가할 것으로 예상한다.

- **0~39 범위라면** 우리는 당신이 다음의 경력들을 선택하는 데 '신중' 하기를 권고한다. 당신의 성격 유형은 이러한 경력들에서 성공한 다른 사람들과 공통점이 거의 없을 것으로 예상한다.

통합형 성격에 적합한 이상적인 경력

자영업
기업가, 고위험 벤처

경영진
회장 & CEO
- 대기업(10억~50억 달러)
총괄 지배인/COO
- 중견기업(5억~10억 달러 이상)

컨설팅 회사 COO/전무이사
부회장 - 대기업(10억~500억 달러)
부회장 - 비상장 회사
회장 겸 CEO – 소비재 회사
회장 겸 CEO - 대형 소매업체
부회장 - 중견기업
부회장 - 원자력 산업
부회장 - 엔지니어링 회사

관리
소기업(1억 달러 미만) 매니저
대기업(10억 달러 이상) 매니저/디렉터
건설 현장 감독관
중견기업(10억 달러 미만) 매니저/이사
IT 부서장

인사
인사 사업부 부회장
인사 사업부 부회장 보조
인사 사업부 이사
인력 다양성 사업부 매니저
행정공무원
인사 계획 및 채용 매니저

정치
정치인

점검
규제 업무 조정관

정부
의회 보좌관
정부 기관 고위 행정관

스포츠
피트니스 강사
공원 및 레크리에이션 강사
모험가이드

소매
소매 판매 사원
소매 임대 매니저
호텔 직원
소매 임대 브로커

가정
가정 경제학자
가정주부 및 전업부모

공학
엔지니어링 컨설팅 임원

의료
약사 보조
보건 부문 소장/부회장

정보기술
컴퓨터 기술 부문 기업 부회장
정보 기술 클라이언트 경영진

건설
건설 사업부/지역 담당 이사
건설 총괄 매니저

제품 공급
제품 및 물류 운영 코디네이터
마스터 공급망/제품 기획자

책임형 성격 DNA

(성격 정의)

당신은 우선순위에 따라 신중하게 일을 처리하면서도
인생이 던져주는 도전과 책임을 묵묵히 받아들인다.
모든 단계마다 능력을 쏟아 부으며 최선을 다한다.
그 과정에서 생겨나는 중요한 일이라면
사소한 것 하나까지도 꼼꼼히 챙긴다.
내 능력 이상을 쏟으며 최선을 다했기 때문에
최고의 결과를 기대한다.
당신은 정말로 신뢰할 만한 사람이다.

당신의 도전과제 일을 더 잘하는 방법을 세상에 제시하는 것

책임형 성격이 특별한 이유

"당신은 당신이 사는 세상에 책임이 있다. 이는 정부의 책임은 아니다. 당신이 속한 학교나 사회단체, 교회, 이웃 또는 다른 시민들의 책임도 아니다. 이건 오로지 당신의 책임이다." - 어거스트 윌슨(August Wilson, 아프리카계 미국인의 삶과 경험을 조명한 미국의 극작가)[220]

책임형 성격은 일의 질과 탁월함을 추구한다

윌슨은 진정한 책임형 성격이 갖는 특성을 적절하게 묘사했다. 보통 사람이라면 개인이 짊어져야 할 책임감을 받아들이기 쉽지 않다(혹은 그래 보인다). 하지만 당신은 마음의 갈등이나 어려움 없이 책임감을 받아들인다. 비단 업무뿐만 아니라 인생의 모든 측면에서 그렇다. 이 정도의 책임감은 당신의 성격에만 나타나는 독특한 모습이다.

당신의 강한 책임감은 종종 당신을 정의하는 특성으로 여겨진다. 당신은 너무나 당연하게 여길 수 있지만, 사람들은 그 기질에서 비롯되는 사회, 가족, 직장을 위한 기여를 높게 평가한다. 또 남들에게는 너무나 까다로운 요구사항이지만 당신은 자발적으로 하기 때문에 더욱 특별하다. 책임감을 빼놓고는 자기의 정체성을 생각해본 적도 없는 당신에게는 책임감은 있어도 되고 없어도 되는 타협의 대상이 아니다. 늘 최고의 책임감을 가진 내가 되기 위해 노력한다. 이를 통해 자존감을 갖는 것을 일순위로 둔다.

책임형이 보여주는 태도는 일반적인 의미에서의 책임감과 개인으로서의 책임감을 모두 포함한다. 이 두 가지의 조합이 당신이 가진 성격을 다른 것과 구분 짓는다. 다른 성격 유형들도 이렇게 말할 수 있다.

"잠깐만요, 책임지는 일이 뭐 그리 대수인가요?"

사실 대부분 스스로를 '책임감 있다'고 여긴다.[221] 그러나 한 끗 차이로 책임형의 사람들은 다른 사람들과 구분된다. 책임형이 일관되게 가지는 '개인적인 책임감'이 있다. 당신이 모든 일에서 보여주는 주인의식과 일을 끝까지 완수해내려는 진취적인 결단력이 그 증거다. 모든 책임을 자신이 떠안으며 감내하려는 태도. 이런 모습은 오직 당신 안에 깊숙이 자리한 유전자와 신경줄기에서 비롯되는 기질이라고 볼 수밖에 없다.

책임형 성격, 당신은 누구인가

✳

일반적으로 책임형은 다른 사람들보다 더 책임감이 있다고 생각된다. 진정한 책임형 성격에게 책임이란, 필요하다면 다른 사람은 대수롭지 않게 여기는 의무나 해야 할 일들을 짊어질 준비가 되어 있다는 것을 말한다. 당신에게 책임은 의도적으로 '책임감 있는 행동'이 무엇인지 이해하려고 노력하는 것이다. 당신이 책임감을 가질 가치가 있는 일이 무엇인지는 오직 당신만이 알고 있다.[222]

당신과 다른 사람들의 또 다른 중요한 차이는 바로 당신은 언제나 의무사항과 우려되는 점들을 더 인지한다는 점이다. 책임은 당신의 시야를 벗어나지 않는다. 책임감 있는 사람이 된다는 것은 양심적으로 결정하고, 책임감 있게 행동하고, 행동과 우선순위에 집중할 수 있다는 것이다. 지금까지 해온 관행이든 할 가능성이 있는 일이든, 모든 일에서 개선점을 찾기 위해 당신은 이렇게 한다.

더 중요한 것은 당신이 스스로 수행한 일이나 결정의 결과를 받아들일 자세가 되어 있다는 사실이다.[223] 보통 사람들은 혼자서 중요한 일의 결과에 대한 책임을 떠안게 될 때 거부 반응부터 보인다. 어떤 사람들은 그런 책임을 지는 것 자체가 책임을 불공정하게 떠넘기는 것이라고 불만을 터뜨리기도 한다. 그러나 당신은 자진해서 능동적인 자세를 갖추고 일을 잘되는 방향으로 수행한다. 일단 주도권을 잡고 일에 착수하면 당신에게는 그 일을 해낼 수 있는지 아니라 언제 할 것인가가 더 중요한 문제다. 당신은 다들 예상한 것보다 더 높은 기준을 두고 일을 해낸다.[224]

또 당신의 사전에 변명이란 없다. 비난의 화살을 돌릴 사람을 찾아볼 여력도 없기 때문이다. 실제로 그렇게 하는 것이 시간과 에너지를 불필요하게 낭비하는 것이라고 당신은 생각한다. 당신이 감독하는 가운데 어떤 일이 잘못되었다고 해도 누군가에게 잘못을 뒤집어 씌우지 않는다. 당신이 통제할 수 없는 외부 요인이 있어도 변명조차 하지 않는다. 당신과 같은 사람을 보면 우리는 이런 생각마저 든다.

'이 정도의 책임감을 가진 보험회사가 있다면 얼마나 좋을까?'

책임형 성격은 우리의 관리자형 리더

✳

신의 리더십 스타일을 한마디로 표현하면 바로 책임감이다. 당신은 당신의 관리하에 있는 사람들과 더불어 책임감 있는 문화를 만들기 시작한다. 책임형 리더는 책임감과 상호의존성을 어떻게 해서라도 증대시켜야 한다는 타고난 욕구가 있고 내면의 갈증도 느낀다. 이런 성격은 말하자면 '그 사람은 다루기 어렵지 않아. 그는 내 형제야'와 같은 사고방식을 반영한다.

당신은 언제나 가장 앞장서서 솔선수범한다. 다른 사람이 주인의식을 갖기를 기대한다면 반드시 자신이 한 약속을 지키는 모습을 보여줘야 하기 때문이다. 무엇보다도 당신의 리더십 철학은 지행합일의 모습으로 요약할 수 있다. 팀이 이루어낸 성공의 공을 같이 나누면서도, 모든 실패에 대한 책임은 당신 혼자서 감당한다. 남에게 책임을 피하고 전가해봤자 당신만 불안해질 뿐이다.

당신은 자신을 희생하고서라도 최고를 해내서 회사의 목표와 미션을 이루는 데 집중한다. 책임감이 있는 리더로서의 위치에도 안착했지만, 당신은 스스로를 부서를 넘나들며 야무지게 일을 처리해내는 일꾼이라고 생각한다. 다양한 관점을 모아보고 조율하는 중개자 역할을 해낸다. 리더십의 목표와 해야 할 일들의 우선순위를 정하고 충족하면서 조직 내에서 신뢰를 쌓아간다.[225]

리더십 분야에는 다양한 리더십 스타일이 있다. 서번트(servant) 리더십은 수세기 동안 존재해왔고 전통적인 기업 환경에서 강한 존재감을 가지고 있었다. 이제는 다른 유형의 기관에서도 이런 유형이 더 많이 나타나고 있다. 중세의 템플 기사단은 서번트 리더십의 전형이었다. 그들은 책임을 다하기 위해 감당할 수 없는 도전 앞에서, 심지어 죽음 앞에서도 굽히지 않았다. 서번트 리더로서 당신은 직원들의 충성심에 대해 금전적 보상을 한다고 해서 동기부여를 해줄 수 있다고 생각하지 않는다.

오히려 당신이 보기엔 진정한 '참여'가 충성만큼 소중하다. 당신의 리더십 철학은 그렇고 그런 수준의 허울뿐인 직원 참여를 원하는 것이 아니다. 오히려 팀이 서로 깊이 있는 수준에서 서로 단합하고, 팀원들은 최선의 노력을 다할 수 있는 여지를 만들어주고자 한다. 당신이 보여주는 리더십은 하려면 제대로 하거나 그렇지 않다면 아예 하지 말자는 원칙이 기본이다. 당신이 이끄는 팀은 결국에는 성취해내고 내면 깊은 곳에서 우러나오는 자부심을 갖게 될 것이라고 믿는다.

책임형 성격이 가진 최고의 성격 재능

✸

당신의 성공을 결정하는 특성들

직업적 성공은 무엇보다 적절한 위치와 역할에서 당신의 성격의 강점을 얼마나 잘 활용하는가에 달려 있다. 또한 다른 사람들이 더 많이 갖고 있는 보완적인 성격 요소들을 폭넓게 이해해야 한다.

당신이 소유한 책임형 성격을 형성하는 놀라운 역량은 무엇일까? 책임형 성격은 이렇다.

- **탁월함 추구** - 당신은 최상의 기준들을 세우고 모든 일을 100% 제대로 해내지 않고

는 스스로 못 견디게 만든다. 맡은 일을 좋아하지 않아도 세부 디테일까지 아주 꼼꼼하게 해낸다. 당신에게는 일의 질이 중요하다. 아주 미묘한 작은 부분도 절대로 놓치지 않는다.

- **결과 중심** - 경력을 쌓는 일은 당신의 최우선 순위 중 하나이다. 행복하고 의미 있고 만족감을 주는 일을 갖는 것은 당신의 인생에서 누구와도 타협할 수 없는 절대 필수품이다. 확고한 직업윤리를 소유한 당신은 매사에 진지하다. 까다로운 프로젝트를 즐기며 해내고 맡은 과제에 자신의 전부를 던진다. 제 아무리 복잡한 도전거리라도 감사한 마음으로 바라본다.

- **협력** - 타고난 협력가인 당신은 합의점을 찾기 위해 진정한 노력을 기울인다. 당신과 일을 같이 하는 사람들은 이내 당신이 무척 예민하고 이해의 깊이가 남다르다는 것을 알게 된다. 도움이 되고자 스스로 조금 더 희생하고 인내한다. 또 다른 사람들이 최선을 다하는 걸 인정해주는 데 인색하지 않다.

- **고귀한 원칙** - 나이와 상관없이 이미 성숙한 태도를 가진 당신은 으레 관습적인 사회의 기대치에 대항하여 소란을 일으키지 않는다. 또 다른 사람들의 비윤리적인 처세들을 보면서 굳이 자신을 내세우려고 하지 않는다. 신뢰가 갈만큼 정직하고 원칙을 지키는 당신은 자신의 윤리적 신념에 따라 일관성 있는 결정을 내린다.

- **지속적인 신속함** - 당신은 빠르게 움직인다는 말로 표현하는 것만으로는 부족하다. 건강한 라이프스타일에 대한 열의가 강하고 건강에 해가 되어 삶의 질을 떨어뜨리는 것들을 피하려고 한다. 항상 바쁘게 움직이다 보니 다른 사람들은 당신이 '하고 있는 일'을 따라잡을 수가 없다. 항상 활발하게 움직이고 무언가를 성취해내는 것이 당신에게는 오히려 편안하다.

- **개인적 주인의식** - 당신이 책임감의 무게를 느끼는 것은 자연스럽다. 책임을 회피하려고 하지 않고 일이 뜻대로 잘 풀리지 않아도 남을 원망하지 않고 스스로 책임을 지려 한다. 실패를 철저히 되돌아보고 스스로의 기대치를 만족시키지 못한 점을 반성한다.

- **개인적 용기** - 당신은 매사를 낙관적으로 생각한다. '실패'는 잠시 스쳐 지나가는 것으로 생각하고 장애물을 만나도 열린 길을 끊임없이 찾으려고 한다. 좌절해도 무너지지 않고 뚝심 있게 노력하는 자세를 유지한다. 중간에 그만두는 사람이라는 평가를 받아본 적이 없고, 다른 사람은 포기하더라도 오랫동안 인내한다. 열심히 경쟁하고 도전을 받으면 최선을 다한다.

- **멀티태스킹** - 자신이 하는 모든 일을 긴박감을 가지고 처리한다. 효율성 있는 본인의 일 처리에 스스로 자부심을 느낀다. 편안함을 추구하기보다는 우선순위에 맞게 여러 가지 임무를 동시다발적으로 처리하는 게, 바쁜 것을 좋아하는 당신의 성향에 맞는다. 우선순위를 정할 수 있는 자율성이 많을수록 더 좋다.

책임형 성격을 가진 훌륭한 사람들

책임형 성격은 우리 주변에 늘 존재한다

- **책임형 시민** - 가깝게는 내가 속한 지역사회, 멀게는 세계의 사람들을 도와야 하는 자신의 의무와 역할을 다할 수 있는 방법을 모색한다. 공동체, 나라, 마을 그리고 세계를 더 나은 곳으로 만드는 일에 기꺼이 에너지를 쏟으며 참여하려 한다. 책임감 있는 시민으로서 당신은 사회 개혁, 경제적 평등과 환경 정의를 실현하기 위한 변화의 주체다.[226]

- **책임형 부모** - 책임형 부모로서 당신은 아이에게 필요한 것을 가장 먼저 생각하고 자신의 일을 제쳐두고라도 아이와 좋은 시간을 함께 보내려고 한다. 이러한 성향의 부모는 지구상에서 가장 존경할 만한 사람이고 존경받아 마땅하다.[227]

- **책임형 고용주** - 고용주로서 당신은 직원들의 건강과 안전 복지에 관심을 기울인다. 이 관심의 대상에는 당신의 제품이나 비즈니스 관행 등에서 물리적, 감정적인 영향을 받게 될 사람들도 포함된다. 강제성이 없어도 자발적으로 이런 일을 하는 당신은 보기 드문 고용주이다.

- **책임형 직원** - 당신은 몸담은 회사가 잘되는 일에 개인적인 책임감을 느끼는 사람이다. 자기 스스로를 회사의 파트너이자 직원이라고 생각한다. '관심을 기울일 의무'에 대해 진지하게 생각하는 당신은 회사를 돌보고 동료들의 안전과 건강에 대해서도 책임감을 느낀다.[228]

책임형 성격의 철학과 가치

✹

당신의 모든 행동과 목적의 방향을 잡아주는 기본 철학은 일을 제대로 하지 않을 거면 아예 하지 않는 게 낫다는 것이다. 당신은 모든 개인이 무엇을 할지 선택할 자유를 가진다고 믿는다. 부모로서 당신은 "부모는 좋은 조언만 해줄 뿐, 아이가 성격을 형성하는 것은 아이 자신에게 달려 있다"[229]라고 생각한다. 또한 우리가 세상에 나가면 우리의 행동에 책임을 져야 한다고 믿는다.

책임에는 여러 형태와 크기가 있다. 예를 들어 주류 북미 사회에서는 개인적 책임에 높은 가치를 두는 경향이 있다. 개인 책임을 중시하는 사회에서는 개인의 자유와 기회를 지속하기 위해 스스로 조절해야 한다.[230] 타인에 대한 당신의 책임은 어디에서 시작하고 어디에서 끝나는 것일까? 당신에 대한 다른 사람의 책임은 또 어떤가?

개인적 책임감에는 자신을 책임 지는 기준을 세우는 일이 뒤따른다. 또 다른 사람이 가진 기준이 그 사람에게는 중요하다는 사실도 수용한다. 또한 이러한 개인적, 대인관계적, 사회적 기준에 따라 살도록 노력해야 한다. 개인적 책임감은 자신의 기대나 기준을 충족하지 못했을 때 책임을 전가하기 위해 외부로 눈을 돌리지 않는 것을 의미한다. 책임형 성격은 사람들이 다른 사람을 탓하며 책임을 회피하려고 할 때 사회적 책임의 소멸이 일어난다고 믿는다. 가족, 동료, 정부, 경제적 상황이나 사회가 적절하고 책임 있는 기준을 충족하지 못할 경우, 당신은 그것을 강하게 비판할 것이다.[231]

책임형 성격의 대인관계

※

책임이란, 요청사항을 누가 어떻게 언제 처리해야 하는지에 대해 두 명 이상의 사람들 사이에서 갖는 기대다. 이 기대는 옳을 수도 있고 틀릴 수도 있고, 의도적으로 협상하고 기대할 수도 있으며, 노골적으로 혹은 은근히 떠넘길 수도 있다. 다른 사람들과의 관계의 질은 서로에 대한 책임을 잘 이해하고 받아들이고 이행하는가에 달려 있다. 물론 여기에는 상대방에 대한 당신의 관찰과 평가도 포함된다. 이 점에 대해 당신에게 따로 말할 필요는 없을 것 같다. 누구보다 당신이 더 잘 알고 있을 테니까. 하지만 사람들과 관계를 맺다보면 책임감 없이 행동하는 사람과 겪는 갈등에서 당신의 역할을 생각할 수밖에 없다.

주변에서 무책임한 태도를 보이는 사람에 대한 당신의 평가는 낮아질 것이다. 따라서 이상적인 파트너를 아주 신중히 선택해야 할 책임도 당신의 역할이다. 연애 초반에 상대방이 감정적으로 무책임한 징조가 조금이라도 보이는지 관찰해보라. 그동안 주변의 가족이나 직장동료, 인생의 파트너가 자기의 행복이나 감정적 자존감마저 당신에게 전가하고 책임 지우려 하는 걸 봐왔을 것이다. 책임형 성격을 가진 당신은 자신의 행복을 위해 의식적인 노력을 해야 함을 잘 알기에, 상대방도 그래주기를 바란다. 통합형, 과정형, 이타형 사람들은 개인적인 책임감을 놓고 보면 당신과 잘 맞는 편이다.

물론 친구, 직장 동료, 자녀 또는 배우자가 무책임해도 잘 지내고 관계를 유지해야 한다. 그래도 그들의 무책임한 행동 때문에 늘 내적으로나 대인관계에서 갈등을 겪게 될 것이다! 무책임한 사람들과 협력을 하다 보면 불안도 느끼게 된다. 특히 그들이 반드시 지켜야 할 야심찬 기준을 달성하기 위해 함께 가야 하는 사람들일 경우에는 더욱 그렇다. 높은 개인적 기준과 원대한 목표를 향한 노력, 개인적인 각오를 다지고 품질을 위해 헌신하고 기한을 지키는 일은 당신에게는 기본 중에 기본이다. 이 정도도 지켜지지 않으면 당신은 그런 사람들을 게으르고 성숙하지 못하고 비참여적이라고 단정 지을 수밖에 없다. 뿐만 아니라 불필요한 일을 만들어내는 그들의 행동에서 당신은 아예 신경을 끄게 된다. 자신의 역할을 다하기 위해 그런 무책임한 사람들과 일해야 하는 다른 팀원들도 그렇기는 마찬가지다.[232]

누군가의 주인의식이나 책임감이 당신의 기대에 못 미친다면 그들을 존중하고 신뢰하는 마음은 바로 식어버린다. 이 지점에서 좀 둥글둥글하게 타협점을 찾아야 하는 사람이 당신인지 아니면 그 사람들인지에 대한 질문이 남아 있다. 당신은 탁월한 절제 능력, 질적인 수준, 직업윤리에서 자기의 가치를 찾고 자존감을 지킨다.

이런 성격적 자질이 당신을 특별하게 만든다는 걸 기억하고 받아들여라. 누구나 자신만의 강점이 있다는 것도 명심하라. 감정적으로나 대인관계에서 뼈아픈 고통을 피하려면 부처의 가르침을 생각해보자. 일상에서 발생하는 개인적인 고통을 피하고 싶다면 "타인에 대한 도덕적 판단을 유보하라."

책임형 성격의 관계궁합을 찾아서

※

12DNA의 이론은 자신의 성격 유형을 이해하는 것이 성공적인 관계를 구축하기 위한 첫걸음이라는 것이다. 이 지식은 당신이 정보에 기반한 선택을 하고, 인간 관계의 복잡성을 잘 헤쳐 나가도록 도울 수 있다.

상호 일치 이론은 기업 문화나 팀, 개인 간 안정성이 그들 사이 공통점 정도에 따라 결정된다고 주장한다. 이러한 전제에 기반하여, 성공적 관계 형성의 핵심 요소는 성격 유형의 상호작용이다. 그럼에도 '사랑', '썸' 그리고 '외적 매력'의 본질은 여전히 과학적으로 완전히 이해되지 않는 주제들이다.

감정적으로 격한 대화를 나눌 때 당신은 '오늘 신뢰할 수 없고 절대 책임감 있게 행동하지 않는 누군가 때문에 얼마나 힘들었는지'에 대해 말할 수도 있다. 이러한 대화는 시간을 지키지 않거나 약속을 지키지 않는 상대방에 대한 것으로, 책임형에게는 특히 실망스러울 수 있다. 그럼에도 불구하고 이타책임형, 과정책임형, 통찰책임형, 사교책임형, 분석책임형, 통합책임형 등 다른 하이브리드 유형은 쉽게 수용할 수 있다.

책임형 성격의 의사소통 스타일

실용적인 관점에서, 아무도 당신이 해내는 수준만큼 성실한 결과물을 제공하지 못한다. 그러니 이 단순한 현실을 받아들여라. 책임감에는 그만의 언어가 있다. 효과적이고 책임감 있는 의사소통을 하기 위해서는 다른 사람에 대한 기대와 그들이 책임지고 할 일을 명확하게 전달하는 법을 배워야 한다. 사람들이 어려움에 처하면 비난과 변명이라는 덫에 걸려드는 경우가 많기 때문에 당신의 의사소통 능력은 매우 중요하다.[233]

당신은 동료, 친구, 자녀 또는 가족에게 기대하는 것을 정확하고 솔직하게 설명할 책임을 져야 할 사람은 언제나 당신이다. 당신은 늘 그렇듯 솔선수범하고 좋지 않은 결과마저도 책임을 진다. 그게 당신의 본성이다. 당신은 결코 비난이나 처벌을 전달하려 하지 않으며, 그런 행동에 가담하려는 사람들을 존중하거나 용납하지 않는다. 당신은 비판이 깔린 의사소통 전략이 대인관계에 갈등을 일으킨다는 것을 여느 성격 유형보다 더 잘 이해해야 한다. 갈등이 유발되면 당신이든 당사자든 설정한 목표에 집중하지 못하게 된다. 다른 사람들이 약속대로 이행하지 못할 때 당신은 어떤 변명도 듣고 싶지 않다. 당신의 성격상 가장 좋아하는 단어는 바로 '무엇'이다. 무슨 일이 일어났는지, 무엇이 잘되고 잘못되었는지, 실패로부터 무엇을 배웠는지, 다시 정상 궤도로 돌아가기 위한 계획은 무엇인지. 이렇게 '무엇'에 관해 소통을 하면서 긍정 에너지를 얻고 더 토론할 수 있게 되어 미래 성공도 보장된다. 물론 살아오면서 당신 수준만큼 책임감을 갖지 못한 수많은 사람을 만나왔을 것이다. 또 다른 사람이 당신의 기대를 따라올 수 없다는 것도 잘 알고 있다.

따라서 사람들의 한계와 신뢰 수준을 고려하여 그들이 일을 수행할 수 있는지 평가해야 한다. 예컨대 폭스바겐의 소형 자동차가 짐을 잔뜩 실은 트레일러를 산 위로 끌고 갈 능력이 안 된다는 것을 알고 있다면, 그렇게 못한다고 해서 화를 내진 말아야 한다. 책임을 적절하게 위임하려면, 함께 일하는 사람들의 역량을 객관적으로 평가해야 한다. 이를 위해, 공동 과제에 참여하는 사람들에게 당신이 어디까지 해줄 수 있는지 명확하고 객관적으로 소통하라. 그들에게 직접적인 책임을 물을 것이라는 것과 그 이유도 설명하라.

책임형 성격의 건강 관리

✳

책임형 성격은 일반적으로 좋은 것이다. 건전한 수준에서 표현해보면, 당신은 보다 헌신적이고 신뢰할 수 있으며 책임감이 있고 자신을 돌보는 일에 관심을 기울인다. 하지만 때로 너무 쉽게 모든 것을 자신이 떠안으려 한다. 어떤 일이 잘못될 때마다 그게 당신 잘못이라고 생각하기 쉽다. 당신은 오랫동안 그렇게 생각해왔다. 다른 사람들이 그들 자신의 책임까지 당신에게 떠맡기도록 스스로 부추겨온 감이 없지 않다. 당장 닥친 갈등 상황을 피하려고 당신은 이렇게 말한다.

"저기요, 지금 책임을 저에게 떠넘기려는 건 아니죠?"

그러면서도 다른 사람의 이익을 위해 정작 자신의 요구사항은 너무나 빨리 포기할 때가 많다. 그 사람들은 당신의 개인적인 희생에 흔쾌히 동조한다. 당신이 누군가를 실망시켰다는 느낌이 들면 죄책감마저 느낀다. 이런 식으로 당신은 일찍부터 총대를 메고 책임을 지는 관대한 사람으로 인정받아왔다.[234] 당신은 베푸는 본성을 통해 정서적 만족을 얻고 심지어 자부심을 느낀다. 그러나 사실은 어떤 상황에서도 정당한 책임보다 더 많은 책임을 떠맡아서는 안 된다.

사회심리학에서 배운 것처럼 한 공간에 있는 사람들은 동등한 책임을 져야 한다. 두 사람이 있다면 각자 50% 몫 이상을 감당하는 것은 건강하지 않다. 10명의 사람이 의사결정에 참여했다면 일이 실패할 경우 당신이 10% 이상 책임을 지려고 하는 것은 오히려 오만이다. 물론 당신 혼자서 결정을 내렸다면 당연히 그에 따르는 결과에 대해 전적인 책임을 져야 한다.

관심을 온통 외부로 향하고 책임지는 일과 당신에게 의지하는 사람들에게만 집중하면, 정작 당신 자신의 권리는 놓치고 정서적인 안정을 놓치기 쉽다. 자신의 정서적, 심리적 건강을 잃게 될 위험이 도사린다. 당신이 당연히 누려야 할 행복의 상태를 유지하라. 그렇지 않으면 스트레스와 불안감, 압박감, 피로와 번아웃에 다다를 것이다.[235]

자신이 혼자 너무 많은 개인적인 책임을 져야 한다고 믿는 사람들은 호르몬 불균형으로 인해 많은 신체적, 정서적 건강 문제를 겪는다는 연구 결과가 있다.[236] 당신이 통제할 수 없는 일까지 모두 책임을 지려고 한다면 어떨까? 신경증적 죄책감이나 강박적 사고와 행동의 함정에 빠지게 될 것이다. 그 결과 '내가 조금만 더 노력했더라면 그런 악재를 막을 수 있었을 텐데'라며 과거에 집착하게 된다. 너무 익숙한 얘기인가? 다른 사람들의 피해나 실망, 실패를 예방하는 책임을 내가 감당하지 못하면 그들이 피해를 입을 수 있다는 강박적인 생각이 반복될 수 있다.[237]

책임형 성격을 위한 식단

책임형은 죄책감을 느끼지 않고 음식을 먹는 것이 더 즐겁다는 것을 스스로 상기할 필요가 있다. 당신은 실패에 대해 처음부터 자신의 잘못이라고 가정하는 경향이 있다. 따라서 잘못된 일을 하거나 책임을 다하지 못했을 때는 변명하지 않는다! 여기에는 다이어트도 포함된다. 사실 금지하기로 한 음식을 끝까지 거부하지 못한 것이 도덕적 혹은 개인적 결함 때문은 아니다. 우리 모두가 다 그렇다. 미국 매사추세츠 캠브리지에서 섭식장애로부터 회복하는 환자를 돕는 전문 영양사인 마르시 에반스(Marci Evans)는 이렇게 설명한다.

> "우리는 건강에 해로운 음식이라고 말할수록 거기에 대해 더 많이 생각하게 됩니다."[238]

최근에 '나쁜' 음식 목록이 점점 많아지고 있고, 정기적으로 새로운 음식이 추가되고 있다. 글루텐에서 GMO, 호르몬, 붉은 고기가 포함된 식품에 이르기까지 다양한 식품이 있다. 캔이나 종이 상자에 담긴 음식을 먹는 것조차 무책임하다고 생각하는 사람들도 있다! 내 어린 시절에는 상점 선반에 종이 상자에 담긴 음식과 케이크가 가득했다. 내 어머니는 그런 상점에서 천국에 간 것처럼 기뻐했다! 그러나 오늘날에는 이런 편의 식품이 너무 흔해져서 책임감 있는 식습관을 유지하려면 늘 조심해야 한다. 그렇지 않으면 당신은 먹은 것에 대해 사과해야 할 것이다!

책임형은 '잘못된' 음식을 먹는 것을 단순히 가벼운 부주의나 건강에 해로운 것이 아니라 의지력 부족이라고 결론 내린다. 자신을 무책임하다고 낙인찍는 것은 책임형 사람이 받는 최악의 비판이다. 그렇다면 책임감 있는 사람이 가져야 할 현명한 식단은 어떤 것일까? 무엇보다 자기 몸에 더 책임을 질 수 있어야 한다. 다른 사람이 당신 몸에 좋은 '책임감 있는' 칼로리나 음식을 말해준다고 해도, 스스로 몸이 필요로 하는 것에 주의를 기울이면서 자기 몸을 좀 더 존중하라.

결론적으로, 더도 말고 덜도 말고 포만감을 느낄 때까지 먹는 것이 당신이 자신을 신뢰한다는 것을 뇌와 몸에 확신시켜준다. 다이어트에 관해서는 자신의 조언을 따르고 옳다고 생각하는 일을 하라. 여기에는 변명의 여지가 없다!

책임형 성격에 맞는 직업들

✳

"자신이 하는 일에 매우 적합할 뿐만 아니라 자신의 일에 대한 열정을 품은 사람만이 탁월한 결과를 만들어낸다." - 래리 캐시

책임형 성격은 다음에 나열된 직업에서 성공할 가능성이 가장 크다.

책임형에 대한 당신의 점수

이 성격 유형의 점수에 따라 '4C'[상당한(Considerable), 유능한(Competent), 능력을 발휘하는(Capable), 신중해야 할(Cautious)]로 직업적 성공 수준을 해석할 수 있다.

만약 당신의 점수가…

- **70~100 범위라면** 당신은 '상당한' 재능을 가진 것이다. 당신이 이루어 내는 성과는 일관되게 성과 기대치를 초과할 것이고, 이러한 경력에서 당신에게 필적할 만한 또래 그룹은 거의 없을 것으로 예상된다.

- **60~69 범위라면** 당신은 꽤 '유능한' 것이다. 우리는 당신의 성과가 일반적으로 기대치를 초과하고, 다음에 제시한 경력을 택한다면 평균 이상의 결과를 제공할 것으로 예상한다.

- **40~59 범위라면** 당신은 일관되게 '능력을 발휘하는' 사람이다. 다음에 제시한 경력을 택한다면 일관되게 성과 기대치를 충족하거나 능가할 것으로 예상한다.

- **0~39 범위라면** 우리는 당신이 다음의 경력들을 선택하는 데 '신중' 하기를 권고한다. 당신의 성격 유형은 이러한 경력들에서 성공한 다른 사람들과 공통점이 거의 없을 것으로 예상한다.

책임형 성격에 적합한 이상적인 경력

관리
정보기술 담당이사

공학
토목 엔지니어
시스템 엔지니어
화학 엔지니어
전기 엔지니어
신뢰성 엔지니어

기술
기술자 네트워크 시스템 및 통신 플래너
원자력 발전소 현장 운영자
전기/통신 라인 기술자
계측 및 제어 기술자
전자 네트워크 기술자

법
변호사
법률 보조원

운영
제조 시스템 운영자

기계
산업 기계 수리 기술자
정비공
주조 제작자
공구 및 금형 제작자
기계 공학 기술자
전기 장비 기술자

정보 기술
IT 전문가

행정
행정 심리학자
운송 사무원
시스템 및 절차 관리자
회계 사무원
사무실 관리자/개인 비서
약사 보조
데이터베이스 관리자
구매자/입찰 코디네이터
부기계원 (회계 장부 담당자)

개인형 성격 DNA

성격 정의

당신은 독립적으로 자신의 의견을 개진하고 행동하는 사람이다. 개인의 권리 수호를 위하는 옹호자이기도 하다. 개인형 성격은 당신의 도덕적, 정치적 그리고 사회적 관점을 형성하는 근간이다. 당신이 살아온 인생은 자립, 정의, 자유를 말하지 않고는 생각할 수 없기 때문이다.
당신은 개인에 대한 외부의 간섭을 격렬히 반대한다. 그 외부 세력이 정부이든, 다른 어떤 기관이든, 그룹이나 개인이든 상관없다. 당신은 다른 사람이 일방적으로 만들어놓은 명령이나 규범에 무조건 순응하지 말고, 외부의 압력에 용감하게 저항하고 자신의 길을 따르라고 주장한다.

당신의 도전과제 우리의 권익을 보호하는 것

개인형 성격이 특별한 이유

✳

개인형 성격은 순응하는 것만이 능사가 아니라는 점을 우리에게 일깨워준다. 아리스토텔레스는 유명한 저서 『정치학』에서 이렇게 주장했다.

> "인간은 태생적으로 사회적 동물이다. 평범한 삶을 살 수 없거나 그럴 필요가 없을 만큼 자급자족하고 사회 활동에 참여하지 않는 사람은 짐승이거나 신이다."[239]

그렇다면 개인형에서 통계상 많이 나타나는 두 가지 기질인 '공동체'와 '목적'을 잘 생각해보기를 바란다. 이 둘을 정의해보면 이렇다.

- **공동체** - 당신은 누가 강요하지 않아도 공동체가 부여한 의무를 이행하려는 욕구를 가지고 있다. 내가 공동체로부터 받은 만큼 많은 기회를 다시 환원하기 위해 노력하고 있다. 당신에게 자원봉사는 희생이 아니다.

- **목적** - 이 기질은 심오한 목적을 추구하는 영적인 갈망과 관련이 있다. 삶에서 반드시 어떤 의미를 찾아야 한다는 강박감마저 느낀다. 당신의 경력 또한 사회에 막대한 영향력을 끼치면서도 목적을 달성하고, 사는 것에 의미를 찾을 수 있는 수단이 되어야 한다.

앞서 말한 개인형이 갖는 기질 중 어느 것도 아리스토텔레스가 말한 '이기적인 짐승'으로 분류될 만한 것은 없다. 그가 철저한 증거를 거쳐 연구 결과를 도출했다는 가정 하에, 아리스토텔레스는 논리 전개상 개인형은 '신'이어야만 한다는 결론을 내릴 수밖에 없었다는 말인가? 확실히 그는 그 성격을 지켜내야 할 고유함으로 여겼을 것이다!

개인형인 당신은 우리 사회의 반군 세력이다. 자신만의 길을 개척하고 자기 뜻대로 하면서 살아가는 자유로운 영혼의 소유자가 바로 당신이다. 통제를 받거나 제약을 받는 것을 극도로 싫어하는 당신은 무엇보다도 정서적으로 자유로운 것을 중요하게 생각한다.

당신은 공동선을 위해 개인을 희생하고 순응하라는 사회적인 압력을 견뎌낼 용기가 없는 우리 같은 사람들을 옹호하는 십자군이다. 삶의 우선순위는 개인이다. 개인의 자립을 중시하고 권위주의를 극도로 혐오한다. 자신뿐만 아니라 남의 개성을 보호하는 일에도 무척 확고하다! 당신은 개인주의적 문화가 보장받는 곳에서 사는 게 이상적이다.[240] 즉 어느 하나 치우침 없이 개인과 공동체를 중요하게 생각하고 존중해주는 문화가 있는 곳, 모든 사람의 개성이 존중받는 곳, 독립성과 자율성을 중시하고 누구도 따돌림받지 않는 곳에서 살아야 발전할 수 있는 유형이 바로 당신이다.

개인형 성격, 당신은 누구인가

✳

"우매한 일관성이란 옹졸한 마음을 가진 말썽쟁이와 같다."
- 랄프 왈도 에머슨(Ralph Waldo Emerson), 『자기 신뢰』[241]

당신을 가장 잘 나타내는 단어는 '독립적'이다. 자유를 사랑하는 성향이 당신만큼 강한 사람은 드물다. 불필요한 규제, 무의미한 규칙, 경직된 업무 구조가 부차적인 역할을 하는 작업 환경을 찾는 게 좋다. 관리 계층이 평등하고 자율적인 행동을 가치 있게 여기는 곳을 찾아야 한다.

당신은 자신의 판단에 따라 일을 처리하는 걸 선호한다. 당신은 높은 기대와 기준을 고수한다. 사람들이 당신에게 작업을 어떻게 완수할지 알리려 하지 않는 직장을 찾아라. 직위와 기존의 권위는 당신에게 전혀 인상적이지 않다. 비록 다른 사람들에게서 쉽게 영향을 받지는 않지만 당신은 경청하는 사람이다. 본직절로 당신은 독립적인 사고를 한다.

부유함과 그에 따른 개인주의는 종종 이기주의와 혼동된다. 그러나 개인주의는 독립적인 자아의 관점보다 긴밀한 사회적 연결성을 강조하는 집단주의의 반대 개념이다.[242] 본질적으로, 개인주의자는 자신의 가치를 지키기 위해 다른 사람들을 필요로 하지 않는다. 사회적 압박에서 벗어나 자신의 정체성을 발견하고 키워나갈 자유를 추구하는 것이 당신에게 최고의 심리적 성취다. 이것은 곧 자신의 진정한 성격을 극대화하는 것이기도 하다. 또한 당신은 다른 개인들과 공동체에도 동일한 자유를 추구함으로써 이기주의라는 꼬리표를 부정한다.

당신은 많은 사람들이 잘 다니는 길보다는 아직 개척되지 않은 수많은 길이 있고, 모험을 해봐야 한다고 생각하는 사람이다. 물론 다른 사람들이 다니는 잘 닦여진 길을 따라가는 것이 부끄럽다고 생각하는 것은 아니다. 아무도 선택하지 않은 길을 홀로 가더라도 개의치 않는다.

사람들은 당신을 보고 반대로만 하고 영원히 순리대로 살기는 틀린 사람이라고 하지만, 실은 그렇지 않다. 당신이 일부러 반대로 가는 것도 아니고 누군가를 자극하려고 그런 행동을 하는 것이 아니기 때문이다! 참, 당신의 개인형 본성에 대해 놓치면 안 되는 한 가지 사실. 당신은 어떤 일에서 제시된 목표, 입장이나 아이디어가 납득이 되지 않으면 그 일에 몰두하려고 해도 동기부여를 하기가 너무 어렵다. 이런 모습이 완고하고 자존심 있고 자부심이 강하게 비칠 수 있다. 하지만 당신 입장에서는 목표, 아이디어나 일의 전후 맥락을 제대로 이해했다는 확신이 필요한 것뿐이다.[243]

개인형 성격은 우리의 독립적인 리더

✳

개인주의적 성향을 가진 당신이 어떤 길을 택해 리더십 지위를 찾든, 효과적인 리더십은 단순히 리더십 스타일에 관한 게 아니라는 걸 깨달을 것이다. 당신의 리더십 스타일은 개방적이다. 먼저 자신이 어떻게 경영 관리를 받고 싶은지 묻는 것에서 출발하는 것이 가장 좋다. 이 태도는 당신이 팀을 어떻게 이끌고 싶은지를 반영한다.

마찬가지로 당신의 상사가 현명하지 않고 유능하지도 않다면 어떨까? 그런 경우 당신은 '상사가 그렇게 지시했기 때문에' 혹은 그들의 사무실 문에 '매니저'라는 직함이 붙어 있다는 이유만으로 고분고분 지시를 따를 사람이 아니다. 대개 노동조합 지도자와 노동조합 철학에 따라 당신은 모든 직업이 동등한 권리를 가져야 한다고 믿는다. 여기에는 당신에게 직접 보고하는 사람들도 포함된다.

리더의 위치에 있는 개인형의 당신이 따라야 할 다음의 가이드라인을 살펴보자.[244]

- 직원들이 아이디어를 발굴해내고 실행할 수 있는 공간을 제공한다.
- 직원들에게 스스로 해결해야 할 과제와 문제를 제공한다.
- 방해받지 않고 의견을 제시할 수 있는 자유를 허용한다.
- 융통성 없는 규칙을 어기거나 적절한 경우에만 예외 상황을 허용한다.
- 다른 사람들이 각자가 책임지는 영역에서 주도권을 잡게 한다.
- 비록 예상치 못한 변화가 있을지라도 방해받지 않고, 자유롭게 아이디어를 내고 수용하는 근무환경을 만든다.

요약하면 당신은 개인의 권리, 주도권, 독립적인 생각과 대인 관계에서의 존중을 중요시하는 사람이다. 이것이 바로 당신을 보기 드문 탁월한 리더로 만드는 특성이다. 당신은 직원들이 자신들의 양심에 따라 행동하는 자율성을 갖게 하는 데에 중점을 둔다.[245] 개인형 리더로서 당신은 심리적이고, 심지어 정치적인 관점을 중시하는 편이다. 직원들의 능력이 입증될 때까지 그들이 역량을 가졌다고 믿는다. 그렇기에 당신은 직원들이 당연히 독립적으로(적정선을 지키며) 행동하고 생각하고 판단을 내릴 수 있다고 주장한다. 다시 말해 직원들이 적절한 곳에서 자신의 생각을 따를 수 있도록 존중하며 이끈다.[246]

개인형 성격이 가진 최고의 성격 재능

당신의 성공을 결정하는 특성들

직업적 성공은 무엇보다 적절한 위치와 역할에서 당신의 성격의 강점을 얼마나 잘 활용하는가에 달려 있다. 또한 다른 사람들이 더 많이 갖고 있는 보완적인 성격 요소들을 폭넓게 이해해야 한다.

개인형 성격 DNA를 형성하는 특별한 성격 역량은 이렇다.

- **자기 동기부여** – 높은 위험 부담이 따르는 모험을 즐기고 사전 승인이나 요청 없이 시작하는 것을 선호한다. 다른 사람의 지시나 지원을 기다리기보다는 일단 스스로 첫 발을 내딛어보려는 본능적인 욕구와 의지가 있다. 당신 내면에서 모든 성취나 변화가 일어날 것이라고 믿는다.

- **진보성** – 열린 마음으로 새로운 관점도 스스럼없이 포용하고 장점이 있다면 새로운 생각을 수용하기 위해 자신의 의견을 바꾸기도 한다. 당신은 항상 변화와 흥분, 끝없는 모험과 기회들을 제공하는 라이프스타일이 필요한 사람이다. 당신은 직업 안정성을 피하고 오히려 불확실과 도전이 있는 직업을 좋아한다.

- **정치적 요령** – 당신은 정치적으로 영향력 있는 사람들 및 이해관계자들과 협력해야 할 필요성을 제대로 인식하고 있다. 정치적으로 기민한 당신은 영향력을 행사하는 동맹의 중요성도 알고 있다. 다른 이들은 당신을 원만한 사람이며 외교적인 언어를 사용한다고 생각한다. 누군가 당신을 음해하려고 할 때는 당신은 한없이 교활해지고 지략을 만들어내어 무자비해진다.

- **이익 중심** - 당신은 재정적인 성공을 위해 의식적으로 위험 요인을 인식하고, 수익성과 개인의 부를 축적하는 일에 집중한다. '조직 체계'로부터 금전적으로 독립하고 싶어 하기 때문이다. 이익 창출을 할 수 있는 기회를 검토해보는 경우에도 감수해야 할 위험과 요인들을 계산된 수치에 의존한다.

- **회복탄력성** - 당신은 불합리한 일들과 스트레스가 많은 상황에도 신체적으로 무리 없이 견뎌낸다. 오히려 외부로부터의 요구나 압력, 촉박한 데드라인이 있는 상황에도 긍정적인 자세로 잘 헤쳐나간다. 바쁜 와중에라도 긴장을 풀고 쉴 만한 시간을 스스로에게 주는 기술을 연습한다. 이렇게 주어진 순간의 인생을 즐기려고 한다.

- **마음건강** – 당신은 자신의 본질을 정확히 알고자 자기 성찰을 많이 한다. 당신은 흔한 신경증적 증상이 거의 없으며, 비생산적인 자기 비판은 하지 않는다. 자신을 책망하기보다는 무엇이 잘못되었는지 파악하는 데 더 집중한다. 이런 자질 덕분에 당신은 여러 면에서 자신의 가장 친한 친구다.

개인형 성격을 가진 훌륭한 사람들

- **코비 브라이언트(Kobe Bryant)** – 팀워크 능력이 부족하다는 평가를 받는 그는 경기에서 독점하여 플레이하는 것을 좋아한다. 농구 선수로 활동하는 동안 그는 18번의 올스타에 올랐고 NBA 챔피언십에서 5번 우승하면서 그 세대 농구 선수 중에서 가장 위대한 선수라는 명성을 얻었다. 그는 이렇게 말했다.

  "사람으로서 개인으로서 우리는 선택해야 한다. 무언가를 정말 잘하고 싶다면 선택해야 한다. 우리는 모두 자신의 분야에서 대가가 될 수 있지만, 선택을 해야 한다. 그 결정에는 필연적으로 희생이 따른다. 가족과의 시간, 친구들과 어울리는 시간, 좋은 친구, 아들, 조카가 되는 것, 무엇이든 간에 그 결정을 내리면 희생이 따른다."[247]

이 말은 브라이언트의 결단력과 헌신을 보여준다. 그의 성공이 단순한 재능이 아닌 끊임없는 노력과 선택의 결과임을 강조한다. 그의 말은 개인의 성공을 위해서는 개인적인 삶에서 희생이 필요할 수 있다는 걸 상기시킨다.

- **아인 랜드(Ayn Rand)** - 러시아 태생의 미국 소설가이자 철학자이자 극작가로, 그녀는 아마도 가장 널리 알려지고 목소리를 높인 개인형이었을 것이다. 그녀는 '행복을 인생의 도덕적 목적으로 삼고, 생산적인 성취를 가장 고귀한 활동으로 여기며, 이성을 유일한 절대적 가치로 삼는 영웅적 존재로서의 인간의 개념'을 표현했다.[248]

- **토머스 제퍼슨(Thomas Jefferson)** – 1801년도부터 1809년까지 미국의 3대 대통령을 역임한 그는 확실한 개인형이면서 건국의 아버지였다. 그는 이렇게 말했다.

  "미국 정부가 국민들을 보살피는 척하면서 그들의 노동력을 낭비하는 것을 막을 수 있다면 나는 미국 국민에게 미래의 행복이 있을 거라고 말할 수 있다."[249]

- **하워드 휴(Howard Hugh)** – 그는 세계에서 가장 경제적으로 성공한 사람 중 한 명으로 꼽힌다. 비즈니스계의 거물, 투자자, 조종사, 엔지니어, 영화감독 그리고 자선사업가인 그는 이렇게 말했다.

  "모든 사람을 상대로 싸움을 걸어라. 그래야 당신의 행동 반경이 더 넓어진다."[250]

철학자로서의 개인형 성격

✳

"지구상에서 가장 작은 소수는 개인이다. 개인의 권리를 부정하는 사람은 소수자를 옹호한다고 주장할 수 없다." - 아인 랜드[251]

집단주의 사회는 개인이 전체에 소속되는 걸 고정된 사실로 여긴다. 반면 개인주의 사회는 자아를 강조하고, 인간은 근본적으로 긍정적인 자아 감각을 유지하도록 노력해야 한다고 본다. 많은 사람이 자기 밖의 세계를 바라노는 데 노력을 기울이지만, 당신은 자신의 삶을 책임 지는 것에서 시작한다. 그리고 이런 질문을 던진다.

"어떻게 하면 내가 되고 싶은 사람이 되어 주변 세계를 더 잘 통제할 수 있을까?"

개인형은 분리와 독립과 개성을 강조하며, 이것은 모든 사람에게 동일하게 적용한다. 수많은 정치적, 철학적 사조와 운동을 들여다보면, 거기에는 개인형의 경향과 가치들이 녹아 있다. 자유주의, 무정부주의, 이기주의, 실존주의와 인본주의 등이 그렇다. 당연히 개인형은 일터에서 다양성을 포용해야 한다고 말한다. 모든 민족, 문화, 종교, 인종, 국적, 성별과 성적 취향을 존중하고 동등한 권리를 강조하는 것이다.[252]

개인주의 철학들 중에서도 가장 크게 보이는 차이가 바로 개인을 대하는 관점이다. 자신에 대해서만 관심이 있는지, 아니면 모든 개인에 대해 관심이 있는지의 차이다.

어떤 경우든 철학으로서의 개인주의가 집단의 이익에 무조건 반대한다는 뜻은 아니다. 다만 주어진 상황에서 지금 협력과 조정이 실질적으로 가치 있는 목표인지를 판단하는 것은 개인의 선택이어야 한다는 것이다.[253] '공공선'을 위해서라는 명목으로 지시하려 할 때에도 진정한 목표를 결정할 수 있는 것은 오직 개인이다.

자연주의 철학자이자 비폭력 저항 운동에 영향을 끼친 헨리 데이비드 소로(Henry

David Thoreau), 흑인 여성 문학의 이정표를 세운 작가이자 민권운동가인 마야 안젤로우(Maya Angelou), 사회적 억압과 관습에 반기를 드는 강렬한 시로 자유와 반체제 정신을 대변한 미국 비트 세대의 상징적인 시인 앨런 긴스버그(Allen Ginsberg), 여성의 권리, 노동자 운동, 평화주의, 성 해방 등 여러 급진적 운동을 이끈 사회운동가이자 작가인 엠마 골드먼(Emma Goldman), 현대 자유시의 아버지로 불리는 월트 휘트먼(Walt Whitman)까지 이들은 모두 이기심을 지지할 필요 없이 개인의 자유를 주장했다. 이들은 다양한 해방 노력을 통해 사람들에게 자유를 가져다주었다. 이 저명한 철학자들은 '살아라, 그리고 살게 하라'는 태도를 옹호하며, 다른 생명체들과의 조화를 중요하게 여겼다.[254] 이들의 소수자 옹호는 모든 사람의 개성이 동등하게 중요하다는 개인주의를 구현하며, 여기에는 집단에 순응하는 개인주의도 포함된다. 결국 선택은 본인의 몫이다. 오스카 와일드의 표현을 빌리면 이렇다.[255]

> "사회는 정신적인 관념으로써만 존재한다. 현실 세계에는 오직 개인만이 있다."

요컨대, 개인형인 당신은 다수가 소수나 한 개인에게 의견을 강요할 권리는 없다고 생각한다.

개인주의 철학은 다음과 같은 특성을 가진다.

- 개인의 권리가 중심이다.
- 독립성은 매우 가치 있다.
- 타인에게 의존하는 건 때로 부끄러울 수 있다.
- 사람은 자립하는 게 좋다.
- 개인의 권리가 우선이다.[256]

개인주의 철학은 다른 사람의 도움을 구하기 전에 독립적으로 문제를 해결하거나 목표를 달성할 수 있어야 한다고 강조한다. 실제로 당신은 좌절을 겪고 곤경에서 스스로의 노력으로 벗어난 사람들을 존중한다.[257]

개인형 성격이 관계에서 기대하는 것

✳

사람들은 종종 자신이 가치 있는 존재로 여겨지기 위해서는 자신(내면의 관계)보다 더 큰 무언가의 일부가 되어야 한다고 믿는다. 혹은 커플이 되면 개인을 넘어, 단순히 두 사람을 합한 것 이상의 의미가 된다고 생각한다. 결혼한 한쪽 파트너만을 어떤 행사에 초대하는 건 예의에 어긋난다는 일반적인 생각이 이러한 경향을 반영한다.

하지만 개인형은 두 사람 모두가 자율성과 독립성을 유지하는 걸 중요시한다.[258] 이는 진정한 자아에 대한 감각을 유지하는 데 중요할뿐더러 어떤 관계에서도 두 사람에게 더 다양한 경험을 창출하는 데 도움이 된다고 생각한다. 친구와의 관계에서도, 직장 동료와의 관계에서도, 결혼한 관계에서도 마찬가지다.

물론 소중한 사람과 많은 것을 공유하고 싶어하는 것은 자연스러운 일이다. 하지만 독립적이라는 건 자기 자신을 위한 부분을 유지하는 것이다. 개인형은 자신만의 공간과 시간이 필요한 사람이다.[259] 이것이 종종 독특한 관심사에 탐닉하는 취미를 갖는 이유이기도 하다. 당신은 파트너에게도 당신과 함께 있지 않아도 자신을 표현할 방법을 찾아보라고 적극 권유할 것이다.[260]

"옆에 없으면 더 애틋해진다"는 말처럼 며칠이나 일주일쯤 떨어져 있으면 인생에서 특별한 사람과 함께 있고 싶은 마음이 생길 것이다. 혼자만의 시간을 갖는 것은 관계에서 새로운 시야를 갖게 할 뿐만 아니라 상대방의 동행을 더 매력적으로 만들어준다.[261]

"나도 가도 될까?"라는 말을 당신은 자주 하지 않는다. 독립적이 된다는 것의 핵심은 상대방의 '아니'라는 말을 거절이 아니라 그냥 대답으로 받아들이는 것이다. 또 개인형에게 '독립적'이라는 말은 타인의 동행을 우아하게 거절할 수도 있고 받아들일 수도 있다는 것이다.[262]

개인형인 당신에게 독립성은 다른 누군가가 강요한 것이 아니라, 자신이 누구이고 무엇인지를 인식하는 일이다. 같은 이유로 당신은 파트너를 있는 그대로 사랑한다. 당신은 필요할 때는 스스로 일어설 준비가 되어 있다. 셰익스피어는 당신에게 이것을 모토로 삼으라고 격려한다.

"무엇보다도 자기 자신에게 진실하라."[263]

당신은 종종 다른 사람들과 다르다고 느끼고, 혼자만의 시간을 필요로 한다. 그러나 당신이 다른 사람들보다 유달리 혼자 있고 싶어 하는 것은 아니다. 당신 안에는 낭만적인 면도 있어서, 누군가 당신의 삶에 들어와 당신이 비밀스럽게 길러온 자아를 이해하고 소중히 여겨주기를 원한다.[264]

개인형 성격의 관계궁합을 찾아서

✳

12DNA의 이론은 자신의 성격 유형을 이해하는 것이 성공적인 관계를 구축하기 위한 첫걸음이라는 것이다. 이 지식은 당신이 정보에 기반한 선택을 하고, 인간 관계의 복잡성을 잘 헤쳐 나가도록 도울 수 있다.

성공적 관계 찾기의 핵심 요소는 성격 유형의 상호작용이 될 것이다. 상호 일치 이론은 기업 문화나 팀, 개인 간 안정성이 그들 간 공통점 정도에 따라 결정된다고 주장한다. 하지만 '사랑', '썸' 및 '외적 매력'의 신비는 여전히 과학적 규명이 완전하지 않은 상태라고 할 수 있다.

개인형 성격을 가진 사람과 함께 살고 긴밀히 협력하는 것은 어려울 수 있다고 생각할 수도 있지만, 사회적으로 의존적이거나 거절에 대한 두려움이 있는 감정적으로 의존적인 사람이 아닌 이상, 일반적으로 그렇지 않다. 대체로 개인형은 놀라울 정도로 잘 어울린다. 그들은 "당신은 당신의 길을 가고, 나는 나의 길을 간다. 그리고 우리가 만날 때, 우리 둘만의 특별한 시간을 가지는 것이 얼마나 멋진 일인가!"라는 방식에 편안함을 느낀다. 이타개인형, 개인예술형, 개인발명형, 통찰개인형, 사교개인형, 기회개인형, 분석개인형, 통합개인형과 같은 개인형 하이브리드 유형들은 서로 잘 어울린다.

사회적 반항아와 소통하기

✳

개인형과의 의사소통은 순응주의자와의 의사소통과는 사뭇 다르다. 개인형은 직설적인 것을 선호한다. 일단 투명하고 간단명료하기를 기대한다. 개인형의 의사소통 스타일은 '저맥락 의사소통 스타일'이라고도 불린다.[265] 이러한 의사소통 방식은 맥락이나 행간을 읽어주기를 기대함으로써 발생하는 오해나 편견을 피할 수 있다.

대신 당신은 말을 있는 그대로 듣고, 의미하는 바를 명확히 말하는 걸 선호한다. 당신과 상호 작용하는 사람들이 분명하고 명확하게 말하기를 원한다. 당신은 함께 일하거나 놀거나 생활하는 사람들이 필요할 때마다 자기 주장을 펼치도록 격려한다. 당신에게 의사소통이란 생각하는 방법이다. 의사소통의 목적에만 집중할 뿐 소통하는 개인들 간의 관계에는 초점을 맞추지 않는다. 따라서 개인주의적 의사소통은 집단주의 문화에서의 의사소통보다 더 개방적이고 자유롭다.

많은 연구결과를 보면 개인형은 직접적인 소통을 선호한다. 반면 순응주의자들은 간접적인 방식을 선호하는데, 특히 위협을 받는 상황에서는 더욱 그렇다. 직접적인 소통은 논리적 관점, 직접 진술, 표현력을 포함해 전체적인 의미를 갖는 메시지를 전달한다.[266] 당신 성격에는 직접적인 화법이 간결하고 명확하기 때문에 여러모로 효율적이다. 앞에서 이야기한대로 직접 메시지는 저맥락 의사소통방식을 사용하기 때문에 의미가 분명하다.

이런 소통을 선호하고 높게 평가하는 당신 같은 사람이 있는 반면, 이런 소통방식을 전략적으로 구사하면 사회적으로 아슬아슬한 부분이 있다고 보는 사람들도 있다. 왜 그럴까? 재치 있고 신중하지 않으면 이런 소통 방식이 인간관계를 해칠 가능성도 있기 때문이다. 하지만 개인형인 사람들은 기본적으로 다른 사람의 생각에 개의치 않으면서 관계들을 맺고 유지하는 편이라, 직설적인 주장을 하더라도 스스로 책임을 질 각오도 되어 있다.

개인형은 의사소통을 할 때 조화로운 관계보다 자아가 더 중요하다. 순응적인 성격은 자기 이익보다는 집단의 조화를 더 중시한다.[267] 개인형 성격 탓에 당신은 다른 사람과 더욱 분리된 느낌을 받기도 한다. 늘 자기에게만 집중하는 사람이니까 말이다. 때때로 좌절감을 느낄 때면 사회적 관계 속으로 들어가려고 한다. 그렇기에 상사, 배우자 혹은 동료와 갈등이 있을 때도 요령 없이 눈치 없는 의사소통을 하려는 경우가 있으므로 주의해야 한다.

개인형 성격의 건강 관리

✳

행동 면역 체계와 생리적 면역 체계 사이의 상호 작용은 집단주의와 개인주의의 차이를 연구하는 데 풍부한 토대를 제공한다. 연구진들은[268] 집단주의 사회에서 역사적으로 기생충이나 전염병의 발생률이 높았다는 걸 발견했다. 이는 때때로 부족이나 사회의 실패를 초래했다. 반대로 개인주의가 지배적인 모델이 되어도, 그것이 주변 사람들의 건강에 영향을 미칠 수 있다.[269]

개인주의 철학을 협소하거나 맹목적으로, 정치적 권리의 관점에서만 적용해서 사람들이 저마다 감당할 수 있는 의료 서비스에만 합법적인 권리를 가진다고 여겨질 때, '손을 벌리는 것'은 눈살을 찌푸리게 만든다. 그러나 '집단 면역'의 개념을 생각해보자. 코로나19나 홍역에 대한 개별 예방접종을 받으면, 그 사람뿐만 아니라 감염될 위험이 있는 사람들과 전체 공동체를 보호하게 된다. 이런 서비스는 개인과 공동체 모두에게 유익하다. 개인과 공동체는 그냥 우연히 얽혀 있는 게 아니기 때문이다.[270]

심리적 성향이 개인의 건강에 직접적 또는 간접적으로 어떻게 영향을 미칠까? 이 질문에 대해 결론을 명확하게 보여주는 방대한 데이터가 있다. 삶에서 탄탄하고 다양한 사회적 관계는 개인의 건강과 웰빙에 직접적인 영향을 끼친다. 긍정적이고 적극적인 사회적 관계라면 질병에 걸릴 위험도 감소한다. 질병에 걸리거나 수술을 한 후에도 회복이 더 빠르다. 신체 활동도 더 빨라지며 수명도 더 길어진다. 비만, 흡연, 고혈압의 감소는 말할 것도 없다.[271]

신뢰하는 소수의 친구에게만 선택적으로 마음을 열고 때대로 반사회적 입장을 취하는 것은 가장 친한 친구나 동료와 대립하게 만들 수 있다. 이는 종종 당신을 우울하게 하거나 기분이 가라앉게 만들기도 한다. 낮은 사회적 지원과 대조적으로, 당신이 보통 피하는 높은 수준의 사회적 참여는 정신적, 육체적 질병을 완화하는 것으로 보인다.[272]

건강하고 행복한 상태를 유지하려면 스스로에게 솔직해야 한다. 자신의 감정을 인정하고 내적 동기, 모순, 감정적인 충돌을 부정하지 않고 직시해야 한다. 항상 좋을 수는 없겠지만, 그래도 솔직히 직시하는 것을 두려워하지 말아야 한다. 건강한 개인형은 자기에 대해 사적이기도 하고 부끄러울 수 있는 일도 기꺼이 밝힌다. 왜 그럴까? 바로 자신의 경험에서 깨닫는 진실을 마주 대하기로 결심했기 때문이다. 잔인하리만큼 솔직한 이 과정은 자신이 누구인지 알기 위해 필요한 것이다. 이런 과정을 통해 다른 성격 유형이라면 압도당할 고통스러운 내적 경험도 수월하게 받아들일 수 있다.[273]

개인형 성격을 위한 식단

개인형이 '평균'을 아예 따르지 않거나 거의 따르지 않다고 말하는 것은 그나마 절제해서 표현한 것이다. 당신은 영양과 식이 요구사항과 관련해 매일 비타민이나 미네랄 보충제 혹은 칼로리 섭취의 '평균' 양을 정해놓은 '평균적인' 요구사항을 무시한다.

인간은 저마다 다른 영양과 칼로리 섭취 요구량을 가지고 있다. 어떤 사람에게는 적절한 아연 복용량이 당신에게는 맞지 않거나 과다 복용이 될 수 있다. 열량 섭취도 마찬가지다.[274] 신진대사, 에너지 섭취 및 소비, 영양소 흡수 능력이 다 다르기 때문에 건강상 적정치가 무엇인지 평균 수치를 계산하는 것은 무의미하다. 자신에게 적합한 식이, 영양 및 칼로리를 알 수 있는 합리적인 방법은 무엇일까? 일반적인 범위 내에서 실험해보고 모니터링한 다음 자신에게 가장 맞는 것을 결정하면 된다.[275]

이것은 식습관과 개인 식단에 대한 철학과도 관련이 있다. 우리 대부분은 성인이 되면서 좋든 나쁘든 무의식적으로 나름의 식습관을 형성해간다. 무의식일 수도 있지만 그게 자신의 신체적, 심리적 웰빙에 맞기 때문이다. 결혼 생활을 시작한 사람들은 종종 각자 선호하는 음식을 결합해보려고 한다. 사람들은 배우자와 조화를 이루기 위해 배우자에게 맞춰주어야 한다고 잘못 믿고 있다. 당신과 같은 개인형 파트너라면 식습관이 더욱 맞지 않을 수 있다.[276] 당신은 불규칙한 시간에 다양한 음식을 먹으려 할 것이고, 배우자는 배우자대로 다른 식단을 선호할 것이다. 쉽게 말하면, 당신이 고기와 으깬 감자를 먹는 동안 당신의 배우자는 닭가슴살 샐러드를 먹을 것이다.

한 명은 비건 또는 채식주의자의 식단을 선호하고 다른 한 명은 육류 위주의 식단을 선호할 때 한 명의 음식 패턴과 철학에 맞춰버리면, 문제가 된다. 상대방의 식단을 수용하는 사람은 건강이 악화된다! 우리 모두가 같은 양이나 종류의 음식을 필요로 하는 건 아니기 때문이다. 이른바 '건강식'이 모두에게 필요한 것도 아니다. 이것은 새로운 사실도 아니다. 이스라엘 민족이 광야를 방랑할 때 여호와가 양식을 내려주면서 "각자가 필요하고 먹을 만큼만 거두라"고 명령했다.[277]

개인형 성격에 맞는 직업들

"자신이 하는 일에 매우 적합할 뿐만 아니라 자신의 일에 대한 열정을 품은 사람만이 탁월한 결과를 만들어낸다." - 래리 캐시

개인형 성격은 다음에 나열된 직업에서 성공할 가능성이 가장 크다.

개인형에 대한 당신의 점수

이 성격 유형의 점수에 따라 '4C'[상당한(Considerable), 유능한(Competent), 능력을 발휘하는(Capable), 신중해야 할(Cautious)]로 직업적 성공 수준을 해석할 수 있다.

만약 당신의 점수가…

- **70~100 범위라면** 당신은 '상당한' 재능을 가진 것이다. 당신이 이루어 내는 성과는 일관되게 성과 기대치를 초과할 것이고, 이러한 경력에서 당신에게 필적할 만한 또래 그룹은 거의 없을 것으로 예상된다.

- **60~69 범위라면** 당신은 꽤 '유능한' 것이다. 우리는 당신의 성과가 일반적으로 기대치를 초과하고, 다음에 제시한 경력을 택한다면 평균 이상의 결과를 제공할 것으로 예상한다.

- **40~59 범위라면** 당신은 일관되게 '능력을 발휘하는' 사람이다. 다음에 제시한 경력을 택한다면 일관되게 성과 기대치를 충족하거나 능가할 것으로 예상한다.

- **0~39 범위라면** 우리는 당신이 다음의 경력들을 선택하는 데 '신중' 하기를 권고한다. 당신의 성격 유형은 이러한 경력들에서 성공한 다른 사람들과 공통점이 거의 없을 것으로 예상한다.

개인형 성격에 적합한 이상적인 경력

사회 과학
범죄학자
보호관찰/가석방 담당관
행정공무원

영업 및 마케팅
생명 공학 영업 대표
병원 영업 담당자
광고 영업 매니저
부동산 영업 대리인

금융
헤지펀드 매니저
합병 및 인수 전문가
경제정책 및 연구 소장

인사
최고 학습 책임자/CLO
인사계획 및 채용 매니저
인력 다양성 사업부 매니저
인사 컨설턴트

법과 정치
정치인
노동 변호사
형사 변호사

예술
아트 큐레이터

컨설팅
대형 컨설팅 회사 컨설턴트
컨설팅 회사 COO/매니징 디렉터
비즈니스 개발 컨설턴트
정부 관계 컨설턴트

종교
종교인

소매
소매 구매자

예술형 성격 DNA

성격 정의

당신이 가진 혁신적인 마인드는
환경에 민감한 당신의 모습과 예술형 성격을 반영한다.
거의 모든 형태로 예술적이고 독창적인 표현을 통해
당신의 타고난 창조성을 표현한다.
모든 상황에서 독특한 관점과
다른 사람은 미처 생각하지 못한 방법으로 관찰하며,
아이디어와 자료를 처리하고 변형하는 능력이 탁월하다.

당신의 도전과제 세상을 아름답게 만드는 것

예술형 성격이 특별한 이유

예술형 성격은 독창적인 표현을 통해 새로운 수준의 혁신을 가져온다
의견을 바꾸고 가치관을 심어주며 시공간을 넘어 경험을 만들어내는 것은 바로 당신이 가진 상상력이다. 그 상상력으로 만들어내는 그림, 조각, 음악, 문학을 비롯한 예술적인 작품 및 창작물은 우리 사회 전체를 저장하는 집단 저장소와 같다.
작가, 화가, 연예인, 작곡가 등 예술형 성격의 가치는 바로 아직 새롭고 표현되지 않은 다른 세계를 인식하는 방식에 있다. 우리가 꾸는 꿈들을 세상에서 실현할 방법을 찾아내는 사람이 바로 당신이다. 화가 미켈란젤로는 이렇게 말했다.

> "나는 대리석 안에 숨겨진 천사를 찾아내어 그를 자유롭게 할 때까지 돌을 깎고 조각한다"[278]

당신은 꿈이 실현되는 순간까지 꿈을 놓지 않는다. 과학자 아인슈타인의 관점에서도 "진정한 예술은 독창적인 예술가들의 숨길 수 없는 끼로 드러나는 것이다."[279] 수세기에 걸쳐 가상 및 증강 현실을 만들어내는 능력을 소유했으며, 대안을 제시하고 이전에는 생각지도 못한 장소, 시간과 사물들을 완벽하게 상상해냈다. 여기에는 발달된 기술력이나 인공지능이 필요하지 않다. 주변 환경 속에서 인식하고 감지한 것을 확장된 수준으로 만들어내는 능력이 예술형을 특별하게 만든다.
당신은 인간이 도무지 말로 표현할 수 없었던 것들을 예술이라는 매개체를 만들어 경험할 수 있게 해주었다. 사랑, 믿음, 희망, 두려움, 아름다움, 흥분과 같이 추상적인 개념이 눈에 보이는 것으로 표현되어 나타난 것도 당신이 창조해낸 창작물 덕분이다.[280]
이토록 중요한 의미가 있지만, 우리 같은 사람들은 단어, 이미지, 소리로 무엇인가를 완벽하게 표현해내는 당신만이 가진 능력을 흉내 낼 수 없다. 여기에서 바로 당신의 특별함이 나타난다. 당신은 모든 것을 다르게 생각하고 현실을 이해하는 다른 방식을 별로 힘들이지 않고 즐기면서 하기 때문이다. 당신과 같은 유형의 사람이 없었다면 인류의 문명은 활자 언어, 예술, 음악이나 스토리텔링을 발전시키지 못했을 것이다.

당신의 가치는 영화, 텔레비전, 드라마, 예술로써의 컴퓨터 게임 등 창조 산업을 통해 우리 경제에 영향을 미친다. 우리 삶에서 눈으로 즐길 수 있고, 박물관에 공동의 기억들을 보관하고, 마음을 움직이는 음악을 듣고, 다양한 민족이 보여주는 전통 예술을 더 이상 누릴 수 없다고 상상해보라. 감정을 이입할 수 있는 연극을 더 이상 볼 수 없게 되고, 표현력이 풍부한 춤, 영감을 주는 영화, 언제든 가지고 다닐 수 있는 책, 안식처와 같은 도서관을 더 이상 가질 수 없을 것이다.

그렇게 되면 우리에게 남는 것은 무엇일까? 다채로운 색깔과 말로 표현하기 힘든 아름다움이나 의미가 사라지고, 단조롭고 공허함만이 가득 찬 사회를 살게 될 것이다.[281] 영웅의 여정(The Hero's Journey) 개념으로 유명한 미국의 신화학자이자 작가 겸 교수인 조셉 캠벨(Joseph Campbell)[282]은 예술 작품을 경험하는 것은 불교도들이 추구하는 경지에 이르게 할 만큼 잠재성을 가지고 있다고 말했다. 다시 말해, 우리의 뇌에서 재잘거림이 멈추는 고요한 바로 그 순간, 우리는 귀한 득도의 경지에 도달하는 것이다. 그랜드 캐니언이 그 장엄한 아름다움으로 우리의 숨을 멎게 하는 것처럼 말이다.

예술형 성격, 당신은 누구인가

❋

예술가가 아이디어를 구상하고 상상으로 가득한 창작물을 통해 소통하는 방식은 매력적이다. 작곡가는 특별한 감성을 이끌어내기 위해 음악을 만들고, 작품이나 섹션의 맥락에 따라 지적인 아이디어를 발전시킨다. 무용 안무가는 특정 동작을 만들고 작품 또는 팀의 맥락에서 프레임화하여 설득력 있는 지적, 감정적 융합을 창조해낸다.
– 「MOMo」, 예술과 문화에 대한 특징과 관점[283]

예술형은 선천적으로 평범함을 뛰어 넘어 독창적이고 혁신적이며 유연한 사고를 하는 능력을 가지고 있다. 당신의 마음에 그려진 지도에는 단어, 테마, 소리, 이미지, 생각, 움직임이 서로 연결되어 있어 당신만의 시각적 표현이자 화폭이자 사운드보드 혹은 도표가 되어준다.[284] 모든 것을 아우르는 예술형도 있을 수 있다. 이런 유형의 사람들이 초상화에서 추상화가, 컨트리부터 랩 음악, 공포물에서 로맨스 소설작가, 일러스트레이터, 광고 크리에이티브 디렉터, 시인, 배우 등 실로 다양한 분야에 종사하고 있다는 점을 고려하면 더욱 그렇다.[285]

당신이 보여주는 매우 인상적인 특성들 중에서 나를 끊임없이 놀라게 만드는 재능은 실제 상황을 간단한 설명만 듣고도 디테일하게 표현해내는 재능이다. 또 당신은 시각적으로 그림이 그려질 만큼, 다양한 언어적인 표현을 유창하게 하는 타고난 능력을 가지고 있다. 이것이야말로 독창성의 핵심이며, 참신하고 예상치 못하고 특이한 것을 발굴해내는 당신만의 능력이다. 우리는 분명한 것을 볼 수 있는 능력만으로도 자부심을 느끼지만, 당신은 이미 익숙해서 자명한 사실 이상의 것을 보는 재능이 있다!

예술형 성격은 우리의 혁신적 리더

✳

리더십은 예술에서도 낯선 이야기는 아니다. 수많은 사회 운동에서 예술가들이 눈에 띄는 리더십을 보여주었다. 창의성과 비판적인 사고능력의 배양은 모든 리더에게 요구되는 필수적인 자질이다. 리더십의 범주에 겨우 비집고 들어온 예술가들은 역사를 지나오면서 사회변혁을 주도해왔다. 예를 들어 록밴드의 U2의 리더 보노(Bono)는 엄청난 인기를 누리면서 다보스 포럼을 빈곤 퇴치를 위한 ONE 캠페인을 홍보하는 무대로 사용했다. 이는 300억 달러 이상의 기금을 확보하는 데 도움이 되기도 했다. 가수 엘튼 존(Elton John)은 에이즈의 피해를 입은 사람을 지원하는 일에 놀라운 리더십을 발휘했다. 기후 위기에 대한 옹호 활동을 펼친 배우 레오나르도 디카프리오(Leonardo

DiCaprio)도 칭찬할 만하다.[286]

효과적인 예술형 리더십은 일반적으로 통용되는 기술과 성격의 조합에 달려 있다. 그중에서 상상력을 가진 리더로서 가장 소중히 여기는 역량은 다양한 문제에 창의적인 해결 방안을 제시하는 능력이다.[287]

팀을 이끌고 발전시켜 나가면서 혁신적인 방법을 찾고 예상치 못한 곳에서 숨겨진 인재를 발굴해내며 조직의 먼 미래까지 그려내는 능력을 가진 사람이 당신이다. 예술가로서 당신은 기계정비사가 바라보는 것과는 사뭇 다른 마음가짐으로 작품을 대한다. 예술가는 무한한 가능성을 찾아내지만, 기계정비사는 고쳐야 할 문제점을 본다. 예술가에게는 비전이 있고, 기계정비사에게는 직업만이 있다. 하지만 리더로서의 역할을 수행하다 보면 가끔 당신도 '기계정비사'의 역할 속으로 던져질 때가 있다. 주변 사람들이 당신에게 처리해야 할 문제, 갖가지 해야 할 일, 결정이 시급한 일, 해결해야 할 딜레마 거리를 가져다주기 때문이다.

예술형 리더인 당신은 자신의 역할에 다른 방식으로 접근한다. 당신을 '예술가로서의 리더' 모드에 놓고, 당신이 '창조해야 할 것'이 무엇인지 질문한다. 놀라운 비전, 계획과 목적과 함께 생각하는 문화, 가치, 팀 요소들을 동일선상에 놓는다.

당신은 언제나 가능성과 그것이 가져다주는 힘에 열려 있다. 환경에 지배를 받는 희생양이 되기보다는 가치 있는 것을 창조하기 위해 주인의식을 갖고 책임을 떠안는다. 예술형 마인드에서는 당신 자신이 창의적인 추종자들의 개발자라는 신념이 제일 중요하다. 이런 신념은 당신이 이끌고 있는 사람들에게 숨어 있는 놀라운 상상력을 발굴해내 활용하겠다는 집념에서 시작된다. 당신만이 창의적이고 그들은 당신의 능력을 구현해내는 사람일 뿐이라는 편협한 생각을 하지 않기 때문이다.

예술형 성격이 가진 최고의 성격 재능

※

당신의 성공을 결정하는 특성들
직업적 성공은 무엇보다 적절한 위치와 역할에서 당신의 성격의 강점을 얼마나 잘 활용하는가에 달려 있다. 또한 다른 사람들이 더 많이 갖고 있는 보완적인 성격 요소들을 폭넓게 이해해야 한다.
당신의 예술형 성격을 만들어내는 놀라운 성격 역량은 다음과 같다.

- **창의적 통찰력** - 당신은 폭넓게 확장하여 사고하고 참신한 아이디어들을 독특하게 조합해 혁신적인 방안으로 만들어내는 타의 추종을 불허하는 능력을 가지고 있다. 불확실한 상황을 잘 견뎌내고 눈앞에 보이는 거의 모든 상황에 적응한다.

- **이론적 통찰력** – 당신은 추상적이고 광범위한 개념을 잘 이해하는 능력이 있고, 사물의 이면에 있는 '이유'를 찾아내려는 호기심이 왕성하다. 문제나 위기, 대화에 있어서도 큰 그림을 그려서 설명할 줄 알고 새로운 것들을 시도해 보려는 순수한 열망이 강하다.

- **통찰력 있는 의사소통** - 설득력 있게 의견을 나누고 간결하게 권고할 내용을 설명할 수 있다. 당신은 의사소통을 하고 문제를 해결하는 데에는 언어적 외교 감각뿐만 아니라 수려한 세련미와 어휘도 필요하다고 생각한다.

- **유머 감각** – 당신은 사람들이 편안히 즐길만한 분위기를 주도하면서도 적정선을 지킬 줄 아는 유머 감각이 있는 사람이다. 인생에서 유머를 찾으려고 하고 순간순간의 기쁨을 표현하는 것을 좋아한다.

- **사회적 영향력** - 당신은 의도적으로 사회적 영향력이 있는 예술작품을 통해 다른 사람들을 지시하고 영향을 미칠 기회를 찾는다. 불가항력적인 존재감, 당신의 재능에 대한 믿음, 예술적 표현을 엮어내는 능력으로 우리의 관심을 이끌어내면서 자신의 견해를 극적으로 표현하는 당신은 주변 사람들은 물론 당신의 예술을 경험하는 사람들에게 영감을 불러일으킨다.

- **고귀한 원칙** – 당신은 개인적으로나 정서적으로 높은 수준의 성숙함을 유지한다. 대인 관계에서도 신의를 지키고 책임을 다한다. 신념을 끝까지 지켜내는 용기가 있고, 훌륭한 규칙들을 따르는 일에는 결코 흔들리는 법이 없다.

예술형 성격을 가진 훌륭한 사람들

✺

- **월트 디즈니** - 이 혁신적인 애니메이터는 할리우드에 '상상력'을 불어넣었으며 미키 마우스를 포함하여 대중이 사랑하는 수많은 만화 캐릭터를 만들어냈다. 그는 평생 아카데미상을 22번 수상했다. 전 세계가 대공황으로 침체된 상황에서, 최초의 장편 애니메이션 영화 「백설공주와 일곱 난쟁이」로 149만 9천 달러라는 믿기 힘든 수익을 냈고, 이 영화는 아카데미상의 8개 부문을 석권했다.[288]

- **제인 오스틴** - 그녀의 작품은 18세기 사회 감성을 반영하는 소설들에 해독제 역할을 했으며, 19세기 문학사조에서 현실주의 사조를 형성했다. 『센스 앤 센서빌리티 (1811)』, 『오만과 편견(1813)』, 『맨스필드 공원(1814)』, 『엠마(1816)』 등에는 그녀의 냉소적인 어조, 유머, 사회적 논평이 잘 담겨 있다.[289]

- **필립 코틀러(Philip Kotler)** - 종종 '마케팅의 아버지' 라고 불리는 저자이자, 컨설

턴트인 미국 노스웨스턴 대학 켈로그 경영대학원의 국제 마케팅 특훈 교수는 소셜 마케팅 분야가 생성되는 데 기여했다. 그는 최근 경제적 정의와 자본주의의 허상에 대해 연구했다.[290]

예술형 성격의 철학과 가치

어른이 된 후에는 세상을 향해 열린 마음과 초롱초롱한 시선을 유지하기가 어렵다는 말은 예술가의 역할이 그만큼 중요하다는 뜻이다. 독창적인 사람은 사회적 공감의 보루이자 새로운 시각을 선전하는 사람이기도 하다. 창의적인 공감 능력은 실제로 활용할 수 있는 필수적인 예술적, 사회적, 정치적 기술이다. 우리의 미래는 적응성과 협력적 사고를 표현하는 법을 배운 사람들이 만들어 나갈 것이다. - 폴라 크라운(Paula Crown), 일리노이주 시카고에 거주하며 작업 중인 멀티미디어 아티스트[291]

어떤 개인들에게 매체는 곧 메시지다. 당신의 창조적인 표현이 다른 사람의 그것과 다른 점은 무엇인가? 삶을 새롭게 그려 사람들이 한층 깊은 사고를 하고 발전하게 하며, 궁극에는 당신의 상상력으로 가득한 관점이나 지식과 철학을 전달하는 것이 바로 예술 철학자로서의 역할이다.

시대를 지나면서 음악과 글부터 춤과 철학에 이르기까지 모든 형태의 예술은 무형 혹은 심지어 숭고한 것을 표현해내는 채널 역할을 해왔다. 대부분이 자신의 말로 풀어내고 이해하는 것도 어렵다고 생각하는 이러한 것들, 우리는 창조하리라 바랄 수 없지만 예술가인 당신은 할 수 있다.

시, 노래, 춤, 그림, 토템 기둥, 건축학적으로 아름다운 건물을 당신의 상상력과 혁신을 통해 엮어낸다. 그 예술적 요소에 더해 당신의 내면에 있는 지혜와 통찰력을 끌어내어 메시지를 담는다. 당신은 보이지 않는 것을 보이는 것으로, 지금까지 상상할 수 없거나 존재하지 않았던 것을 우리가 보고 듣고 맛보고 느낄 수 있는 예술 작품으로 바꾸어낸다. 이런 면에서 당신이 가진 상상력이 풍부한 창의성은 철학과 본질적으로 연관성이 있으며, 미덕, 아름다움, 조화 및 통합이라는 추상적인 개념을 표출해낸다.

당신은 평범한 생각의 필터 없이 외부의 것을 있는 그대로 보기 때문에 정치, 경제 및 사회 시스템에 대해 신중한 비판을 함으로써 인류가 주변의 삶에 의미 있는 참여를 하도록 도와준다. (우리가 잠시 멈춰서 장미의 향기를 맡을 수 있게 해준다.) 당신이 만들어낸 최고의 창조물은 우리 주변 세계를 새로운 시각으로 바라볼 수 있도록 새롭게 개념화한 것이다. 우리가 온전히 느끼고 보고 듣고, 더 다양한 무언가가 될 수 있도록 자극해준다. 역사적으로 보면 자극적인 느낌, 감정, 정서 및 태도의 표현으로써 예술의 개념은 중요하게 인식되어왔다. 당신이 표현해내는 예술에는 자신의 감정과 애환이 고스란히 담겨 있기 때문이다.[292]

그러나 당신은 자주 논란의 대상이 되는 인물이 되기도 한다. 그로 인해 당신이 추구하는 예술에 대해 어떤 철학적인 편견을 만들어내기도 한다. 물론 당신은 이미 이에 대해 잘 알고 있다. 무엇보다도 당신이 관습과 전통이라는 실제적인 힘과 상대하려 한다면 더욱 그럴 것이다. 사람들은 말로는 독창성을 존중하고, 예술이 바람직한 변화의 주축이 된다고 하지만, 실제로는 창의적인 아이디어에 거부반응을 보이는 경우가 많다. 당신의 작품을 탐탁지 않게 생각하거나 받아들이기 불편하면 바로 암묵적인 편견의 태도를 보인다. 이것은 결국 독창성과 상징 파괴에 대한 두려움이나 불확실한 것에 반감을 갖는 모습을 띤다.

예술형 성격의 대인관계

✳

예술가들은 대개 몇 가지의 공통점이 있다. 당신처럼 예술형 성격은 말 그대로 상상력과 창의적인 충동으로 가득 차 있다. 연인관계에서든지, 예술적 수단을 통해 표현하든지[293]

주체할 수 없는 끼와 열정을 표출하려는 욕구가 매우 강하다. 예술형 성격의 당신은 사랑의 대상으로 매우 흥미로운 사람이다. 하지만 당신이 영원히 그렇지는 않다는 것을 사람들은 알아야 한다. 당신과 제 정신으로 함께 살고 싶다면 말이다. 시인 릴케는 이점을 잘 이해했다. 그는 길이 남을 만한 말을 남겼다.

"한 사람이 다른 사람을 사랑하는 일은 우리의 모든 일 중에서 가장 어려운 일이다"[294]

예술형이 날마다, 해마다 함께 사는 누군가를 계속 사랑하는 것은 다른 성격 유형에 비해 어렵다. 당신이라는 존재 자체는 끊임없이 진화하고 주변 세상을 계속 변화시킬 때 의미가 있기 때문이다. 이런 당신이 변함없이 낭만적인 모습으로 누군가에게 충실하다는 것은 자연스럽지 않은 것일지도 모른다. "기브앤테이크(give and take)를 통해 사랑의 양면성을 살펴보았지만 여전히 사랑이라는 건 환상인 것 같아요. 저는 진짜 사랑이 뭔지 정말 모르겠어요"라는 싱어송라이터 조니 미첼(Joni Mitchell)의 말을 생각해보라.[295]

반면 누군가 당신을 사랑할 때, 그들은 당신과의 관계를 낭만적이고 공상적이고 에너지가 넘치며 끊임없이 변하고 새로워진다고 묘사한다.[296] 툭 터놓고 이야기해보자. 사람들은 대부분은 자신의 마음 안에 감정적으로 제한된 존재로 살고 있다. 솔직한 표현이 쉽게 밖으로 나오지 않는다. 반면 당신은 대개 현실의 시공간 끝자락에서 비틀거리고 있다. 때로는 환상과 꿈에 더 빠져 있는 채로 말이다.[297]
이제 좀 알겠는가? 당신의 강렬한 감정은 절대적으로 주변의 관계들 특히 가장 친밀한 관계에 영향을 미친다.
뉴캐슬 대학과 오픈 대학의 연구원들이 내놓은 연구 결과에 따르면, 전문 예술가와 시인이 보통 사람보다 약 2배 더 많은 성적인 파트너를 가지고 있다. 성적인 파트너의 수는 창의적인 결과물이 증가하면서 같이 증가한다. 그들은 그런 관계들을 통해 깨달음의 경지에 오르는 것 같기도 하다.[298]
당신은 정말로 지나칠 정도로 사랑하거나 아예 사랑하지 않는다. 사랑을 강렬하게 표현하는 것을 보면 정말 놀랍고 고무적이다. 그래도 사람들은 예술가를 사랑하는 것보다 불행한 운명은 없다고 말한다. 그러면 당신이 다른 창조적인 성격의 사람과 사랑에 빠지면 어떻게 될까?

역사상 가장 유명한 예술가 커플 열 쌍을 모아보면, 그중 일부는 행복하게 살았고 다른 일부는 그다지 행복하지 않았다. 하지만 이들 열 커플의 역사에는 공통점이 한 가지 있다. 예술가로서, 커플로서 이들의 관계로 인해 그들은 최고의 예술 작품을 창조해낼 수 있었다. 예술가에 대한 모든 고정관념(예를 들면 불안정하고 난잡하다는 것)을 무시하면, 이런 데이터는 당신이 보통 사람과 결혼해도 장기적으로 비슷한 성공 가능성을 가진다는 걸 보여준다. 그래도 암울하기는 마찬가지다.

예술형 성격의 관계궁합을 찾아서

✺

12DNA의 이론은 자신의 성격 유형을 이해하는 것이 성공적인 관계를 구축하기 위한 첫걸음이라는 것이다. 이 지식은 당신이 정보에 기반한 선택을 하고, 인간 관계의 복잡성을 잘 헤쳐 나가도록 도울 수 있다.

성공적 관계를 위한 핵심 요소는 무엇일까? 여기에 상호 일치 이론이 기업 문화나 팀, 개인 간 안정성이 그들 간 공통점 정도에 의해 결정된다고 말하는 것도 고려해볼 수 있다. 하지만 '사랑', '썸' 그리고 '외적 매력'의 본질은 아직 과학적 규명이 완전하지 않은 상태이다.

예술형 성격 유형의 당신은 사랑하기에 매우 매력적인 유형이다. 장기적인 관계에서는 때때로 더욱 감정적으로 격동적일 수 있다. 그럼에도 불구하고 본능적으로 다른 예술형과 여러 하이브리드 예술형(기회예술형, 이타예술형, 과정예술형, 결과예술형, 통찰예술형, 사교예술형, 분석예술형, 통합예술형, 책임예술형, 개인예술형 등)에게 끌리는 경향이 있다.

예술형 성격의 의사소통 스타일

✳

예술은 소통의 한 형태다. 주위에 아무도 없는 외딴 숲 속에서 떨어지는 나무처럼, 혼자서 한 가지에만 취해서 이야기를 떠들어봐야 주변에 메시지를 받을 청중이 없으면, 소통이란 존재할 수 없다. 청중이 메시지를 받지 않거나 듣지 않거나 혹은 다른 사람과 교감하지 않을 때 예술도 딱 그 정도의 가치만 갖는다. 이것이 예술가에게 또는 청중에게 가치가 있을까? 물론 예술가는 작품을 창작해내고 표현하는 과정에서 의미를 발견한다. 하지만 실제로 청중이 그 예술을 소비하고 감상하며 상호 작용해야 예술에 생명력이 생긴다고 주장하는 사람이 많다.[299]

청중도 중요하다는 것을 기억하라. 숲 속에 나무가 쓰러져도 주변에 듣는 사람이 없다면 그 소리가 들리지 않는 것처럼, 당신이 하는 예술은 우리가 의사소통을 하지 않고는 온전한 생명력을 가질 수 없다. 예술은 소통의 매체다. 다른 문화와 시대, 다른 감정 상태에 놓인 사람들은 예술 작품이 구현하는 이미지, 소리, 이야기를 통해 서로 소통한다. 예술은 사회 변화를 이끌어내는 소통의 수단이 되기도 한다. 권리를 빼앗긴 약자에게, 마음의 혼란을 겪는 사람들에게 목소리를 내게 한다. 그뿐 아니라 노래, 영화, 액션 소설 등으로 우리에게 영감을 주고 흥미롭고 모험이 가득한 삶을 살게 해준다.[300]

당신의 의사소통은 때로는 비언어적이고 예측 불가능하고 현실과 꼭 맞는다고 할 수 없이 몽환적인 면이 있다. 청중에게 혼돈 그 자체로 느껴질 수도 있다. 당신이 예술적 표현을 통해 도대체 무슨 말을 하려는 것일까 라는 생각이 들 때도 많다. 화폭에 몇 방울 떨어뜨려 흩뿌린 물감, 의미가 모호한 시, 아방가르드 음악을 감상하다 보면 그렇다.

당신은 무언가를 극적으로 표현하고 전달해내려고 하지만 그것을 정확히 파악하지도 못하는 사람이 대부분이다. 이건 때로 우리뿐만 아니라 당신에게도 해당한다! 당신이 무슨 의미라도 전달하려고 애쓴다는 생각이 들지 않는다. 물론 이런 난관에도 불구하고 당신의 예술적 표현은 놀랍게도 청취자, 관찰자, 비평가, 독자 혹은 음악 애호가인 우리 모두를 새로운 관점으로 안내한다. 본질적으로 우리는 예술을 통해 당신의 관점을 경험한다.

당신은 말과 글로 표현하기에는 한계가 있는 지적이고 감정적인 개념을 표현해낸다. 우리는 당신이 상상력으로 만들어놓은 간접 경험의 세상으로 들어간다. 대개 당신은 비언어적 소통으로 세상에 메시지를 전달한다. 글을 쓸 때조차 단어 자체는 당신의 생각과 느낌을 전달하는 수단에 불과하다. 당신은 풍부한 어휘 구사력을 통해 하나의 그림을 그려낸다. 소리, 단어, 시각적인 이미지, 움직임, 아이디어 등 다양한 도구가 등장하고, 당신이 전달하고 싶은 강렬한 메시지들을 전달하기 위해 이 도구들로 느낌, 생각, 이미지 등을 창작한다.

당신은 무언가를 알려주고 영감을 주고 신선한 자극을 주려는 방향으로 소통한다. 그에 따라 우리는 웃기도 하고 마음과 시야를 열어서 다른 시각으로 사물을 바라본다. 이는 우리가 날마다 경험하는 따분한 세상과는 차원이 다르다.[301]

예술형 성격의 건강 관리

✳

"약간의 광기가 없는 천재란 있을 수 없다." - 아리스토텔레스

수년에 걸친 여러 연구를 보면 여러 형태의 정신 건강 문제와 창의적인 두뇌 사이에는 어떤 연관성이 있다. 풍부한 창의력의 이면에는 분명 어두운 면도 존재한다. 역사상 너무나 유명한 예술가들 중에 망상, 불안, 우울증, 환각에 시달린 사람들이 있다는 것은 익히 알려졌다. 엘비스 프레슬리(Elvis Presley), 버지니아 울프(Virginia Woolf)를 비롯해 많은 예술가가 결국 비참하게 생을 마감했다. 오늘날에도 대중에게 알려진 예술가와 공연자들이 정신 건강의 문제로 어려움을 겪고 있다. 어떤 경우에는 자살로 이어지거나 창작에 대한 스트레스 때문에 약물에 지나치게 의존한 나머지 목숨을 잃기도 한다.

심리치료사들은 고통받는 예술가들을 자주 접한다. 나는 50년 동안 경력 컨설턴트와 심리치료사로 일하면서 대단한 예술가, 음악가, 작가들을 수없이 상담해왔다. 그들이 공통적으로 호소하는 메시지는 뭔가 단단히 잘못되고 위험천만하다.

> "창작 감각을 살려내려면 심적 고통과 고질적인 정신 질환이 필요해요."

내 답변은 늘 같다.

> "아니오. 당신은 타고난 예술가, 음악가, 작가예요. 정신적 고통 때문이 아니라 그 고통에도 불구하고 엄청난 예술 작품을 만들어내고 있는 겁니다!"

심리적인 혼란 상태에 영향을 받은 창작자들의 사례가 있지만 일부 연구자들은 이것이 일반적인 현상은 아니라는 주장을 제기했다.[302] 하버드 대학교의 심리학 교수인 앨버트 로텐버그(Albert Rothenberg)도 그중 한 명이다. 그는 2014년 발간한 저서 『놀라움으로부터 도피: 과학적 독창성의 조사(Flight from Wonder: An Investigation of Scientific Creativity)』[303]에서 노벨상 수상자 45명을 인터뷰했다. 그는 독창성과 정신장애 사이에 어떤 연관성도 찾을 수 없었다. 수상자 중 어느 누구도 우리보다 더 심각한 감정적 혼란을 겪지 않았다.

당신의 몸, 마음과 감정은 하나의 통합 시스템으로 작동한다. 예술적 상상력이 풍부한 당신은 주변 환경과 심지어 자신의 신체적 상태까지 분별해 창의적인 경험에 대한 집중도를 높일 수 있는 재능을 가지고 있다. 건강을 관리하는 당신이 낙담할 보고서들이 있다. 예술 창작 활동의 결과로 많은 사람이 관절염이나 관절통에 시달린다. 용액을 흡입해 호흡기 질환도 있을 수 있다. 예를 들어, 베토벤과 같은 음악가들은 상당한 청력 손실을 경험했다. 「서프플러스(cerfplus.org)」에 따르면 조사 대상 예술가의 62%가 예술적인 표현을 위해 고되고 힘든 신체적인 활동을 수행한다고 한다. 절반 이상(52%)이 만성 요통을 경험한다. 예술형의 대부분이 작품을 창작하는 과정에서 50%의 시간을 격렬한 신체 활동에 사용하는 것으로 보고되었다.[304]

예술형 성격을 위한 식단

✳

음식으로서의 예술, 예술로서의 음식

몇 년 전 「뉴요커(New Yorker)」 표지에는 사자가 불만스러운 표정으로 농장 식탁에 앉아 샐러드를 먹고 녹즙을 마시는 모습이 실렸다. (테이블 위에는 메이슨 항아리 꽃병이 놓여 있다.) 후드티를 입은 얼룩말은 케일 스무디를 광고하는 화이트보드 표지판 옆을 지나가고 있다.

당신을 비롯한 예술가들은 전통적인 채식 요리를 원하는 게 아니다. 「니모를 찾아서」, 「벅스 라이프」 같은 애니메이션의 캐릭터 디자이너인 피터 드 세브(Peter de Sève)는 예술가 커뮤니티 근처의 채식 레스토랑들이 예술가 손님들을 끌어들이려고 했지만 번번이 실패했다고 털어놓았다. 당신도 채식주의자는 아닐 가능성이 크다. 그가 예술가들의 식습관에 대해 비공식 설문조사를 하기로 결정했을 때 78.36%의 예술가들이 육식을 선호하는 것을 발견했다. 모두 예상한 대로 전국 평균보다 오히려 낮다. 「베지테리언 타임스(Vegetarian Times)」의 연구에 따르면, 미국인 중 불과 3%만이 채식 위주의 식단을 한다. 인구 대비 높은 수치는 아니다.

> "저는 2년 동안 채식주의자였어요."

뉴욕의 유명한 일러스트레이터이자 작가인 마이라 칼만(Maira Kalman)이 말했다.

> "어느 날 잠에서 깨어난 순간, 햄버거가 지금 눈앞에 없으면 미쳐버릴 것 같았어요. 고기를 반찬으로 여기라는 토머스 제퍼슨의 조언을 따르려고 노력하고 있어요."[305]

식용 예술품을 만드는 예술가 소냐 알하우저(Sonja Alhäuser)[306]는 최근 '부쉬 라이징거 박물관(Busch-Reisinger Museum)'에서 '잇 아트(Eat Art)'라는 전시회를 열었다. 알하우저는 요리에 대한 인식이 높아지면서 요리를 좋아하게 되었다. 그녀는 다양한 재료를 한데 모아 새로운 것을 만드는 것을 즐기며, 모든 것이 잘 진행되면 맛까지 좋다![307] 뉴욕을 중심으로 활동하는 사진작가 재커리 자비스락(Zachary Zavislak)[308]의 프로젝트인 '예술가의 미각(Artist's Palate)'은 현존하는 위대한 예술가와 디자이너의 가정에서 저녁식사가 어떤 모습일지 상상한다. 그는 각 선구자들이 좋아하는 음식을 통합하고 그들의 인생작에 나타나는 미학을 모방한 정물화를 제작한다. 감상할 만한 작품들이니 직접 확인해보길 바란다.

예술형 성격에 맞는 직업들

"자신이 하는 일에 매우 적합할 뿐만 아니라 자신의 일에 대한 열정을 품은 사람만이 탁월한 결과를 만들어낸다." - 래리 캐시

예술형 성격은 다음에 나열된 직업에서 성공할 가능성이 가장 크다.

예술형에 대한 당신의 점수

이 성격 유형의 점수에 따라 '4C'[상당한(Considerable), 유능한(Competent), 능력을 발휘하는(Capable), 신중해야 할(Cautious)]로 직업적 성공 수준을 해석할 수 있다.
만약 당신의 점수가…

- **70~100 범위라면** 당신은 '상당한' 재능을 가진 것이다. 당신이 이루어내는 성과는 일관되게 성과 기대치를 초과할 것이고, 이러한 경력에서 당신에게 필적할 만한 또래 그룹은 거의 없을 것으로 예상된다.

- **60~69 범위라면** 당신은 꽤 '유능한' 것이다. 우리는 당신의 성과가 일반적으로 기대치를 초과하고, 다음에 제시한 경력을 택한다면 평균 이상의 결과를 제공할 것으로 예상한다.

- **40~59 범위라면** 당신은 일관되게 '능력을 발휘하는' 사람이다. 다음에 제시한 경력을 택한다면 일관되게 성과 기대치를 충족하거나 능가할 것으로 예상한다.

- **0~39 범위라면** 우리는 당신이 다음의 경력들을 선택하는 데 '신중' 하기를 권고한다. 당신의 성격 유형은 이러한 경력들에서 성공한 다른 사람들과 공통점이 거의 없을 것으로 예상한다.

예술형 성격에 적합한 이상적인 경력

예술
시각 예술
상업 예술가
박물관 큐레이터
아트 큐레이터
패션 디자이너
웹 디자이너

컨설팅
조직 개발 컨설턴트
전문(공인) 컨설턴트
대기업 컨설턴트
국제 씽크탱크 컨설턴트
커뮤니케이션 및 기업 관계 컨설턴트
모금 관련 컨설턴트
전략/조직성과 컨설턴트

엔터테인먼트
배우/연예인
패션 모델

교직
대학 학장
대학교수
미술 교사
음악 교사
조직 교육 및 개발 이사
외국어 교사
영어 교사
커리큘럼 개발자
기업 트레이너

발명형 성격 DNA

성격 정의

발명형 성격을 가진 당신은 실생활에서 창의적인 생각을 결과물로 만들고 경제적 이점을 얻는 걸 높이 평가한다.
어떤 아이디어나 구체적인 표현도 단순히 예술적인 것을 넘어 창의적인 방식으로 발전해야 한다. 당신은 마음속 창작물을 실질적으로 구현하는 데서 진정한 만족감을 느낀다.
당신의 목표는 독창적이면서도 실용적인 결과를 내는 것이며, 이를 위해 필요한 일을 한다.

당신의 도전과제 새로운 시각을 제시하고 신선한 질문을 던지는 것

발명형 성격이 특별한 이유

✳

발명형은 아이디어를 실현하는 방법을 보여준다

저명한 의사이자 심리학자이자 사상가인 에드워드 드 보노(Edward de Bono)는 발명형 성격의 사람들을 이렇게 보았다. 발명형의 사고는 기존의 관행에서 일단 벗어나는 것이다. 발명형이 특별한 이유는 상상으로 만들어진 아이디어의 가치를 파악해서 전혀 다른 방식으로 펼쳐 보인다는 점이다.[309] 당신의 발명형 사고가 진가를 발휘하는 모습을 지켜보는 일은 놀랍다. 당신은 누군가가 처음으로 내놓은 해결책이나 아이디어를 쓸모 있는 구체적인 상품이나 아이디어, 모두를 위한 실용적인 서비스로 구현해낸다. 당신과 같은 성격의 사람들에게 이런 일은 별로 힘들지 않아서 그냥 수도꼭지를 트는 일과 같다. 창의적이고 예술적인 성향(상상력이 풍부한 성격)을 가진 사람들은 창의적인 상상력을 가지고 있다. 예술가나 작가, 배우 등이 그 예다. 그들은 세상을 다른 관점으로 보는 사람들이다. 이것이 당신의 독특한 재능이다. 당신은 상상으로만 그칠 수 있는 아이디어를 구체적이고 쓸모 있는 가치로 구현해내기 때문이다. 누구의 생각이든 당신 머리를 거치면 발명품이 되어 나타난다. 창의성을 그다음 단계로 발전시키고 다음 패러다임으로 끌어올리는 것이다. 바로 이것이 혁신적인 유용성이다.[310]

당신은 흩어져 있던 아이디어들을 연결해서 새로운 해결책으로 응집한다. 이렇게 해서 당신은 가치 있는 무엇인가를 발견한다. 어떤 경우에는 먼저 전체 그림을 파악하고, 그 후에 생각을 펼쳐나가기도 한다. 다양하고 서로 관련 없으며 연결되지 않은 아이디어들을 결합해 완전히 새로운 방식으로, 그리고 실용적으로 활용하는 방법을 찾는다.[311]

요약하자면, 누군가는 아주 단순한 것도 복잡하게 만드는 반면, 당신은 복잡한 실타래를 놀라울 정도로 쉽게 풀어낸다. 당신에게 발명이란 다른 사람들에게는 보이지 않는 패턴으로 사물들을 끌어오고 연결하는 예술이다. 당신은 서로 분리된 부분들이 아닌, 복합적인 전체를 만들어낸다. 우리가 현 상태에 대해 가진 인식이 얼마나 잘못되어 있는지를 입증할 때까지!

당신에게는 모든 것이 하나로 귀결된다. 당신이 무언가를 볼 때, 그 대상은 아주 분명하게 보인다. 여기서 '분명하다'는 당신이 가장 좋아하는 단어 중 하나다. 또 당신의 탁월한 점은 예술적으로 창의적인 사고방식을 유지하지 않고도 발명가적인 영감을 찾는다는 것이다. 자연스럽게 발명가적인 방식으로 창의적인 아이디어를 받아들이려 한다.

당신은 대중이 흔한 현상 유지에 익숙해지는 것을 허용하지 않는다. 자신이 예술적이고 창의적인 사람이 되지 못한다고 자책하지 마라. 혁신적인 아이디어를 실질적인 해결책으로 바꾸는 능력 또한 독창적이고 특별하다.

발명형 성격, 당신은 누구인가

✳

"규칙은 없다. 우리는 뭔가를 성취하려고 노력할 뿐이다." - 토머스 에디슨[312]

당신의 발명형 능력은 예술적이거나 상상가적인 독창성과는 완전히 다르다. 예술적인 독창성은 가능성의 절반에 불과하다. 당신의 발명형 혁신은 아이디어를 다른 차원의 것으로 개발, 생산해 구현까지 해낸다.[313] 누구나 위대한 아이디어를 떠올릴 때가 있다. 하나의 아이디어를 더 창의적이고 유용하게 만들어보려고 시도할 때도 있다. 하지만 대부분은 다양한 생각을 실행 가능한 해법으로 만들어내는 데까지 집중하지 못한다. 반면 당신은 결실을 볼 때까지 그 아이디어를 포기하지 않는다. 생각과 아이디어를 조화롭게 끌고 가는 당신의 능력 덕분에 바퀴로 가던 초기 운송 수단이 비행기로, 봉화가 휴대전화로, 계산기가 컴퓨터로 발전했다. 당신의 발명형 성격은 앞으로도 우리가 한 번도 경험해보지 않은 높은 수준의 성과를 이루어낼 것이다. 인생의 도전과제에 참신한 해결책을 제시하고, 우리의 삶을 좀 더 수월하고 건강하고 더 낫게 만들 것이다.[314]

당신은 전통적이고 오래된 방식들을 개선할 기회를 지속적으로 인식한다. 주변에 눈에 보이는 것들 모두 무한한 가능성을 계속 생각하게 해주는 양분이다. 당신의 발명은 기술적, 사회적으로 상상도 못 했던 필요를 만족시킨다. 상상력이 익히 알려진 알고리즘을 따르는 것이라면, 그것을 실현하고 응용하는 건 경험적인 절차라고 할 수 있다.[315]

당신은 천성적으로 적응력이 있다. 기존의 패러다임, 기술 또는 제품을 새로운 시나리오나 독창적이고 잠재적으로 가치 있는 대상으로 전용하려고 한다. 예술적인 독창성과 달리 발명형 사고는 새롭고 혁신적인 방법을 도출해낸다. 적응력을 가진 당신은 매사에 더 잘해보려고 이런저런 방법을 궁리해본다.

예술형 성격은 마음의 눈을 통해 무언가를 표현하려는 욕구를 가지고, 필요에 따라 일을 색다르게 하고 싶어 한다.[316] 반면 적응력 있고 발명가적인 천성은 훈련되고 체계적인 접근 방식을 혁신에 적용한다. 항상 비범한 관점에서 의식적으로, 상황에 앞서 주도적으로 문제를 해결하기 위해 부단히 움직인다. 그렇게 다른 사람이 미처 보지 못한 문제점을 발견하고 찾아서 현 상태에 의문을 제기하기도 한다. 발명형과 예술형 사고를 결합하면 이처럼 독창적인 사고 과정을 포괄할 수 있게 된다.

이것이 바로 샤워를 하거나 꿈을 꾸다가 최고의 아이디어가 갑자기 '발견되는' 이유이기도 하다. 니콜라 테슬라(Nikola Tesla)는 교류 발전기, 모터 및 변압기로 구성된 시스템을 개발하여 오늘날의 산업에 동력을 공급했다. 집집마다 불을 밝히고, 대부분의 전자 제품의 밑받침이 되었다. 그는 평범한 일상의 확실성과 단절하고 새로운 것을 만들어낸 자기 자신을 자랑스러워했다. 또다시 그의 발명가적인 마음은 탐구하기 시작했고, 우리 같은 사람들은 생각해낼 시간을 내기도 어려웠을 아이디어를 놓고 마음껏 고민했다. 당신도 홀로 있으면 조용한 공간에서 외부와 단절한 채 생각에 몰두한다. 그곳이 바로 당신의 경이로움이 탄생하는 곳이다.

발명형 성격은 우리의 차기 리더

「하버드 비즈니스 리뷰」[317]에서 900명이 넘는 '발명형 CEO'의 발명 역사를 추적해보았다. 공개 상장된 미국 테크 기업의 리더들은 적어도 하나의 특허 분야에 발명가로 이름을 올려놓았다. 또 다른 연구에서는 5개 기업 중 약 1개 기업에 발명가 CEO가 있는 것으로 나타났다. 어떤 사람은 경력 초창기에 이런 발명들을 했고 어떤 사람들은 CEO 재임 기간 내내 꾸준히 발명을 했다. 전설적인 발명가 CEO로는 마이크로소프트의 빌 게이츠, 인지니어스 디자인의 조이 만가노(Joy Mangano), 애플의 스티브 잡스, 오라클의 래리 엘리슨(Larry Ellison)이 있다.

헨리 포드(Henry Ford)는 자동차 및 제조 분야에서 창의적인 기여를 한 것으로 인정받지만 그의 리더십 스타일도 여전히 회자된다. 변화와 혁신에 개방적인 태도를 가진 그의 리더십은 오늘날에도 높이 평가되고 활용된다. 오늘날의 성공적인 발명가 CEO들과 마찬가지로 헨리 포드의 발명형 리더십은 혁신을 두려워하지 않고 편안하게 수용하며, 변화를 모색하는 데 역량을 발휘한다. 또한 변화를 수용하는 그의 리더십은 성공적인 발명의 핵심이었다. 결국 그는 당대에 가장 획기적인 발전이었던 생산조립라인을 구현해냈다. 그의 발명 덕분에 생산 시간이 최대 3분의 2로 단축되었다. 전 세계적으로 제조업에 혁신의 바람이 불어왔으며, 그 흐름은 오늘날까지 이어지고 있다.[318]

가장 성공한 발명가 CEO 유형은 산업과 기술 중심의 조직들을 이끈다. 당신의 사고방식과 기질은 거의 모든 역할에서 당신 자신과 직원들에게 도움이 된다. 당신의 발명형 성격은 혁신의 문화를 만들어내고 변화를 쉽게 수용할 가능성이 크다. 뿐만 아니라 마케팅이나 영업 유형의 리더들과는 달리 당신은 타고난 리더다. 사람들과의 관계에서도 대부분의 사람들에 비해 '드라마처럼 감정이 뒤엉킨 상황'을 만들어내지 않는다. 평생 동안 시행착오를 반복하며 살아왔기 때문에 당신은 누군가를 비난하는 데에 혈안이 되지도 않는다. 대신 궁금증을 가지고 "내가 모르는 무슨 일이 있었던 거지?"라며 물어본다. 당신은 건설적인 질문들을 피해갈 수 없을 때는 팀원들과 논의하려고 하는 적극적인 리더다. 예컨대 "프로젝트를 정상 궤도에 올리려면 이 문제를 어떻게 해결해야 할까요?"라거나 "같은 실수를 반복하지 않기 위해서 무엇을 배웠나요?" 같은 질문에 당신은 민첩하면서도 변혁적인 시각을 가지고 리더로서의 역할을 수행해낸다.[319]

발명형 성격이 가진 최고의 성격 재능

✳

당신의 성공을 결정하는 특성들

직업적 성공은 무엇보다 적절한 위치와 역할에서 당신의 성격의 강점을 얼마나 잘 활용하는가에 달려 있다. 또한 다른 사람들이 더 많이 갖고 있는 보완적인 성격 요소들을 폭넓게 이해해야 한다.

당신의 발명형 성격 DNA를 형성하는 놀라운 역량은 무엇일까? 발명형 성격은 이렇다.

- **개인적 용기** - 당신은 역경과 공격적인 경쟁을 만나면 오히려 긍정적으로 동기부여가 된다. 실패를 참을 수 없기 때문에 압박감 속에서도 성장하고 어떤 고난이 와도 이겨낸다. 패배를 만나도 굳센 결의를 다지는 당신에게 새롭고 탁월한 능력만이 배가 될 뿐이다. 당신에게 실패 그 자체에 굴복하는 것보다 더 나쁜 것은 없기 때문이다.

- **회복탄력성** - 당신은 평정심을 유지하고 압박감 속에서도 잘해내는 엄청난 능력을 가지고 있다. 불필요한 걱정이나 비판에 민감한 반응을 보이거나 최악의 상황을 상상하는 것과는 별개로 말이다. 스트레스 상황에 과민반응하지 않고 걱정을 떨쳐버리고 두려움을 이겨낸다. 사실 당신이 진정 성장하는 때는 바로 마감일이 다가오고 스트레스와 중압감을 느끼는 때다.

- **마음건강** - 당신은 자기비판 없이 건전한 자존감을 유지하면서 자신의 내면을 깊이 있게 이해하려고 노력한다. 긍정적인 태도를 갖고 적응력이 뛰어나며 실수와 실패를 하더라도 배움의 기회라는 생각에 집중하며 객관적인 시각을 유지하려 한다.

철학자로서의 발명형 성격

✹

"하나라도 시작하지 않는다면 꿈을 이룰 수 없다. 나의 바람은 내 능력 안에서 사람들을 단조로운 고역에서 해방시키고 최대의 행복과 번영을 이루어내는 것이다." - 토머스 에디슨[320]

에디슨은 혁신적, 철학적 비전과 실질적 영향을 능숙하게 결합하는 능력이 있었다. 그는 시대를 통틀어 가장 위대한 발명가 중 한 사람으로 칭송받았으며, 진정한 비전가이자 미래학자였다. 어릴 때부터 에디슨은 다양한 주제와 세계 역사를 왕성하게 읽었다. 훗날 그는 전통적인 교육 방식의 단점에 대해 이렇게 말했다.

> "우리 교육 방식의 문제는 마음이 반응하고 스스로 움직일 시간을 좀처럼 주지 않는다는 것이다. 뇌를 정해진 틀에 우겨 넣기만 한다. 창의적인 생각이나 추론하는 것을 달갑게 여기지 않고 관찰보다는 암기에만 집중하게 한다."[321]

헨리 포드는 발명형 성격의 본질을 보여주는 사람이다. 그의 늘 이런 말을 하곤 했다.

> "팔리지 않는 것은 발명하고 싶지 않다. 판매 실적이 유용함의 증거이고, 유용함은 곧 성공이다."[322]

하지만 포드와 에디슨, 두 사람의 천재적인 발명으로 세계의 부만 증가된 것이 아니다. 미래를 내다보는 그들의 아이디어는 오늘날 혁신가들의 철학적 비전과 발명의 토대가 되었다. 그들은 오늘날 우리가 사는 세계가 진화하도록 윤곽을 만든 사람들이다. 당신과 같은 발명형은 우리 미래의 형상을 만드는 사람들이다.

한편 발명형 성격이 오히려 평범한 방식의 일상생활을 만들어내기도 한다. 자동차 브레이크 시스템과 부품에 관한 혁신적인 발명으로 알려진 '상대적으로' 평범한 발명가인 폴 애시맨(Paul Ashman)을 생각해보자. 그는 이런 말을 했다.

> "어렸을 때부터 나는 줄곧 정식으로 어떻게 하는지 모르는 것들을 하면서 살았고, 만들어본 적 없는 것을 만들어왔다."

그는 다른 과목들에 관심을 갖게 되면서 대학에서 전공하던 공학에서 멀어지게 되었다. 결국 그는 철학 학위를 취득했고 발명가적인 프로젝트를 다루는 데 필요한 비판적인 사고 기술에 대한 흥미를 키워갔다. 그의 철학은 이렇다.

> "놀이를 하고 열린 마음을 갖고, 문제 해결의 실마리를 찾으려고 끊임없이 주변을 둘러보지 않는다면 당신은 성공하지 못할 것이다."[323]

발명가적 사고에 철학적 사고로 접근했을 때 어떤 역사적 발명품이 생겨나고, 어떻게 인류가 발전해왔는지 확인할 수 있다. 참고로 철학적, 역사적 맥락과 아이디어를 어떻게 실제 세상에서 적용할 수 있는지 좀 더 깊이 이해하려면, 과학적인 개념이나 기계공학에 관한 지식이 필요하다. 주어진 문제의 해결 방안을 생각할 때 철학적으로 사고해보는 것도 필요하다. 이런 초기 단계에서 보통 아이디어를 발전시키고 문제를 폭넓게 파악하며, 특정 문제의 뿌리까지 파헤치기도 한다.

혁신적인 일을 해보겠다고 초기에 들인 노력이 거의 완벽하게 효과가 없을 수 있다. 그러나 당신이 누구인가, 실패의 가치를 믿는 사람이 아닌가. 당신에게 길라잡이 역할을 해주는 철학적 원칙이 오히려 당신이 추구하는 목표에 더 가까이 인도한다. 발명왕 에디슨은 이렇게 말했다.

> "나는 1,000가지 방법으로 실패했다고 말할 것이다. 그리고 실패를 초래하는 1,000가지 방법을 발견했다고 말할 것이다."

발명형 성격을 가진 훌륭한 사람들

✳

앞의 예를 통해 예술형과 발명형의 차이가 극명하게 보였을 것이다. 한 개인에게 두 가지 유형이 모두 나타내는 경우는 극히 드물다. 다른 유명한 예술가들에 대해서도 생각해 보자.

- 앤디 워홀, 파블로 피카소, 빈센트 반 고흐, 살바도르 달리, 미켈란젤로
- 윌리엄 셰익스피어, 버지니아 울프, 레오 톨스토이, 어니스트 헤밍웨이, 제인 오스틴
- 엘리자베스 테일러, 톰 행크스, 셀마 헤이엑, 줄리아 로버츠, 새뮤얼 잭슨, 톰 크루즈

이들 모두는 발명형이 아니라 예술형이다.

이들 중 누구도 자기 이름으로 된 구체적이고 유용한 발명품을 가진 사람은 없다. 특허도 없다. 특허는 바로 당신 같은 사람이 가지며, 이는 종종 혁신적인 산업이나 사업, 경제를 만들어낸다. 당신의 발명형 사고와 비슷한 혁신을 보여준 발명가들은 다음과 같다.

- **토머스 에디슨** - 타의추종을 불허하는 이 발명가는 라디오, 텔레비전, 컴퓨터 트랜지스터 개발의 핵심이었던 전자 장치와 함께 축음기와 전구를 포함하여 1,000개 이상의 특허를 보유하고 있다.

- **마거릿 나이트(Margaret Knight)** - 19세기 후반의 뛰어난 발명가인 나이트는 '에디슨 부인'이라는 별칭을 가지고 있었다. 그녀는 평평한 바닥의 종이 쇼핑백을 자르고 접어서 접착하는 기계를 발명해 1871년에 첫 특허를 받았다.[324]

- **헤디 라마르(Hedy Lamarr)** - 발명가와 예술가 사이의 넓은 간극을 메우며 활약했

던 발명가이자 헐리우드 배우였다. '당대의 안젤리나 졸리'로 불렸던 라마르는 1940년대에 오늘날의 GPS, Wi-Fi 및 블루투스로 이어진 통신기술의 발전을 이끈 훌륭하고 열렬한 발명가였다.

- **알베르트 아인슈타인** - 보통 이론적 천체물리학과 거기서 파생된 실용적인 발명품은 공존하지 않는다. E=MC2 공식을 이끌어낸 물리학 천재가 주방 용품처럼 평범한 것을 만지작거린다는 것은 좀처럼 상상하기 어렵다. 그러나 아인슈타인은 그 일을 해냈다. 그는 프레온 가스가 없는 현대의 친환경적인 냉장고가 나오기 전에, 더 안전한 냉장고를 디자인하는 일에 협조했었다.

발명형 성격의 관계궁합

✳

12DNA의 이론은 자신의 성격 유형을 이해하는 것이 성공적인 관계를 구축하기 위한 첫걸음이라는 것이다. 이 지식은 당신이 정보에 기반한 선택을 하고, 인간 관계의 복잡성을 잘 헤쳐 나가도록 도울 수 있다.

성공적 관계 형성의 핵심은 성격 유형의 상호작용이라고 볼 수 있다. 이는 상호 일치 이론이 기업 문화나 팀, 개인 간 안정성이 그들 간 공통점 정도에 의해 결정된다고 주장하는 것에 따른 것이다. 그런데 '사랑', '썸' 및 '외적 매력'의 신비는 여전히 과학적 규명이 완전하지 않은 주제들이다.

> "발명형과 결혼하려면 특별한 부류의 여성이 되어야 하고, 발명에 관한 외골수 기질을 수용해야 할 것 같아요. 좀 못되게 말하자면, 남편이 골프에 빠져서 주말만 되면 독수공방하는 아내가 된 느낌이에요. 문제는 일요일뿐만 아니라 매일 그렇다는 거죠."[325]

조각가 제이콥 레비노우(Jacob Rabinow)의 아내인 글레이디스의 말이다.
발명형과 낭만적인 관계를 다루는 연구는 없었지만 유명한 발명가인 니콜라 테슬라의 말을 한번 들어보긴 해야 할 것 같다. 그는 이상적인 여성을 그렸고 반세기 전에 여성에 대한 자기 생각을 분명히 말했다.

> "성평등을 향한 여성의 투쟁은 종국에는 여성 상위의 새로운 질서로 재편될 것이다. 여성은 지금까지와는 달리 진보를 이루어내어 문명을 놀라게 할 것이다."[326]

그에게는 로맨스보다 과학이 더 중요했다. 이것이 그가 독신으로 남은 이유였다.

> "나는 내 평생을 일에 바치기로 했다. 그 이유 때문에 사랑도, 멋진 여성과의 파트너 관계도, 그 이상도 모두 포기했다. 내 생각엔 작가나 음악가나 예술가는 결혼을 해야 한다. 그래야 영감을 얻게 되고 더 나은 성취로 이어진다. 반면 발명가는 길들여지지 않은 열정적인 기질이 너무 많다. 한 여성에게 자신을 바치면 모든 것을 포기해야 한다. 내가 선택한 모든 것을 빼앗긴다. 그런 점이 참 유감이다. 가끔은 우리 발명가들도 외롭다고 느끼니까!"[327]

위대한 발명가들은 다들 이와 비슷한 일화들이 있다. 그들의 전기를 읽어보면 인생의 말년에는 로맨스를 받아들일 마음의 여유가 생기고, 로맨스를 받아들이기도 한다. 여기서 받아들인다는 건, 로맨스를 자신의 발명형 성격과 경쟁하게 한다는 것이다.
토머스 에디슨도 이 사실을 알았다. 그의 첫 번째 부인은 외로움에 시달리다 세상을 떠났고, 두 번째 결혼에서 사랑하는 아내와 세 자녀를 얻었다.
내가 관찰한 바로는, 발명형은 파트너와 많은 것을 공유하는 것을 즐긴다. 특히 '일에 대한 열정과 사랑', 최근에 개발 중인 발명에 대해 이야기하는 것을 즐기기 때문에 예술형(정반대의 성격) 및 결과형과 잘 맞는다. 또한, 발명형에게 잘 맞는 하이브리드 유형은 기회발명형, 이타발명형, 과정발명형, 결과발명형, 통찰발명형, 분석발명형, 통합발명형, 책임발명형, 개인발명형이다.

발명형 성격을 위한 의사소통

✳

알다시피 발명형은 자신이 만든 결과와 발명품으로 소통하고 싶어 한다. 정작 직접적인 상호작용 외에 가장 보편적이면서도 획기적인 의사소통 방법을 발명해낸 건 모두 발명형들이다. 예를 들어 사람은 항상 모국어로 말하는 법을 배우지만, 먼 거리에 있는 다른 사람과 음성으로 대화할 수 있게 해준 최초의 장치는 알렉산더 그레이엄 벨(Alexander Graham Bell)의 전화였다.[328] 그의 발명품은 현존하는 가장 유용한 통신 장치다. 이 최신 현대 기술을 가지고 어디에 있든지 누구와도 소통할 수 있고 당신의 아이디어를 사람들에게 홍보하는 것도 가능하게 되었다.

프로토타입이나 3D 인포그래픽을 구축해놓으면 웹사이트로 발명품을 홍보하는 소셜 미디어 마케팅을 할 수 있다. 이것은 뭔가를 전 세계로 알리는 가장 좋은 방법이다. 시각적으로 관심을 끌 만하고 일관성 있고 정돈되어 있으며 실용적인 프로토타입은 가장 강력한 의사소통 수단이다.

> "사진 한 장(당신의 마음을 보여주는 시각화)이 천 마디 말보다 더 가치가 있습니다!"

개인적인 측면에서 보면 발명형으로서 당신은 열정적이고 자기 일에 대해 말할 때 더할 나위 없이 행복하다. 때로는 너무 흥분해서 혼자서 장황하게 독백을 할 때가 있다. 이는 어색한 기류가 감도는 첫 데이트 상황을 떠올리게 한다. 당신이 놓치고 있는 것은, 당신의 관심사에 대해 모든 사람이 당신만큼 알고 있지는 않다는 점이다. 누구나 그런 경우가 있지만 당신에게 이런 면이 더 두드러진다. 보통 사람은 이해도 못하는 전문 용어를 사용하기도 한다. 당신의 입장에서는 인생을 바치고 수많은 시간을 들여 작업해온 주제가 너무나 복합적이어서 당신이 아무리 열변을 토한다고 해도 진짜 당신이 하는 일에 비해서는 수박 겉핥기처럼 보일 뿐이다.

발명형으로서 당신은 발명가적 아이디어를 실제로 전달하는 데는 미숙할 수 있다. 당신에게 필요한 것은 너무 복잡하지 않게 아이디어의 진정한 가치를 전달하는 일이다. 그렇지 않으면 작업이 잘못 해석되거나 무시될 수 있다. 이것은 결국 불필요한 오해를 불러일으킬 수 있고, 당신의 발명으로 일어날 변화에 대한 두려움을 초래할 수도 있다. 프랑켄슈타인이나 머리가 두 개인 용을 떠올려보자!

발명형으로서 당신의 목표는 관습적인 사고에 직면하면 길을 잃게 된다. 언젠가는 생명을 구할 수 있는 기술을 발명했다고 해도 당장은 기괴해 보이기 때문에 거절당할 수 있다. 동시에 당신은 축약해서 말하려고 하는데, 되도록 많은 사람들이 이해할 수 있는 아이디어와 언어를 사용해 설명하는 것이 낫다.

발명형 성격과 건강

✳

발명형의 건강 습관과 패턴은 어떨까? 발명형의 건강관리 습관에 초점을 맞춘 연구나 논문은 찾을 수 없었다. 그러나 다른 사람의 건강한 삶에 도움이 되는 발명가적 정신은 많다. 몇 가지 놀라운 아이디어가 즉시 머릿속에 떠오른다. 병원의 기계보다 훨씬 저렴한 주머니 크기의 스마트 초음파 장치, 수술용 실밥이 필요 없는 상처봉합용 젤, 치유 속도를 높이는 가상현실 장치, 어떤 조건에서는 의사보다 진단을 더 잘 내리는 인공 지능.[329] 이것들은 놀라운 속도로 인간의 건강과 의학을 변화시키고 있는 최근 발명품의 한 예에 불과하다.

이전에 있었던 발명형 사람들처럼 당신이 발명해놓은 발명품은 모든 사람의 건강을 지키는 선봉에 서 있다. 수천만 명의 사람들이 손목에 스마트워치를 차고 다니며 건강을 체크하고, 원격 무선 혈압 모니터와 같은 장치를 사용하기도 한다. 그 외에도 새로운 건강 기술이 발명되어 만성적인 통증을 측정해주고 유전 질환을 식별하기 위한 프로젝트가 진행 중이다.[330]

다른 선봉대에서는 마음(신경 전기 자극의 생각 파동)을 읽을 수 있는 두꺼운 검은색 손목시계도 연구되고 있다. 그것은 뇌졸중이나 수술에서 회복하는 혼수 상태의 환자에게 새로운 형태의 재활치료를 받을 길을 열어준다. 파킨슨병, 다발성 경화증 및 기타 신경 퇴행성 질환이 있는 사람들도 해당된다. 당신의 독창적인 성격은 우리의 마음이 몸과 뇌를 더 잘 통제할 수 있다고 확신한다.[331]

조너선 로스버그(Jonathan Rothberg)는[332] 유전학 연구원이자, 발명가, 기업가로 칩에 초음파 기술을 적용하는 방법을 알아냈다. 그는 기존 10만 달러의 특정 병원 초음파 기계를 개선하기 위해 아이폰 앱에 연동되어 어디서든 활용할 수 있는 약 2천 달러짜리 기기를 설계했다. 또 최근에 발명된 시스템은 회전과 확대가 가능하여 심장을 3D 모델로 보여준다. 의사는 화면에서 여러 각도로 시뮬레이션을 해볼 수 있어 직접 심장을 건드리는 걸 피할 수 있다. 「스타트렉」 스타일의 의학에 한 발짝 더 가까이 가는 것이다!

발명형 성격을 위한 식단

✷

발명형의 식습관에 대한 정보도 많지 않다. 당신이 역사적으로 발명해온 식이 관련 발명품을 훑어보는 것도 의미가 있을 것 같다. 발명형은 사람들이 영양가 있는 식습관과 식단을 가질 수 있도록 많은 기여를 했다. 21세기에 들어서만 해도 놀라운 건강증진 혁신을 이루어냈다.

직설적으로 말하면, 오염된 물로 인해 하루에 5,000명의 아동을 포함해 매년 약 180만 명의 사망자가 발생하며, 이 수치의 10배에 달하는 아동이 병을 앓는다. 게다가 세계의 가난한 사람들은 종종 선진국 사람들보다 물에 더 많은 돈을 지불한다. 한 발명가는 이 끔찍한 불공정을 해결하기 위해 '마실 수 있는 책'이라는 걸 만들었다.[333] 이 책의 한 페이지를 찢어 필터 받침에 꽂고 물을 붓기만 하면 물이 정화된다.

먹기도 전에 상해버려서 한 해 동안 미국에서 낭비되는 식량만 해도 1,600억 달러 이상으로 추산된다. 생분해되고 재활용 가능한 '신선한 종이'도 발명되었다.[334] 여기에는 분해 효소뿐만 아니라 박테리아와 곰팡이의 성장을 억제하는 약초의 비밀 혼합물이 포함되어 있다. 이것은 신선 농산물의 유통기한을 두 배 또는 네 배로 늘려 음식물 쓰레기를 줄이고 먹을 수 있는 음식을 늘린다.

소 가축의 배설물은 연간 약 7.1기가 톤의 메탄가스를 만들어내고 인위적 온실가스 배출의 약 15%를 발생시킨다. 쇠고기 생산은 운송과 가공과정을 통해 화석 연료를 많이 배출한다. 이제는 살아 있는 소에서 고통 없이 추출한 세포를 사용하여 공간을 99% 적게 차지하고 온실가스 배출량을 줄이는 '배양 고기'를 만들고 있다.[335]

농사와 농업은 식량 재배와 동물 사육을 위해 강, 호수 및 대수층에서 가져온 담수의 70%를 사용한다. 산업 디자이너인 클로에 루쩌벨(Chloé Rutzerveld)은 3D 프린팅과 혁신적인 재료를 결합하여 '식용 성장'을 만들어냈다.[336] 이것은 천연, 유기농, 먹음직스러운 간식을 수확할 수 있는 씨앗, 포자와 효모층으로 구성된 것이다. 이 참신한 아이디어로 인해 농지의 필요성이 감소하고 전통적인 육류나 식물성 식품을 만드는데 필요한 엄청난 양의 물 소비를 줄여서 식량 생산을 재창조할 가능성을 얻었다.[337]

복강 질병을 갖고 있으면 글루텐을 먹은 후 소장에서 염증을 경험한다. 글루텐이 장내벽을 손상시키고 영양분 흡수를 저하시켜 소화불량, 설사, 변비를 유발한다. 스웨덴 룬드 대학에서 식품공학 분야를 공부하는 창의적인 학생들은 바나나로 밀가루를 만들어 글루텐 성분이 함유되지 않고 설탕이 필요 없는 케이크를 굽는 방법을 발명했다![338] 당신이 생각을 멈추지 않기를 바란다!

발명형 성격에 맞는 직업들

✹

"자신이 하는 일에 매우 적합할 뿐만 아니라 자신의 일에 대한 열정을 품은 사람만이 탁월한 결과를 만들어낸다." - 래리 캐시

발명형 성격은 다음에 나열된 직업에서 성공할 가능성이 가장 크다.

발명형에 대한 당신의 점수

이 성격 유형의 점수에 따라 '4C'[상당한(Considerable), 유능한(Competent), 능력을 발휘하는(Capable), 신중해야 할(Cautious)]로 직업적 성공 수준을 해석할 수 있다.

만약 당신의 점수가…

- **70~100 범위라면** 당신은 '상당한' 재능을 가진 것이다. 당신이 이루어 내는 성과는 일관되게 성과 기대치를 초과할 것이고, 이러한 경력에서 당신에게 필적할 만한 또래 그룹은 거의 없을 것으로 예상된다.

- **60~69 범위라면** 당신은 꽤 '유능한' 것이다. 우리는 당신의 성과가 일반적으로 기대치를 초과하고, 다음에 제시한 경력을 택한다면 평균 이상의 결과를 제공할 것으로 예상한다.

- **40~59 범위라면** 당신은 일관되게 '능력을 발휘하는' 사람이다. 다음에 제시한 경력을 택한다면 일관되게 성과 기대치를 충족하거나 능가할 것으로 예상한다.

- **0~39 범위라면** 우리는 당신이 다음의 경력들을 선택하는 데 '신중' 하기를 권고한다. 당신의 성격 유형은 이러한 경력들에서 성공한 다른 사람들과 공통점이 거의 없을 것으로 예상한다.

발명형 성격에 적합한 이상적인 경력

공학
신뢰성 엔지니어
산업 엔지니어
공장 엔지니어
엔지니어링 기술자
기계공학자
토목공학자

기술
네트워크 기술자
광섬유 기술자
계측 및 제어 기술자
공구 및 금형 제작자
통신 설치업자

운영
제조 시스템 운영자
제품 및 물류 운영 코디네이터
원자력 발전소 운영자

기계
기계공
전기 기계공
산업 기계 수리 기술자
기계 유지 보수 감독관
기계 유지 보수 관리자
기계 공학 기술자

하이브리드형 성격 DNA
매끄럽게 두 성격 사이를 자유자재로 오가는 예술

성격 정의

하이브리드형 성격은 두 가지 성격을 가지고 있으며,
두 성격이 하나의 복합적인 성격을 형성하는 것을 의미한다.
따라서 이 유형은 각 성격 유형의 다양한 특성과 재능,
직업적 관심사를 통합하여 표현한다.
내적으로는 전반적으로 단일하고 다면적인 성격이지만,
그중 지배적인 성격 특성들이 상충하면서
복잡한 심리 상태와 행동이 나타나기도 한다.

당신의 도전과제 인간은 복합적인 존재임을 세상에 상기시키는 것

하이브리드형 성격이 특별한 이유

✹

"나는 나 자신과 모순되는가? 좋다, 그러면 나는 나자신과 모순된다. (나는 크다, 나는 다수를 포함한다.)"
"그들은 개인이 아니라 다수로 존재한다. 그 넘쳐나는 재능을 감당하는 것이 항상 쉬운 건 아니다." - 미하이 칙센트미하이[339]

물론 많은 사람이 자기 자신을 단일한 자아로 보는 것을 선호한다. 하지만 당신은 하나의 페르소나 이상을 가지고 있다. 하이브리드형은 대부분의 사람과 달리 다면적이고 독특한 성격을 가지고 있다. 보통 사람들은 아주 지배적인 한 가지 성격 유형을 갖는다. 솔직히 다면적인 자신과의 관계는 때로는 혼란스러울 수 있다. 그도 그럴 것이, 요구 사항이 다른 두 사람과 사랑에 빠지고 그들에게 충실하려니 당신의 연약한 마음에 무리가 올 수밖에 없을 것이다! 그렇지만 두 가지 다른 성격이 결합된 당신은 각 성격의 고유한 장점도 모두 갖고 있다. 이중성격을 갖고 있는 사람들은 자신을 이렇게 묘사한다.

> "저는 다양한 영혼을 선물로 받은 사람이에요. 저만의 독특한 자아를 갖게 된 것은 정말 특별한 일입니다."[340]

심리적으로 양손잡이이고 다면적이고 복합적인 사람이 바로 당신이다! 진화로 인해 먼저 생명이 탄생했고 다음으로 복합적인 생명체가 나왔다.[341] 복합적인 성격은 그 길고 긴 과정을 거쳐서 진화된 것이다.
하이브리드형이 보여주는 복잡한 면모는 여러 가지 방식으로 나타난다. 예컨대, 수없이 많은 진로를 놓고 고심한다. 열정을 쏟는 분야도 다양하고, 독특한 재능도 많아서 고민거리가 되기도 한다. 그러나 당신은 이 모든 것을 하나의 성격 유형으로 감싸고 있다. 대자연은 다양성을 편애하기 때문에 복잡한 성격을 하나 정도는 만들어야겠다고 생각한 것 같다.[342] 그래서 자신이 누구인지를 잘 알고 있는 당신에게 여러 차원의 모습을 담아주었을 것이다. 이것은 당신을 특별하게 만들어주었을 뿐만 아니라, 두 가지 성격을 갖는 것이 심리학적인 수준에서는 긍정적인 면도 있다고 확신한다. 이 성격 유형은 자연스럽게 하나의 성격으로 발현되어 당신의 전체적인 성격을 만들어낸다.[343] 하이브리드형 성격을 보여주는 '슈퍼맨'이나 '슈퍼걸'을 생각해보라. 그들은 슈퍼 히어로의 아이콘으로 여겨지지 않는가! 그들이 얼마나 특별한가?

노벨상을 수상한 과학자들은 자신들이 가진 독창적이고 예술적인 성격과 과학적이고 분석형인 성격을 모두 사용해 얻은 이점을 설명한다. 레오나르도 다빈치도 저명한 과학자이자 시대를 이끌어간 예술가였다. 그의 관심사는 기술 발명, 과학, 수학, 고생물학, 건축에 그치지 않고 소묘, 회화, 조각, 음악, 문학에 이르기까지 실로 다양했다. 그는 하이브리드형 성격을 보여주는 최적의 사례다. 다빈치를 봐도 알 수 있듯이 하이브리드형은 정말로 희귀하고 드문 가치 있는 성격이라 할 수 있다. 다빈치와 닮은 점이 하나쯤은 있다는 것이 기분 나쁠 일은 아니지 않는가?

하이브리드형 성격은 당신의 인생에 큰 이점을 준다. 이 성격은 이란성 쌍둥이가 태어나는 비율(250명 중 1명)만큼 흔하지 않아서 통계적으로 당신은 매우 이례적인 경우다.[344] 하이브리드형 성격을 가진 당신은 어떤 문제를 놓고 여러 각도로 생각하고 따져본다. 그중 한 가지 유형은 당신이 멍청한 취급을 받지 않게 해주거나 당신이 곤경에 빠진 누군가를 멋지게 구해낼 수 있게도 해준다.

당신의 다양한 관점은 사물을 새로운 시각으로 대하게 할 것이고, 진부한 사고의 홍수 속에서 한층 고양된 사고를 하게 해준다. 당신이 가진 이 두 성격을 고맙게 여기고 그 독특한 재능과 관점을 안고 가는 법을 배워라. 결국 그것들은 모두 같은 사람에게서 나오는 것이다. 진정으로 다면적인 성격을 가진 바로 당신으로부터 말이다!

하이브리드형 성격, 당신은 누구인가

✳

하이브리드형 성격은 수천 년에 걸쳐 알려진 현상이었다. 점성술에도 쌍둥이 별자리가 있다. 하지만 건강한 사람이라면 아마 자신의 성격 유형 중 한 가지를 더 친숙하고 자기답다고 느낄 것이다. 당신은 그러한 '알파' 유형을 더 일상적이고 심리적인 일관된 페르소나로 보고, 그게 근본적으로 자신이 누구인지 말해준다고 생각할 것이다. 나머지 다른 유형은 사람들이 당신에 대해 생각하는 것보다 예측 불가능한 자신의 모습을 보여주고 싶은 특별한 때에만 드러낼 것이다.

당신의 그런 어려움을 과소평가하지 않는다. 다만 우리 모두 성격의 다양한 측면을 가지고 있다. 일부 사람들은 다른 사람들보다 더 내적 다양성을 가지고 있다. 한 가지 성격에 진실해지는 것, 즉 '자기 자신에게 충실하기'가 쉽다고 생각한다면, 하이브리드형이 가진 심리적인 복잡성을 상상해보라.

우리 대부분은 단 하나의 일관된 성향 페르소나가 인생을 더 수월하게 해준다는 믿음을 갖고 있다. 사회생활에서 특히 그렇다. 그렇지만 하이브리드형 사람들에게는 세상을 항해하는 것이 아주 골치 아프거나 어려운 일은 아니다. 어떤 사람들은 두 성격이 한 영혼에 얽힌 복잡성을 면한 것에 대해 감사할지 모르겠지만, 당신의 심리적 다면성을 인식한다면 오히려 경외감을 느끼게 될 것이다.

누군가가 마침내 당신을 완전히 안다고 믿는 순간, 그들은 당신 인격의 전혀 다른 요소에 놀라게 될 것이다. 그건 적어도 그들이 생각하는 당신의 모습과는 다를 것이다. 당신의 복잡하고 다면적인 성격을 진정으로 이해하기 위해, 다른 사람들이 당신의 이중 페르소나에 부여하는 많은 동의어를 떠올려보라. '복합적인, 독특한, 다면적인, 복잡한, 관련된, 다방면의, 변화무쌍한' 등의 단어가 있다.[345]

비록 당신이 덜 지배적인 성격을 알파 유형만큼 잘 사용할 때도 있지만, 두 가지 성격의 재능을 매일 동일하게 사용하는 경우는 드물다. 두 성격 중 어느 것도 다른 성격을 인식하지 못한다. 그러나 이는 다중 인격과는 달리, 명확하게 분리된 여러 인격을 경험하는 것이 아니다. 당신은 단일한 정체성을 강하게 느낀다. 두 정체성이 매끄럽게 공존하기 때문에 다면적인 성격 정체성에서 오는 정신적 고통은 없다. 이는 마치 부엌에서 나와서 침실로 들어가다가 행동을 바꾸는 것처럼 쉬운 일이다!

하이브리드형 성격은 우리의 적응형 리더

✷

대부분의 직원은 리더의 리더십 스타일보다는 리더가 보여주는 실질적인 성격에 더 신경을 쓴다. 하이브리드형 리더는 다채롭고 복잡한 기질을 가지는 경향이 있다. 이것이 당신의 리더십 역할에 깊이를 더해주고 범위를 확장시킨다.[346] 아마도 '예비 리더십 스타일'[347]이라는 개념을 만든 사람은 당신과 같은 하이브리드형 성격을 가진 사람일 것이다. 예비 리더십 스타일이란 하나의 리더십 스타일로 필요한 성과 수준을 끌어내지 못했을 경우, 다른 면을 보여주어 원하는 결과를 얻는 것이다.

유능한 리더의 전형적인 모습을 이야기할 때, 이목을 집중시키는 카리스마를 뿜어내거나 직원들이 기대 이상으로 성과를 내도록 동기부여하는 변혁적 리더를 떠올린다. 이처럼 한 가지의 확고한 리더십 스타일이 특히 빠르게 변화하는 시대에 가장 효과적인 리더십 스타일이라고 여겨지기도 했다.

또한 조직의 요구보다 자신을 따르는 팀원들의 요구를 우선시하는 섬김의 마인드를 가진 리더도 있다. 그러나 연구자들은 두 가지 리더십 스타일을 결합하는 것이 당신과 팀원들에게 더 유리할 수 있다는 결론을 내놓는다. 로테르담 경영대학(Rotterdam School of Management)의 인사 관리 교수 인 덜크 반 디렌도크(Dirk van Dierendonck)는 600여 명의 표본을 대상으로 리더십에 대한 연구를 실시하여[348] 두 가지 리더십 스타일을 가진 리더가 직원들을 이끌 때 직원들이 더 헌신적이고 참여적이 된다는 사실을 발견했다. 한 가지 스타일의 리더십은 일차원적인 리더를 만든다는 것이다.

생각해보면 직장은 다양한 사람이 모이는 곳이다. 사람들은 저마다 자기에게 맞는 리더십 스타일에 더 잘 반응한다. 그래서 두 가지 스타일을 결합하면 매우 간단하게 더 많은 사람을 참여시킬 수 있다. 적응형 리더십을 가진 리더는 직원들에게서 더 많은 헌신을 끌어낸다. 결과적으로 직원들은 한 가지 이상의 스타일을 가진 리더와 협력하는 데 더 적극적이고 열정적인 모습을 보일 것이다. 예를 들어, 기회형(카리스마, 진취적) 리더십 스타일과 사교형(관계 중심, 참여적) 리더십 스타일을 사용하는 하이브리드형 성격 리더는 좀 규모가 큰 기업 환경에서는 더 일반적이며 매우 성공적인 조합이다.

그러나 이중 리더십 스타일은 통찰력 있는 자기 인식과 자각 없이 구현될 경우 내재적인 도전에 직면할 수 있다. 예를 들어 결과형이면서 개인형인 리더는 리더십 역할을 수행하면서 관계와 관련된 문제를 겪을 수 있다. 이를 극복하기 위해서는 상황을 제대로 파악하고 잠재적으로 요구되는 일들을 처리하는 적극적인 노력을 해야 함은 물론 결과에도 집중해서 마음을 쏟아야 한다.

우리 모두 한 가지 성격 안에 여러 측면을 가지고 있다. 모든 것이 좋은 황금기가 오히려 리더십에는 도전일 수 있다는 것은 이미 알려져 있다. 그렇기에 통합된 리더로서 좀 더 성공적이고 효과적인 리더십을 발휘하려면, 당신이 가진 이중 성격의 모든 기술을 리더십 스타일에 의식적으로 통합하고, 이를 이점으로 활용해보라.

하이브리드형 성격을 가진 훌륭한 사람들

✺

- **헤디 라마르(Hedy Lamarr)** - 이 유명한 20세기의 여배우는 뛰어난 과학자이기도 했다. 그녀야말로 풍부한 상상력과 창의적인 재능이 뛰어난 분석력이 공존할 수 있다는 사실을 증명한 사람이다. 그녀는 영화 촬영 틈틈이 영화가 아닌 다른 일에 몰두했고 밤을 지새우며 과학을 향한 자신의 열정을 불태웠다. 하지만 너무 똑똑한 모습을 보여주면 영화배우로서의 그녀의 성적 매력이 반감된다고 고용주인 엠지엠(MGM) 영화사에는 환영받지 못했다.[349]

- **A.P.J 압둘 칼람(A. P. J. Abdul Kalam)** - 칼람은 미국 매사추세츠 공과대학에서 물리학과 항공우주공학을 전공했다. 그는 탄도미사일 기술 개발에 공로를 인정받아 '인도의 미사일맨'으로 불리기까지 했다. 그는 사랑받는 정치인이기도 했는데 '국민의 대통령'으로 지지를 받고 여러 권위 있는 상을 수상했다. 칼럼은 여러 해 동안 수석 과학고문으로 총리를 보좌하면서 물리학에서부터 국방, 의료 등에 이르기까지 다방면으로 활약했다.[350]

하이브리드형 성격의 역설적인 가치와 신념 그리고 철학

✳

이중 성격 또는 하이브리드형 성격은 서로 얽힌 가치관과 삶의 철학을 타고난다.
예를 들어 시인이자 작곡가인 상상력 풍부한 예술형 남자를 떠올려보자. 그의 친구들은 그를 '자유로운 영혼'의 소유자라고 부른다. 한편 부의 축적을 가치 있게 평가하고 태생적으로 비즈니스에 관심이 많은 기회형 성격의 여자가 있다. 그녀는 강인하고 통솔력이 있으며 카리스마가 넘치는 기업의 임원이다. 이 두 사람은 세계관도 너무나 다르고 주변 지인들만 보아도 극명한 대조를 이룬다. 경력의 행보를 두고 봐도 그렇고 서로의 철학도 맞을 수가 없다. 그들은 식습관도 다르고 가치관도 다를 가능성이 크다. 만약 이 두 사람이 결혼한다고 했을 때 어떤 문제가 생겨날지는 이 두 사람을 모두 아는 공통의 친구들이 당사자들보다 더 잘 알 것이다.[351]
자, 이제 다음과 같은 하이브리드형 성격을 그려보자. 두 가지 동등한 성격의 유전자가 합쳐져 얽혀 있는 사람을 말이다. 이 사람은 자신의 인생 철학을 하나로 합치고, 겉보기엔 합친 흔적이 남지 않도록 만들어 세상에 보여줘야 한다. 두 성격 중에서 당신의 마음이 더 끌리는 관점을 취해서 인생 전체를 관통하며 방향을 잡아줄 하나의 관점을 이뤄야 한다. 이 과정을 거치지 않고는 진정으로 무엇을 믿고 누구를 믿어야 하는지 알 수 없다. 자기 안에 있는 두 가지 다른 성격이 하나의 심리적인 토대를 가져야 한다는 뜻이다. 내적으로 이런 통합을 이루어내야 한다.

자신과 모순되는 점이 생기더라도 두려워하지 말아야 한다. 당신의 삶의 방식에 필연적으로 나타나게 될 모순을 오히려 소중히 여기도록 포용력과 편안함을 가져라. 이런 모순들은 사실 당신의 복합적인 심리와 정서 상태를 보여주는 신호다. 말콤 X(Malcolm X)는 자신의 자서전에서 이렇게 기록했다.

> "여러분은 내가 하는 말에 충격을 받을지도 모릅니다. 하지만 내가 목격하고 경험한 것들은 그동안 내가 품어왔던 사고 패턴의 상당수를 새롭게 재구성하고, 이전에 내린 결론 중 일부를 버릴 수밖에 없게 만들었습니다. 이것이 나에게 그리 어려운 일은 아니었습니다. 저는 확고한 신념을 가지고 있지만, 언제나 사실을 직시하고 새로운 지식과 경험을 한다는 마음으로 인생을 받아들이려고 노력하는 사람입니다. 나는 항상 열린 마음의 자세를 유지해왔는데, 이러한 태도는 진리를 향한 모든 형태의 지적인 탐구와 함께 유연한 사고에 필요합니다."[352]

그의 말에서 두 가지가 눈에 띈다. 하나는 열린 마음의 자세이고, 다른 하나는 진리를 향한 지적인 탐구를 통해 새로운 현실에 직면하는 자세다. 이 두 가지를 중심으로 내면의 삶을 정리하면, 인생을 통틀어 품은 강한 신념과 가치조차도 말콤 X처럼 모순될 수밖에 없다는 사실을 받아들여야 한다.[353]

하이브리드형 성격과의 관계는 복합적이다

※

다음은 미국의 작가 앤서니 리치오니(Anthony Liccione)의 말을 약간 변형한 것이다.

> "당신의 복잡성은 타오르는 영광스러운 불꽃과 같고, 당신의 단순함은 범접할

> 수 없는 그 무엇이다. 그러나 누군가 당신을 이해하려고 시간을 들인다면 아름다운 무언가를 찾을 수 있을 것이며, 당신에게는 사랑받을 단순한 것도 있다. 당신이 사랑받지 못한 이유는 오해받기 때문이다."[354]

당신이 가진 이중 성격의 장점과 재능, 피할 수 없는 약점을 모두 건강한 대인관계에서 활용해볼 수 있다.

두 가지 다른 대안을 갖는 것은 특히 다양한 대인관계 시나리오를 만나게 되면 오히려 유리한 점이 될 수 있다. 예비 성격 유형을 적용할 수 있기 때문이다. 그러나 선택하는 것이 쉽지는 않다. 그 자체로 도전이고, 미래와 행복을 결정하는 위험이 큰 인생의 결정을 해야 할 때는 더욱 힘들다. 인생의 반려자를 선택할 때 잠재적으로 분열되는 느낌을 받는 경우가 그 예다.

> "필은 나와 잘 맞는 파트너인 것 같아. 우리 모두 과학에 열정을 갖고 있고 호기심이 정말 많기 때문이야. 그런데 데이비드도 너무 신실하고 사랑스럽고 배려심도 많은 이타형 성격을 갖고 있어. 그는 내가 필요한 것들에 민감하게 반응해주고 훌륭한 아버지가 될 것 같아!"

하나를 선택하면 다른 하나를 포기할 수밖에 없다.

당신과 효과적인 관계를 맺으려면 까다롭고 모순적인 당신의 성격을 잘 알아야 한다. 하이브리드형 성격에는 무작위로 발현되는 요소들이 있다. 우리같이 단순한 사람들은 매일 또는 매주 어떻게 반응을 해야 할지 감조차 잡을 수 없다. 당신의 복합성 때문에 마찰이 빚어지고 문제로 번질 소지도 물론 높다. 당신은 다른 사람이 쉽게 받아들이는 대인관계 유지에 필요한 규범이나 규칙을 따르는 것 정도로는 만족하지 않는다.[355]

어떤 사람들은 왜 사람들이 하이브리드형 성격의 사람들과 굳이 친구가 되고 함께하려고 하는지 궁금해할 수 있다. 하지만 대다수가 당신에게 끌리는 이유는 오히려 그 성격 때문이다. 우리 모두는 복잡한 존재를 다루는 도전과 모험을 즐긴다.

당신이 하이브리드형 성격이든, 아니면 그런 성격의 사람과 가까이 지내고 있든, 혼재된 두 성격 유형을 모두 포용하는 것이 조화와 성장의 핵심 열쇠가 될 것이다. 인생에서 선택의 기로에 있을 때 이 점을 명심하기를 바란다.

하이브리드형 성격의 의사소통 스타일

※

많은 사람이 비판받고 싶지 않아서 자기 생각을 말하기를 두려워한다. 남들과 다르다고 해서 '이상해 보인다'는 평가를 받고 싶지 않다. 하지만 당신은 전혀 그렇지 않다. 언제나 일관된 의견을 표현해야 한다고 생각하지도 않는다. 당신은 그때그때 할 말이 있다면 바로 표현한다. 말하지 않고 담아두는 것이 오히려 진정성이 없다고 생각하는 쪽이다. 진짜 하고 싶은 말을 회피하고 겉도는 이야기만 하는 것도 좋아하지 않는다.[356] 다른 사람과의 관계를 의미 있게 발전시키고, 당신의 인생과 주변 세상에 긍정적인 영향을 주게 하려면 습관적으로 반대만 하는 사람들은 무시하고 자신을 충분히 표현해야 한다고 생각한다.

당신을 짜증나게 만드는 것은 사람들이 지루한 질문을 한다거나 시시한 스몰토크가 아니라 뻔하고 겉도는 피상적인 대답이다. 당신 입장에서는 당신이 "잘 지냈어?"라는 질문을 던졌을 때 상대방이 "잘 지내"라고 대답하는 것은 정말 의미 없는 대화다. 그런 말은 차라리 안 하는 편이 낫다. 이런 이유 때문에 당신은 잡담을 멀리한다. 당신이 누군가에게 어떻게 지내냐고 물었다는 것은 진심으로 그 사람이 정말로 잘 지내는지 알고 싶다는 뜻이다. 그들이 좀 더 솔직하게 자신을 보여주고 표현해주었으면 한다. 그렇다고 해서 그들이 어떻다고 판단하고 싶지도 않다. 다만 당신이 알고 싶은 것은 누군가의 행동 이면에 있는 목적이나 개인생활의 복합성, 그들이 진정으로 인생에서 기뻐하는 일 등과 같은 것이다. 이런 것이야말로 당신이 음료수를 흘려도 모를 만큼 깊은 대화로 빠져들게 만드는 주제다. 이런 대화 중일 때 당신의 자아는 깨어난다.[357]

자신의 복합성을 이해하고 있다는 것은 당신이 정말 자랑스럽게 여기는 부분이다. 그래서 누군가가 다른 사람이나 일에 대해 깊이 있게 모르면서 쉽사리 판단을 내리면 당신은 매우 속상해진다. 당신에 대해서도 그렇게 쉽게 판단하는 것을 원치 않기 때문이다.

당신은 수많은 시간을 들여 자신의 내면을 들여다보고 관찰해왔기에 다른 사람들도 당신을 판단하려면 그 정도의 노력은 기울여줄 것을 기대한다. 사람들이 당신에 대해 복잡하다고 말하는 편이 더 좋다. 자신을 스스로 깊이 이해하기까지의 여정이 결코 쉽지 않았기 때문이다. 그 골칫거리 모순들에 대해 당신은 자신에게 감사할 줄도 알게 되었다.[358] 당신이 사람들을 알아가는 데 굳이 시간을 쓰는 이유다. 깊이 있는 자신의 경험을 통해 눈에 보이는 것보다 보이지 않는 것이 더 많다는 것을 알고 있다.[359]

하이브리드형 성격의 건강 관리

✳

앞에서 잠깐 다루었지만 정신 건강의 문제를 논외로 하고서는 하이브리드형의 건강에 대해 말할 수 없다. 많은 경우에 '다중 인격'이라는 심리적 현상은 정신 장애로 분류될 수 있지만, 항상 그런 것은 아니다. 하나의 정신 안에 둘 이상의 성격이 존재하는 것이 건강할 수는 없을까?

이에 대해 미국 듀크 대학 메디컬 센터의 신경외과 의사인 맥스 크루코프(Max Krucoff) 박사는 이러한 진단의 애매함을 거의 처음으로 인정한 사람일 것이다. 그는 이렇게 말했다.[360]

> "실제 물리적 뇌가 정신과 어떻게 상호작용하는지, 우리가 자아와 의식을 어떻게 식별하는지에 대한 이해 수준이 발전하고 있다. '나는 이렇다'라고 말할 때 그게 실제로 의미하는 것은 무엇일까? 무엇이 장애이고, 무엇이 변형된 정상인지 명확히 구분하기란 어렵다."

다시 말해, 성격은 무한대로 이야기할 수 있는 복잡한 주제다. 하이브리드형은 자신들이 건강하다고 주장한다. "이것이 우리의 현실"이라고 말하며 "왜 당신의 현실을 나에게 강요하는 거죠?"라고 반문한다. 당신의 성격은 사실 「진단 및 통계 편람(Diagnostic and Statistical Manual: DSM)」에 속해 있지도 않다. 당신은 두 가지 성격의 페르소나를 가지고 있다고 해서 반드시 감정적으로 고통을 겪는다고 생각하지 않는다. 오히려 두 개의 고유한 성격을 모두 의식적으로 잘 알고 있으며, 이는 '다중 인격'과 달리 한 성격이 다른 성격에 숨겨져 있지 않다는 것을 의미한다. 당신이 가진 페르소나는 분절된 성격들, 다른 자아나 상상의 인격으로 구성되어 있지도 않다. 당신의 독특한 성격은 같은 신체를 공유할 뿐이며, 영적, 심리적 행복을 향상시킨다.

당신은 어린 시절에 어떤 사회적 상황이었든지 간에, 또래 아이들과 약간 다르게 상황을 사진처럼 인식하는 것을 경험했을 수 있다.[361] 당신은 실제로 존재하는 친구와 친해지고 싶은 마음에, 당신의 눈으로 '상상 속의 친구'를 만들어냈을 수 있다. 대부분은 나이가 들면서 이런 행동과 생각도 줄어들지만 여전히 상상 속의 친구들과 보낸 좋은 추억을 간직하는 사람들도 있다. 어쨌든 당신은 보통 사람들과는 약간 다른 공간에 존재하는 것처럼 보인다. 약간의 미스터리 속에 머무르면서 자신도 모르는 자신으로 존재하는 게 재미있을 수 있다. 마음속에서 한 번도 가본 적 없는 미지의 세계로 가보라. 모든 것을 이해하지는 못한다는 사실을 인정하는 것이 우리 모두에게 필요한 진리일 수도 있다.

다양한 직업적 관심을 하나의 경력으로 융합하라

✳

심리학을 전공하는 학생으로서 나는 지그문트 프로이드와 칼 융이 전통적인 의사로서의 경력을 선택하는 데 갈등을 겪었다는 것에 감사했다. 만약 그들이 의학에서 만족을 찾았다면 오늘날 심리학 분야나 정신 건강에 대해 우리가 이해하는 바는 어느 수준에 머물러 있었을까?

나는 어린 시절 화학을 좋아했지만 그 무렵 매혹적이고 매력적인 심리학이라는 분야를 알게 되었다. 그리고 둘 중 하나를 선택해야 한다고 생각했다. 몇 년이 지난 후 나는 심리 및 경력 평가 (SuccessFinder)를 판매하는 같은 이름의 SuccessFinder.Inc. (www.successfinder.com)라는 회사를 설립했다. 우리가 수행하는 행동 및 경력 진단에 대해 이미 많은 사람이 세계 최고라고 말해주고 있다. 이 지표는 인간 본성이 갖고 있는 복합성을 전제로 한 성격 이론에 기초를 두고 있다. 그 밑바탕에는 내가 너무나 사랑하는 화학 주기율표를 만들어낸 과학적 정교함도 있다.

하이브리드형 관심사를 만족스러운 직업으로 구현해낸 수많은 사람의 예가 있다.

- **필립 C. 맥그라우(Phillip C. McGraw) 박사** – 미국 방송계의 유명인이자 작가, TV 쇼 「닥터 필(Dr. Phil)」의 진행자인 그는 임상 심리학 박사 학위를 가지고 있다.[362]

- **나타샤(Natasha)** - 나타샤는 대학에서 미술 학위를 받았지만 미술과 심리학에 똑같이 관심을 가지고 있었다. 그녀는 두 분야 모두 자신의 직업적 관심과 열정을 반영한다고 느꼈다. 결국 그녀는 이러한 관심사를 통합하는 것이 이상적이라고 생각했고, 예술 심리 치료사로서 대학원 과정을 이수했다.

- **디나 호글랜드(Deena Hoagland)** - 치료사였던 그는 수영을 좋아하지만 뇌졸중을 앓았던 아들이 돌고래와 같이 수영할 수 있도록 지역 해양 포유류 교육 시설로 데려갔다. 몇 년 후, 그녀는 특별한 도움이 필요한 어린이들에게 돌고래 지원 치료를 제공하는 비영리 단체인 「아일랜드 돌핀 케어(Island Dolphin Care)」의 전무이사가 되었다.[363]

- **리 고프(Lee Goff)** - 곤충학 석사학위를 받은 그는 범죄현장 수사에서 곤충을 사용하는 법곤충학이라는 뜻밖의 조합에 집중하여 연구했다. 그는 현재 하와이에 있는 차미나드 대학 법의학 과정의 학과장이며 미국 드라마 「CSI」와 같은 TV 프로그램에 자문을 해준다.[364]

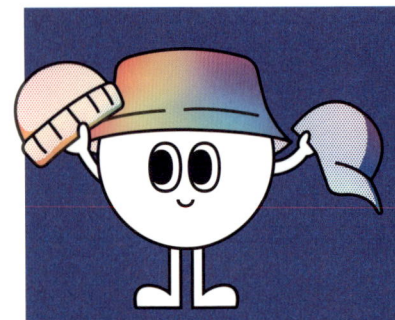

카멜레온형 성격 DNA
유연한 적응력을 발휘하라!

(성격 정의)

주변 상황과 타인이 기대한다고 생각하는 바에 따라
성격 유형을 달리하는 당신은
그야말로 타고난 적응력을 가진 사람이다.
이게 당신에게는 다른 사람들이 여러 상황에 맞게
옷을 바꿔 입는 것과 마찬가지로 아무것도 아닌 일이다.
당신의 자아는 제한되고
고정된 심리학 상자 안에 가두어지기를 거부한다.

당신의 도전과제 세상에 다양성을 가져오기

*참고: 카멜레온형 성격으로 분류하려면 진단에서 가장 높은 성격 유형 점수 3~4개가 50~55 범위에 있어야 한다.

카멜레온형 성격이 특별한 이유

✳

"나는 항상 평범하지 않은 소녀였다. 나의 어머니는 내가 정확히 북쪽을 가리키는 도덕적 나침반도 없고, 뚜렷한 성격도 없고, 저 대양처럼 넓고 흔들리는 내적인 우유부단함만 있는 카멜레온형 영혼의 소유자라고 말했다." - 라나 델 레이(Lana Del Rey), 미국의 가수, 작곡가, 프로듀서[365]

카멜레온형 성격은 매혹적이다. 이들은 실용적이고 독특한 성격의 소유자들이다. 일단 자신이 되고 싶어 하는 것을 선택할 수 있는 심리적인 자유를 가지고 있다는 면에서 다른 성격 유형과 확연히 구별된다. 이런 독특한 잠재력은 다른 성격 유형에서는 좀처럼 찾아볼 수 없고, 카멜레온형에게는 가시적인 노력도 필요 없어 보인다. 여러 성격을 광범위하게 아우르고 넘나드는 것을 보면 확실히 독특한 성격임은 분명하다. 이것이야말로 카멜레온형 성격 유형[366]의 가장 비범한 능력이다.

카멜레온형으로 분류되는 개인들은 다른 12가지 성격 DNA 유형에서 나타나는 통계상의 단일 행동 패턴이 나타나지 않는 사람들이다. 오히려 카멜레온형의 심리학적 정체성은 혼재된 형태로 나타나는데, 12가지 성격 DNA 중에서 관련 없어 보이는 특성들이 조합되어 있다. 사교형처럼 외향적이거나 통찰형처럼 내성적이거나 예술형처럼 혁신적이거나 분석형처럼 논리적으로 직선적일 수 있다. 또한 기회형처럼 경쟁적이거나 이타형처럼 관대할 수도 있다. 당신은 놀라울 정도로 행동의 유연성을 보여준다.

당신의 다채로운 특성과 그 다양성의 조합은 다른 어떤 성격 유형과도 다르게 보인다. 그럼에도 당신은 여전히 자신만의 독특한 성격으로 융합된 인격이다. 극소수의 사람만이 당신의 성격 기질처럼 독특한 조합을 가지고 있을 것이다. 마치 당신의 85가지 성격 기질이 유전적이거나 무작위로 선택되어 당신 안에서 독특한 방식으로 발현되는 것 같다. 이는 역동적이고 비범한 성격 재능으로 결합해 당신이라는 사람을 만들어낸다.

당신은 독특하고 재능을 발휘한다. 어떤 역할이든 성공적으로 연기하는 세계 최고의 배우들처럼, 당신은 자신이 원하는 모습을 표현하는 데 제약이 거의 없다.

카멜레온형 성격, 당신은 누구인가

✳

"나는 항상 나 자신이지만 다른 사람들은 다른 상황과 환경에서 내 성격의 다른 부분을 본다. 나는 사회적 카멜레온이다." - 익명[367]

카멜레온형 성격의 사람이 완벽하게 솔직하게 본연의 모습이 되거나 자신을 꾸밈없이 드러낸다는 것은 그리 쉽지 않다. 당신이 꼭 그렇게 해야 한다고 중요하다고 말하는 것도 아니다. 사실 당신이라는 사람은 전반적으로 남의 말에 신경을 쓰는 편이다. 그게 아니라면 실망감을 느끼거나, 마음에 상처를 받거나, 지나친 관심을 받으려 하고 타인의 기대에 부응하고자 이리저리 모습을 바꾸며 연기할 이유도 없을 것이다. 사회에서 살아가다 보면 자의 반, 타의 반으로 다른 사람을 수용하고 어느 정도 '맞춰가며' 살아가게 된다. 모르는 바는 아니다. 그럼에도 다른 사람을 그냥 따라 살지 말고, '진짜 자신'이 되는 것이 중요하다는 것을 기억해야 한다.

카멜레온형 성격에도 장점은 있다. 당신은 다른 사람들의 하찮고 우스운 취향, 고집불통, 거짓 덕목, 독특한 장점 그리고 희귀성을 존중하는 법을 능숙하게 익힐 수 있다. 하지만 중요한 것은, 자기 자신에게 솔직해지고, 복합적이고 적응 가능한 정체성을 유지하는 것이다. 인정받고 싶다는 욕구 때문에 다른 사람의 가치를 모방하지 않도록 주의해야 한다.[368]

더 구체적으로 설명하면, 카멜레온형의 성격 유형 점수 3~4개는 50~55 범위의 중상위에 위치한다. 이는 대부분의 사람이 한두 가지 상위 유형에서 65~80 범위의 점수를 받는 것과 비교된다. 심리학에서는 이것을 통계적으로 '구분되지 않는' 성격이라고 한다. 하지만 우리는 이것을 독특한 성격 DNA 유형으로 구분한다.[369]

카멜레온형 성격이 가진 사회적 유연함은 유용한 기술이다. 이는 사회적으로 소속감을 느끼고 싶어 하는 인간의 근본적인 필요가 발현된 것이다. 당신은 별로 큰 힘을 들이지 않고도 사교성과 과묵함을 넘나들 수 있다. 누구를 만나든지 같은 태도를 견지하는 사람이 되려고 하지도 않는다.[370]

카멜레온형은 몸의 색을 바꿔가며 흔적도 없이 환경에 스며드는 파충류의 모습과 흡사하다. 주체할 수 없을 만큼 흥이 넘쳐날 때도 있고, 아주 조용해져서 입도 뻥긋하지 않을 때도 있다. 외부의 자극이나 타인의 행동에 촉각을 곤두세우기도 한다.

연구결과들을 보면 딱히 분명한 성격이 없는 이런 유형의 사람들은 자기만의 확고한 선호도와 신념을 가진 사람들을 공격하지 않는다. 그저 물 흐르는 대로 살면서 남에게 싫은 소리를 하지 않는 단순한 성격이다. 예를 들어 점심 식사 장소를 물색할 때 당신이 선호하는 장소를 말할 필요가 없다고 느끼거나, 굳이 말해서 자기만 생각하는 사람으로 몰리고 싶지 않다고 생각한다면 당신은 너무나 카멜레온형 성격을 가진 사람이다.

칼 융은 무색무취의 성격은 대개의 경우 그다지 건강한 상태가 아니라고 언급했다.[371] 이 경우 자신을 정의하고 세상과 상호 작용하는 능력을 방해할 수 있다는 것이다. 이것이 사실이라면 그 반대의 더 엄격한 측면에 대해서는 뭐라고 말할 수 있을까? 정신분석가인 프랑크 라흐만(Frank Lachmann)[372]은 "최근의 견해는 덜 경멸적이다"라고 말한다.

> "가장 인격(As-If Personality, 현재는 경계성인격장애로 통합됨)은 인간에게 필요한 특성이며, 다른 사람을 공감하고 다른 사람의 입장이 되어보는 것의 극단적 표현이다."

이 주제에 대해 연구들은 어느 쪽이든 극단적으로 흐르지 않는 것이 좋다는 데 의견의 일치를 본다.[373] 흥미롭게도 당신이 성격 전환 기능을 신속하게 작동할 수 있는 이런 유형이라면, 사실 자신이 무엇을 하는지도 모를 만큼 자연스럽고 무의식적으로 하는 경우가 대부분일 것이다. 좋든 나쁘든 우리 모두에게 카멜레온형의 면면이 어느 정도 내재되어 있다.

카멜레온형 성격은 상황 대응이 빠른 리더다

✳

카멜레온형 리더십에서 얻을 수 있는 교훈은 최고의 리더들은 위기에 단순히 '반응'하는 게 아니라 '대응'한다는 점이다. 리더라면 자신이 통솔하는 사람들을 위한 방향으로 접근 방식을 재빨리 바꿀 수 있어야 한다.[374] 그렇게 하기 위해 카멜레온형 리더들은 자신이 이끄는 사람들을 깊이 이해한다. 그들은 다른 사람들이 문제에 접근하는 방식, 선호, 가치, 강점을 관찰하는 데 능숙하다. 따라서 카멜레온형 리더들은 그들이 이끄는 사람들의 전반적인 행동을 꿰뚫어 본다.[375] 이러한 정보를 바탕으로 소통 방식과 상호 작용 방식을 조정하며 영향력과 효율성을 높일 수 있다.[376]

카멜레온형 리더는 상황에 맞게 리더십 스타일을 언제 어떻게 바꾸어야 하는지 알고 있다. 리더십을 다루는 서적에서는 이것은 '상황적 리더십 스타일'이라고 부른다. 이 모델에서 효과적인 리더십이란, 한 가지 만능 리더십을 앞세워 사람들을 무조건적으로 따르게 하기보다는 "리더 본인의 스타일을 바꾸는 것"이라고 설명하는데,[377] 이런 관점에서 당신은 유리할 수 있다.

모든 사람이 다 다르기 때문에 당신의 자유 방임적 스타일의 리더십은 그들의 필요에 맞게 다른 성격도 포용할 수 있다. 공개적인 토론을 할 의욕마저 꺾어버리는 상사가 있는 반면, 카멜레온형 성격의 리더는 모두가 비판을 두려워하지 말고 자기 목소리를 내라고 권장한다.[378] 이를 통해 당신은 모든 회의석상에서 다루어지는 주요 관심사들을 숨김없이 파악할 수 있다.

따라서 당신은 프로젝트마다 가장 적합한 사람이 맡아서 임무를 수행할 수 있도록 능숙하게 위임하고 그 사람이 적응하게 도울 수 있다. 상황적 리더십 아래에서 일하는 사람들은 표현의 자유는 말할 것도 없고 상당한 수준의 자유를 누리며 일할 수 있다.

물론 업무에서 많은 재량권이 주어진 상황이 독단적인 리더십에 길들여진 사람들에게는 독이 될 수도 있다. 그럼에도 당신은 다른 사람에게 신뢰를 보여주는 것이 효과적인 리더십 전략이라고 확신한다. 그들에게 여러 가지 대안을 주고, 그중에서 자신만의 해결책을 찾아 주어진 업무를 처리하게 해준다.

당신은 변화에 가장 먼저 적응하는 사람이다. 당신은 유연성을 백분 활용할 수 있는 개방성을 가지고 있다. 이는 리더십 유형을 바꾸어가며 조직이나 경제 상황, 독려가 필요한 직원들에게 요구되는 변화에 대처할 수 있는 타고난 역량에 기반한다.[379]

카멜레온형 성격을 가진 훌륭한 사람들

캐릭터가 강하다고 평가받는 배우들을 보면 맡는 배역 마다 그 인물 자체인 것처럼 보인다. 관객들은 대개 배우가 맡은 캐릭터에 끌리기 때문에 그들의 연기를 좋아한다. 어떤 경우에는 배우들의 실제 모습도 같을 것이라고 상상하기도 한다. 카멜레온형 배우들은 자기가 맡은 배역을 실제처럼 느낄 수 있게 원래의 나는 제쳐두고 배역에 몰입하여 연기한다. 카멜레온이 환경에 자연스럽게 동화되듯 그 배역과 혼연일체가 되는 지경에 이르면, 그들은 캐릭터의 특성을 온전히 투영해 심리적으로 다른 사람이 되는 것이다. 그러면 그들의 열연을 보는 시청자들도 빠져들게 된다. 이런 연기를 하는 배우가 여럿 있다.

- **메릴 스트립** - 수많은 영화 비평가는 맡는 캐릭터마다 카멜레온 같은 변신을 멋지게 해내는 그녀에 대해 '현존하는 최고의 여배우'라고 극찬한다. 그녀는 21개의 배역으로 아카데미상 후보에 21번 올랐고, 그중에서 3번 수상했다.[380]

- **로빈 윌리암스** - 그는 수많은 종류의 캐릭터를 직접 새롭게 창조했고 비평가들에게서 '우리 시대의 최고의 코미디언'이라는 평가를 받았다. 그는 즉흥적인 캐릭터 창출 능력과 인상적인 목소리 연기까지 방대한 스펙트럼으로 유명했다. 그는 마치 대사를 읊는 중간에도 성격을 자유자재로 바꿀 수 있는 것처럼 보였다.[381]

- **리버 피닉스** - "나는 카멜레온 같은 특성을 가지고 있어서 내 주변 환경에 아주 능숙하게 녹아든다." 그는 자신을 이렇게 설명했다. 리버 피닉스는 영화 「스탠드 바이 미」에서 맡은 배역으로 급부상했고 시드니 루멧(Sydney Lumet) 감독의 「허공에의 질주」에서의 열연으로 아카데미상 후보에 이름을 올렸다. 「인디아나 존스와 최후의 성전」에서는 어린 인디아나 역을 맡았다.[382]

- **카르멘 델로피체(Carmen Dell'Orefice)** - 그녀는 패션 역사상 최고령 모델 중 한 명으로 수십 년간 「보그(Vogue)」를 비롯한 수많은 패션 잡지에 실린 인물이다.

    "모델로서 나라는 사람은 한 가지 정체성만 가지고 있지 않다. 나는 카멜레온이고 조용한 배우였다. 나는 형태가 없는 존재였고, 성격이 아니라 고독과 엄숙함으로 가득 찼었다."[383]

카멜레온형 성격의 철학과 가치

✴

성격으로 형성되는 정체성은 '자아'를 구성하는 요소에 대한 오랜 철학적 질문과 관련이 있다.[384] 이런 철학적 문제들은 매우 도전적이다. 생명 윤리학자들을 비롯한 학자들은 '성격이란 오랜 시간에 걸쳐 한 개인이 소유한 성질'이라고 주장해왔다. 개인이라는 정체성의 연속성은 수십 년간 수많은 철학자들 사이에서 지배적인 이론이었다. 이는 시간이 아무리 지나도 개인은 여전히 동일할 것으로 기대된다는 걸 의미한다.[385]

그 후에 개인의 정체성이 다른 사람들과의 관계나 문화에 영향을 받거나 그것에 기반을 둔다는 관계적 관점이 등장했다.[386] 더욱 진화된 생물학적 관점도 있는데, 이에 따르면 정체성은 긴 시간에 걸쳐 동일한 복합 유전자와 탄소 기반 유기체가 구성되어 형성된다. 앞서 설명한 철학들과 이론들을 종합한 다면적인 견해에 공감대가 모아지고 있다. 이러한 종류의 철학적 질문들은 결국 자신을 하나의 지속적인 정체성을 가진 사람으로 인식하는 것이 더 건강하다는 믿음과 일치하는 것으로 보인다. 아마도 카멜레온형에게 가장 놀라운 깨달음은 우리 중 누구든 표면적으로 보이는 모습이나 다른 사람들과의 관계로 정의되지 않는다는 사실일 것이다.[387] 당신은 인생에서 자신의 신념과 가치의 모호하고 모순된 본질을 인식하며, 이를 통해 완전히 옳거나 틀린 인생 철학은 없다는 믿음을 더 깊이 이해할 수 있다. 이 유연성은 종교를 언급할 때도 개인의 확고한 가치관을 언급할 때도 마찬가지로 적용된다. 그렇지 않다고 생각한다면 당신의 성격 중 많은 부분을 닫아 버리는 셈이다.[388]

카멜레온형 성격의 의사소통 스타일

✻

소통이 잘된 메시지는 단순히 유용한 정보를 제공하는 것에 그치지 않는다. 당신을 따르는 사람들이 긍정적인 신호로 받아들이고 반응하고 이해할 수 있는 방식으로 전달해야 한다. 카멜레온형 성격은 함께 있는 사람들의 필요를 채워주는 자신만의 소통 방식을 학습해왔다. 새로운 교류 방식이 대세가 된 코로나 팬데믹 이후의 세상에서는 카멜레온과 같은 유연한 소통방식을 배워야 한다.[389]
다양한 성격 유형을 마음대로 사용할 수 있는 당신은 세상과 소통하는 더 나은 방법을 찾을 수 있다. 주변 사람들과 소통하는 방식을 조절함으로써 당신의 영향력도 커지고 효율성도 높아지는 것은 물론이다.[390] 말하는 방식에서 유연성을 갖춘다면 더욱 효과적일 것이다.[391]
카멜레온형은 더 다양한 소통 스타일을 수용하는 흔치 않은 능력을 가지고 있다. 누구와 대화하든, 어떤 상황이든 당신은 청중에 따라 완급조절을 해가며 대화를 이끌어간다. 진지한 것들에 대해서 잠시 멈춰 생각해보도록 사람들을 독려할 수 있는 것도 바로 이런 완급조절 능력 덕분이다. 우리 모두가 획일화된 소통 방식을 버리고 다각도의 카멜레온형 의사소통 스타일을 채택한다면, 더욱 발전할 수 있을 것이다.

카멜레온형 성격의 대인관계

※

누구나 좋은 인상을 남기고 싶어 한다. 이런 열망이 거의 삶의 방식인 사람들도 있다. 영국의 시인 W. H. 아우덴(W.H Auden)은 사적인 자신의 이미지와 "다른 사람들이 나에게 호감을 갖게 만들기 위해 심어주려고 하는 이미지는 아주 다르다"라고 말한 바 있다.[392] 당신은 사람이나 상황 속에서 일어나는 분위기 변화를 즉각 감지해낸다. 그리고 바로 뛰어난 사교 능력을 발휘해서 인간관계 시나리오를 수정한다. 감정이 개입되어 힘들어지고 요동치는 상황에서 도움의 손길을 내미는 존재가 바로 당신이다.[393]

어떤 사람들에게는 주변 상황에 맞게 조절하는 것이 쉽다. 때때로 우리는 주변 사람이 누구냐에 따라 약간씩 행동 방식이 달라지는 자신의 모습을 보게 된다. 당신은 항상 외향적인가? 때로 더 내성적인 모습이 있는가? 그렇다면 카멜레온형인 당신은 둘 다에 해당한다. 어떤 순간에는 어느 쪽에도 해당되지 않을지도 모른다.[394]

일터와 사적 공간에서 맞닥뜨리는 갖가지 상황에서 끊임없이 분위기를 읽어내고 거기에 맞게 조절을 한다는 것 자체가 대부분의 사람에게는 엄청난 일이다. 얼마나 다양한 사람과 성격 스타일이 있는데, 어떻게 당신은 적절한 태도를 파악하고 인간관계에 대응할 수 있는 것일까? 자연 속의 실제 카멜레온처럼 변신에 아주 능숙하다. 특히나 비범한 능력의 소유자인 당신은 적절하고 자연스럽게 사회적 환경에 색깔을 바꾸어가며 적응한다. 대다수가 꿈꾸는 방식으로 말이다.[395]

다른 사람과 상호 작용할 때 '모방'과 '적응'의 차이를 이해하는 것이 중요하다. 전자는 심리적으로 그다지 유익하지 않으며, 후자는 환경에 적절하게 적응하는 것이다. 예를 들어 당신이 단순히 모방만 한다면, 다른 사람이 화를 내면 당신도 따라서 화를 내야 한다. 그런 방법은 분명히 적응을 통해 접근하는 방식은 아니다. 모방하는 대신 적응하려고 노력해야 한다.

이 구분은 다른 사람과의 갈등 상황에서 무엇을 해야 할지를 고려할 때 매우 중요하다. 대인관계에서 문제가 생겼을 때 적응하는 자세를 유지하는 것이 필수적이다.[396] 당신은 단지 주변 환경을 모방해 몸 색깔을 바꾸는 화려한 도마뱀이 아니다. 복잡한 상황이나 갈등의 구조를 이해할 수 있는 명석한 판단력을 가진 사람이다. 그렇기에 그때그때마다 가장 적절한 대응을 할 수 있다.

더 나은 결과를 위해, 전형적인 갈등 상황에서 당신이 감정적으로 어떻게 대응할 수 있는지 살펴보자. 당신의 애인이 감정적으로 격해진 상황에서 당신이 평정심을 유지한다면 갈등 상황은 줄어들고 행복한 결말로 마무리될 가능성이 크다. 마찬가지로 잔뜩 화가 나거나 스트레스를 받은 직장 동료나 상사와의 위기 촉발 상황에서 카멜레온형 성격은 똑똑하게 회유하는 갈등 관리 스타일을 제시한다. 향후 이런 대응을 당신의 경력에 정치적으로 유리한 지렛대로 활용할 수도 있을 것이다.[397]

카멜레온형 성격의 건강 관리

✵

혹자는 카멜레온형은 자존감이 결여된 타입이라고 말한다. 이를 공허함이나 자포자기의 감각을 일으키는 심리적 현상이라고도 한다. 미네소타 대학의 저명한 사회심리학자 마크 스나이더(Mark Snyder)는 사회적으로 받아들여지고자 하는 보편적인 욕구를 연구하는 전문가이기도 하다.[398] 그의 연구결과에 따르면, 사회적 카멜레온형의 극단으로 분류되는 사람들은 행복감을 느끼지 않는 경우가 있다.

잠시 생각해보자. 매일 자신을 주변 사람에게 맞추어야 직성이 풀리는 사람이 있다. 본연의 나를 감추고 가면을 썼다 벗었다 해야 하는 모순 속에서 산다. 그러고 싶지 않을 때에도 웃어야 할 때도 있다. 이러다 보면 심리적으로 진정한 자신의 모습을 부정하게 된다.

더욱이 인생을 이렇게 살다 보면 감정적인 고갈 상태에 이르고 만다. 매순간 적절한 사람이 되려면 사실 다른 사람의 반응에 계속 신경을 곤두세워야 한다. 남을 계속 의식하고 관찰하면서 자기 검열에 들어간다. 짧은 시간이든 긴 시간이든 이러한 모진 풍파를 견뎌내는 것 자체가 대단한 일이다.[399] 진정한 사교적인 카멜레온형들에게는 무엇이든 괜찮다. 그러다 보면 자존감을 잃어버리고 자기를 못 받아들이기도 한다. 애초에 '실제' 자신이라는 개념조차 내려놓고 집단 속에 파묻혀 누군가의 인정을 얻는다. 그러나 수많은 역할을 모방하고 연기한다고 해서, 가면을 벗고 자기 자신이 될 수 있는 진정한 관계와 소중한 친구, 안정된 동반자를 만들 수 없는 것은 아니다.[400]

사회적 카멜레온은 연애에 헌신하는 부류는 아니다. 오히려 다른 일을 하기 위해 연애를 기꺼이 포기하고, 데이트 상대와 정서적인 친밀한 관계를 형성하는 데 시간이 걸린다. 역으로 생각하면 단순히 흉내만 내는 함정에 걸려들지 않고 상대와 친밀감을 나누면서 진심으로 헌신하며, 다른 연애 상대를 물색하는 일에는 서툰 충성스러운 사랑꾼이다. 남을 의식하면서 남을 흉내만 낼 것이 아니라, 당신이 가진 적응력이라는 장점을 활용하면 정신 건강을 유지할 수 있을 것이다.[401]

카멜레온형 성격을 위한 식단

✳

나는 카멜레온형의 사람들이 먹는 것조차도 다른 사람에 맞추어 바꾸는지 궁금했다. 식습관은 사회적 분위기에 영향을 받기 마련이다. 카멜레온형은 혼자 식사하지 않을 때는 함께 식사하는 사람의 입맛에 맞춰 메뉴를 조정한다. 당신의 식단은 친밀한 사회적 관계를 반영한다. 당신에게는 타인의 행동에 맞추어주는 것이 적응력이고, 당신은 그것을 보람 있게 느낀다.[402]

당신의 식단은 다른 사람들, 특히 당신이 동질감을 갖는 사람들의 영향을 받는다. 또한 각 상황에서 식사 규범에 얼마나 주의를 기울이는지와 같은 요인에 따라서 달라진다. 예컨대, 절제되고 엄격한 채식주의자와 식사를 하면 그들의 취향을 수용하고 존중하지 않는 것이 더 힘들다. 유념할 점은, 사회적 식사 규범이 비만의 발생과 유지에 기여한다는 증거가 점점 더 많이 나타나고 있다는 것이다.

카멜레온형 성격의 경력 관리

✻

동일한 경영대학원 프로그램을 이수하고 졸업한 졸업생을 5년간 추적한 연구가 있다. 연구결과, 카멜레온형 사람들은 연구에서 '자기 자신에게 솔직함'으로 언급된 다른 유형에 비해 엄청난 우위를 점했다. 카멜레온형은 고용주와 직장을 다른 사람보다 더 자주 바꾸고 이직하면서 승진했다. 흥미로운 것은, 고용주를 바꾸지 않은 카멜레온형 사람들은 '자기 자신에게 솔직한' 유형보다 내부 승진 기회가 더 많았다는 것이다.[403]

회사 조직에 개인의 모든 것을 철저히 맞추다 보면 조직문화에 더 빨리 적응하게 되고 성공 가도를 달리게 된다. 이러한 적응력은 피상적으로 옷을 잘 입고 말을 잘하는 모습을 띨 수도 있고, 더 중요하게는 가족보다 일을 우선시하는 태도를 보일 수도 있다. 많은 사람이 이 사실을 무시하거나 맞서 싸우려고 하지만, 사실 이것은 지극히 정상적이고 경력이나 사회적 성공의 필수 요소다. 카멜레온형은 자연스러운 적응 성향을 가졌기 때문에 이런 특성을 무의식적으로 나타낸다. 파충류처럼 생존 본능이 진화되어 무의식적으로 발현되기 때문에 관찰이나 통제가 어렵다. 이런 행동의 원인이 무엇이건, 결국 자기 자신을 알고 마음을 다하는 카멜레온형은 직장에서 중요한 인물이 된다.

각 성격 유형은 고유한 강점을 키우고 가장 가치 있는 특성을 효과적으로 발현할 수 있는 환경을 찾아낼 때 최고의 성과를 낸다. 다재다능한 당신은 개인적 성취와 사회적 성공 사이에서 미묘한 균형을 찾을 때 번영할 것이다. 다른 모든 유형과 마찬가지로, 그렇게 할 때 당신은 성장할 뿐만 아니라 이 세상에 더 큰 기여를 할 수 있다.

다재다능형 성격 DNA
무한한 잠재력을 실현하라!

성격 정의

다재다능형은 다양한 형식의 사고와 잠재력으로 정의된다. 이 성격 유형은 평균 이상의 다양한 능력과 기술 수준을 보여준다. 이는 여러 전문 영역에서의 지식과 재능 그리고 업무 전문성을 포함한다. 당신의 잠재력은 인구의 상위 2% 이내이거나 더 희귀한 수준에 속한다.

당신의 도전과제 상상할 수 있는 모든 것을 해보기

*참고: 다재다능형은 상위 3개 (드물게 그 이상의) 유형 점수가 65~99점 범위에 있어야 한다.

다재다능형 성격이 특별한 이유

✳

"평범한 사람은 자신보다 더 높은 것을 알지 못하지만, 재능 있는 사람은 즉시 천재를 알아본다." - 아서 코난 도일 (Arthur Conan Doyle)

독특하다는 말을 들어본 적이 있는가? 당신은 특별함의 대명사다. 살면서 다른 사람들이 당신을 다음 단어들 중 한 가지로 지칭한 적이 있다면, 당신은 정말 특별한 사람이다. '떠오르는 신예', '잠재력이 높은', '영재', '가장 재능 있는', '신동', '천재', '센세이션을 불러일으키는', '경이로운' 이러한 호칭이나 표현은 당신의 고유한 특별함을 말해준다.

다재다능형이란 진정으로 재능이 다양한 사람으로, 발명가, 예술가, 음악가, 엔지니어, 지도 제작자 등으로 지칭되는 레오나르도 다 빈치와 유사하다. 당신의 경험과 관심사는 세 가지(드물게는 그 이상)의 서로 다른 성격 유형, 타고난 재능, 관심사 등에 걸쳐 있다. 다른 사람들은 당신의 다양하고 타고난 재능의 다면적 특성을 잘 알고 있지만 당신은 눈치채지 못하는 것 같다. 예를 들어, 커뮤니티 행사에서 100명이 모였다면, 당신과 비슷한 지능의 사람은 아마도 10명도 채 되지 않을 것이다.

잠시 생각해보자. 대략적으로 상위 10%에서 50%까지는 40만큼 차이 나고, 50%에서 90%까지도 40만큼 차이 난다. 그러니까 당신과 '평균적인 사람'의 차이는 평균적인 사람과 지적으로 하위 10%에 속하는 사람만큼 다르다. 당신은 이처럼 독특한 사람이다.

다재다능형은 대개 어릴 때부터 눈에 띄며, 다른 사람들은 당신의 독특함을 알아채고 "당신에게는 뭔가 다른 점이 있다"고 말하곤 한다. 하지만 그것이 항상 지적인 능력을 의미하는 것은 아니다. 나는 다재다능형 사람들과 함께 일하면서 그들의 독특하고 기발한 유머, 끝없는 질문, 강렬한 호기심, '가만히 앉아 있지 못하는' 모습을 보았다. 또 그들은 자신에 대한 이야기, 타인에 대한 소문, 최신 패션 트렌드, 어떤 TV 프로그램을 시청했는지에 대한 이야기보다는 '무한의 의미'나 '인류의 미래'에 대한 생각으로 관심이 쏠리는 경향을 보인다.

당신이 가진 특별함의 중심에는 세상, 직장, 가족 관계 등 다양한 주제와 해결해야 할 문제에 대한 다양한 지적 관점이 있다. 물론 여기에는 현저한 사회적, 정서적 성숙도도 포함된다. 요약하자면, 정신적 성숙의 핵심은 우리가 사는 세상을 독특하고 표준과는 눈에 띄게 다른 복잡한 방식으로 인식하는 것이다. 흥미롭게도, 다재다능함은 때때로 높은 성취로 이어지기도 하는데, 이는 흔히 볼 수 있는 현상이다. 독특하다는 것은 예측 불가능성을 의미하기 때문이다.

당신은 커리어 면에서나 학업 성취도에서 평균 이상의 성공을 보일 수도 있고, 그렇지 않을 수도 있다. 당신은 전통적이지 않은 다방면의 재능과 관심사에 유능할 가능성이 크다. 또한 전통적인 야망을 추구하거나 뛰어난 성과를 내는 데는 관심이 없지만, 평생 동안 자신의 존재를 바치는 한 가지 직업적 관심사를 추구할 수도 있다.

다재다능형 성격, 당신은 누구인가

✳

만능 재주꾼, 제너럴리스트, 르네상스형 인간, 전인적 인물 등 당신은 성격만큼이나 다양한 별명을 가지고 있다. 하지만 이러한 칭호들의 전통적인 의미와는 달리 다재다능형인 당신은 '모든 것을 조금씩 알고 있지만 어느 것도 깊이 알지 못하는 사람'이 아니다! 의심의 여지없이, 다재다능한 사람에게는 지루할 틈이 없다는 것을 이미 알고 있을 것이다. 다재다능형은 카멜레온형처럼 다양한 기대에 '사회적으로' 적응할 수 있는 능력을 가졌다기보다는, 다른 세 가지 성격 유형을 모두 합친 것과 같은, 평균 이상의 수행 능력을 발휘하는 사람이다. 한마디로 당신은 타고난 능력으로 여러 방면에서 뛰어난 능력을 발휘한다. 모든 주제에 대해 지식을 가지고 논의하거나 전혀 다른 직종에서도 잘해내는 모습에 사람들은 감탄할 것이다. 다재다능형은 다방면에서 적응 가능한 특성을 가지고 있다.

나는 내 경력 대부분을 다재다능형과 그들의 재능을 구별하는 데 힘써왔다. 일관성 있게 그들의 다면적 성격은 다음과 같은 특징을 보인다. 다양한 관심사, 독특한 전문성, 독창적인 사고, 높은 효율성, 그리고 가능한 모든 것을 해내려는 타고난 추진력이다. 당신은 성취하고 배우고 탐구하고 경험하고 보고 토론하고 공유하고 싶은 것이 너무나 많아서 끊임없이 자신을 밀어붙인다. 그래서 당신이 가장 자주 사용하는 표현은 "하고 싶은 일이 너무 많아요"다. 당신은 본래 끊임없이 노력하는 사람이다.

당신은 사람들이 엄청나게 복잡하다고 생각하는 것의 핵심에는 단순한 진리가 있다는 확고한 신념을 가지고 있다. 정해진 규칙과 편협한 시각에 의문을 제기하는 것은 당신의 본성이기 때문에 도전적인 행동을 하는 경향이 있다. 당신은 무엇이든 할 수 있는 재주꾼, 사회복지사 또는 음악가/예술가/작가로서 숙련도를 높이기 위해 배움의 기회를 찾는다. 다른 사람들에게 당신은 끝없는 호기심을 가진 빠른 학습자로 보이겠지만, 당신은 종종 자신의 한계를 인식하고 좌절감을 느낀다.

다재다능형 성격 덕분에 당신은 조금 더 뻗어나가고 어떤 모험에도 도전한다. 다재다능함은 위험을 감수하는 것과 거의 동의어라고 할 수 있다. 당신은 여러 주제와 새로운 기회에 동시에 대응하며 다각도로 집중한다. 따라서 '틀에서 벗어난 사고'라고도 하는 기묘한 연결고리를 만드는 것이 정상이다. 당신은 많은 것에 노출되어 있기 때문에 수평적 사고를 할 수 있다.

한 가지에 대한 전문성이 인류의 발전과 과학적 진보를 위해 중요하다는 것은 부인할 수 없는 사실이다. 하지만 다재다능한 열린 마음이 없다면 현실에서 아이디어의 교류는 거의 일어나지 않는다. 오히려 전문가보다 삶에 대한 다양한 관점을 가진 사람이 인류의 발전과 과학적 진보에 촉매제가 되는 경우가 많다.

인생을 헤쳐나가는 것은 이기기 위한 경쟁이 아니다. 그러므로 자신과 타인에 대해 비판적인 경향을 조절하길 바란다. 당신은 자칫 완벽주의자, 고집불통, 끈질긴 사람으로 인식될 수 있는데, 그럴 땐 잠시 물러서서 진정하는 게 최선일 수 있다.

다재다능형 성격의 인생 목표는
시간이 지나며 변할 수 있다

✸

우리는 내가 여기에 존재하는 목적을 찾고 이해하길 원한다. 이에 대한 전통적인 조언은 "자신의 열정과 재능을 따르라"는 것이다. 이것은 단일 유형의 성격에게는 좋은 조언이 될 수 있지만, 혼합 유형과 같이 다양한 재능과 관심사를 가진 사람들에게는 종종 더 많은 혼란을 일으켜, 엄청나게 많은 딜레마에 직면할 수 있다.

신기하게도, 삶의 목적이 항상 그 사람의 열정, 관심사, 호기심을 원천으로 삼지는 않는다. 다차원적인 재능과 관심사를 가진 사람들은 여러 주제에 대해 많은 것을 배우고, 알고, 다양한 기술을 익히기도 한다. 그러나 그렇게 한다고 해서 자기 자신에 대해 확실히 알게 되는 것은 아니다.

그렇기 때문에 대부분의 사람은 삶의 목적을 찾지 못해 혼란스러워하고 당황하며 길을 잃는다. 그것은 훨씬 더 근본적인 문제로 귀결된다. 대부분이 자신이 누구인지 사실상 아무것도 모른다. 사람들은 보통 삶의 목적에 대한 답을 엉뚱한 영역에서 찾는다. 그러나 그 해답은 자신의 진정한 성격을 발견하거나 자연스러운 '자아'를 발견하는 데 있다.

다재다능형인 사람은 본인보다 가까운 사람들이 자신에 대해 더 잘 아는 경우가 있다. 이 책은 당신이 어떤 성격 유형인지 알아보고, 그 과정에서 당신이 진짜 모습을 숨기기 위해 사용하는 가면을 벗을 수 있도록 돕고자 한다. '자신을 알라'는 명언과 같이 자아성찰을 통해 자신을 이해하고 인정하며, 인생의 여정을 더 잘 걸어갈 수 있다!

이 주제 대한 한 가지 지혜가 있다. '단 하나의 진정한 목적'을 찾아야 한다는 것은 신화에 불과하다는 것이다. 인생의 여러 단계를 거치며 우리의 우선순위도 변화하기 때문에 다양한 목적을 추구하는 것이 가장 좋다. 내가 깊은 내적 감각으로 느끼는 것이 있다. 원시적이고 유기적이며 유전적인 수준에서 봤을 때, 우리가 삶의 목적을 선택하는 것이 아니라, 목적이 우리를 선택한다는 것이다. 하지만 이를 위해 지적인 인내와 성찰, 자기 탐구가 필요하다. 이를 통해 삶의 목적이 당신을 찾아올 것이다.

다재다능형 성격은 올라운더 리더다

✳

다재다능한 사람들은 다양한 기술을 리더십 역할에 활용할 수 있어, 다른 사람들이 인식하지 못하는 독특한 기회와 문제 해결 관점을 제공한다. 자신과 다른 사람들을 쉽게 연결하고, 틀에서 벗어난 사고를 하며, 필요에 따라 목표를 재구성할 수 있으므로 당신이 이끄는 사람들에게 동기를 부여할 수 있다. 다재다능형 리더는 다양한 재능 도구 세트를 활용해서 도전적인 직장 상황도 해결한다. 다양한 주제와 전문 분야에 능숙하기 때문에 다양한 각도에서 문제를 해결할 수 있다. 그래서 다른 사람들이 이전에 고려하지 않았던 해결책을 추천해달라고 당신에게 의지하는 경우가 종종 있다.

오늘날 리더가 되거나 더 높은 자리에 오른 후 첫 18~24개월 내에 실패하는 사람이 65% 이상이다. 직장과 세상은 빠른 속도로 변화하고 있으며, 깊은 소양을 가진 전문 리더보다 다양한 재능을 가진 사람이 리더십 측면에서 유리하다. 지금 세상의 본질을 포착하는 용어가 있다. 그것은 'VUCA'로 변동성(Volatility), 불확실성(Uncertainty), 혼돈(Chaos) 그리고 모호함(Ambiguity)을 뜻한다. 이는 끊임없이 변화하고, 스트레스가 심하며, 혼란스러운 직장에서 항상 요구되는 우선순위를 감당하고 운영해야 하는 역설적인 압박을 의미한다. 이는 다재다능형의 모토인 "적응하지 않으면 실패한다"에 잘 맞는 것이기도 하다.

다재다능한 리더가 이끄는 팀은 더 적응력이 강하다. 고유한 재능을 가진 여러 구성원을 구별하고 그들에게 감사하는 마음이 필요하다. 많은 리더가 자기와 비슷한 사람을 고용하는 경향을 가지고 있다. 그러나 다재다능형 리더는 자신의 이미지에 맞는 사람을 고용해도 리더십에 결함이 생기지 않는다. 이들은 오히려 자신과 반대되는 사람들로 주위를 채워서 안전지대를 재빨리 벗어나기 때문이다. 당신은 구성원들이 다양한 기술, 재능 및 경험을 활용할 수 있도록 하는 것이 당신의 임무라고 여긴다. 민첩성은 다재다능형 리더의 특성이다. 그래서 이들은 예상하지 못하고 전례 없는 문제에 맞닥뜨렸을 때, 그 문제에 빠르게 대응할 수 있는 팀원들을 확보한다.

다재다능형 성격을 가진 훌륭한 사람들

✳

역사를 통해 우리 삶에 영향을 미친 여러 다재다능한 인물이 있다. 천재, 발명가, 인도주의자, 예술가, 자본가, 과학자 및 현자 등 천부적인 재능을 발휘한 사람들도 있었다. 다재다능한 특성을 보여주는 이런 사람들도 알아볼 수 있을 것이다.

- **레오나르도 다 빈치**: 이탈리아 르네상스 건축가, 음악가, 발명가, 기술자, 조각가 및 화가다. 그는 가장 위대한 화가 중 한 명으로 평가되며 아마도 가장 다양한 재능을 가진 사람으로 여겨진다.

- **루치르 싱(Ruchir Singh)**: 인도 출신으로, 인도판 기네스북인 '림카 북 오브 레코드(Limca Book of Records)'의 다재다능한 인물 부문에 올랐다. 그는 뛰어난 가수이자 배우, 감독, 프로듀서, 음악 감독, 작사가, 스토리 작가, 각본 작가로도 활동하고 있다. 그는 이렇게 말한다.

  "내 엔터테인먼트 경력은 나를 매료한 기차 기적 소리로 시작되었어요. 소리, 리듬, 언어, 글쓰기에 대한 애정이 커지면서 전문 스튜디오에서 작곡가 및 음향 엔지니어로 일하기 시작했죠."

- **대니 가르시아(Dany Garcia)**: 미국의 사업가이자 프로듀서로, 엔터테인먼트와 피트니스 산업에서 활발히 활동하고 그녀는 다재다능형의 훌륭한 예다. 그녀는 재능과 미디어 관리 기업을 소유하며 깊이 있는 진정성, 강력한 스토리텔링 및 열정으로 특색 있는 혁신적인 미디어 콘텐츠를 창출한다. 엔터테인먼트에 집중하지 않을 때는 헌신적인 어머니이자 평생의 인도주의자, 사회 운동가 및 프로 보디빌딩 선수다. 이 얼마나 다재다능한가?

다재다능형 성격의 대인관계

✳

"만약 당신이 특별하다면, 당신을 특별하게 만드는 것이 필연적으로 당신을 외롭게 만드는 것이기도 합니다." - 로레인 한스베리(Lorraine Hansberry), 미국의 극작자

먼저 다재다능한 사람이라면 겪을 수 있는 예민한 부분에 대해 이야기해보자. 당신은 보고, 알고 있는 모든 것을 다른 사람들과 공유하고 싶어 한다. 당신은 많은 지식과 날카로운 통찰을 표현하고 싶어한다. 하지만 당신이 관심 있는 것들에 다른 사람들은 관심을 갖지 않거나 호기심을 느끼지 않을 수도 있다는 사실을 인정해야 한다. 영화 「오즈의 마법사」에서 도로시 역을 맡았던 배우이자 가수 주디 갈랜드(Judy Garland)는 "내가 그렇게 전설적이라면, 왜 외로울까?"라는 말로 다재다능형의 특별함을 설명했다.

당신은 이 세상에 존재하고는 있지만 다른 사람들과 함께하는 것이 아닌 황혼의 영역에 있는 것처럼 다른 사람들과의 격차를 느낄 것이다. 대부분의 사람이 당신에 대해 잘 알지 못하고 당신과 공감할 수 없다는 것은 매우 흔한 일이다. 당신에게 즐겁거나 흥미로운 것은 다른 사람들에게는 그렇지 않은 경우가 많다. 당신은 그들을 이해할 수 없으며, 그들도 당신을 이해하지 못할 것이다.

이로 인해 느끼는 외로움에서 벗어나긴 어렵지만, 실망하지 않고 자신과 비슷한 사람들과 연결고리를 찾기 위해 다재다능한 소수의 사람을 찾는 것이 좋을 것이다. 내가 경험한 바로는, 다재다능형의 대인 관계는 몇몇 특별한 사람만으로 충분하다. 오히려 많은 사람과 함께하면 사회적 부담으로 느껴질 수 있다.

하지만 계속 설명한 바와 같이, 당신이 가지고 있는 가장 중요한 대인관계 기술은 다재다능함이다. 인간관계 관리는 일을 빠르게 잘 처리하는 데 핵심적이다. 오늘날과 같이 복잡한 세상에서는 어떤 어려움이 닥치더라도 '좋은 성과를 내야 한다'는 압박을 받게 될 것이다. 그런데 높은 성과는 직원의 문화적 다양성을 관리하거나 직장 안팎에서 다양한 인간관계 기술을 구사하는 등 다방면에 걸친 능력에 달려 있다.

긴장과 같은 감정적 방해물이 있는 상황에서 제대로 합의된 결정과 명확한 실행 계획을 수립하고 직원들의 참여를 이끌어내는 일은 복잡하고 어렵다. 당신은 다양한 대인관계 능력을 활용해 많은 갈등을 관리하고 긴장을 완화하는 책임을 맡게 될 것이다. 대인관계에 대한 당신의 기민함은 함께 일하는 팀원들이 당면한 문제를 해결하고 생산성을 달성하고 업무에 집중할 수 있도록 한다.

좀 더 일상적인 관점에서 보면, 다재다능형은 경제적 지위나 관심사, 인종적, 문화적 배경을 아우르는 다양한 우정을 추구해야 한다. 삶에 대한 끊임없는 열정을 경험하는 능력이 비슷한 친구들을 사귀는 게 중요하다. 나에게도 다재다능형 친구가 있는데, 그 친구가 흥미로운 사람들을 얼마나 잘 선택하고 살피고 유지하는지 감탄했다. 나를 포함한 그의 친구들은 누구도 서로 전혀 비슷한 점이 없었다. 하지만 우리는 그가 만들어낸, 우리가 함께할 기회를 놓치고 싶지 않았다.

진정한 사랑은 인생 최고의 복이 굴러와도 찾기가 어렵다고 한다. 다재다능형이 인생에 대한 관점을 공유하는 파트너를 찾는 것은 더욱 어려울 것이다. 대부분의 주제에 대한 당신만의 복잡한 견해와 삶에 대한 개방적인 접근 방식은 진정한 사랑을 찾는 데 어려움을 더한다. 다양하고 흥미로운 우정을 쌓는 것은 사회적으로 당연할 수 있겠지만, 앞으로 함께할 인생 파트너를 찾는 것은 어려울 것이다.

이럴 때는 어떻게 해야 할까? 의미 있거나, 의미 없지만 흥미진진한 관계 속에서 방황해야 할까? 아니면 자신과 똑같이 다재다능하고 흥미롭고 다차원적이며 도전적인 사람을 찾아야 할까? 한 다재다능형 성격의 사람은 이렇게 말했다.

> "내 인생의 파트너가 동시에 가장 친한 친구가 아니라면 대인관계에서 행복을 느끼지 못할 거예요."

다재다능한 성격에 가장 적합한 사람 혹은 성격 유형을 어떻게 식별하는 게 좋을까? 이에 대한 연구는 거의 찾을 수 없었다. 하지만 다행히도 당신이 다른 사람과 함께 행복해지기 위해 필요한 게 무엇인지를 설명하는 용어는 있다. 그건 바로 '사피오섹슈얼리티(Sapiosexuality)'라는 용어이다. 사피오섹슈얼리티란 다른 지식이 풍부한 사람에게 성적으로 끌리는 현상을 말하며, 이를 파트너의 가장 필수적인 특성으로 간주하는 것이다. 사피오섹슈얼은 성소수자 커뮤니티와 스스로를 사피오섹슈얼이라고 정의하는 이성애자 그룹에서 비교적 최근에 유행하는 단어라고 한다. 내 직감으로는 다재다능형이 성공적으로 커플을 이룰 때도 이와 비슷한 현상이 일어나지 않을까 싶다. 예전에는 '케미'라는 훨씬 더 간단한 용어가 있었지만 말이다.

다재다능형 성격의 의사소통 스타일

✳

은연중에 당신은 종종 높은 기준을 가지고 있으며, 당신의 기대에 부합하지 않는 다른 사람들에게 비판적일 수 있다. 비효율적이고, 여러 주제에 대해 무지하며, 폐쇄적인 태도를 보이거나 새로운 것을 배우려는 호기심이 없는 다른 사람들을 무시하거나 참지 못할 수도 있다. 결과적으로 제한된 관점을 가진 사람과의 대화에서 흥미를 잃거나 관심을 끊게 된다. 다른 사람들이 고정관념과 틀에 박힌 생각을 되풀이하거나, 어떤 정보에 대해 사실에 기반한 확실한 증거가 있는지 따지고 드는 걸 보면 당신은 귀를 닫을 것이다. 그러나 다재다능한 당신은 다른 사람들과 소통할 때 선호도의 차이를 인식하고 대부분의 사람이 이해받는다고 느끼도록 행동할 수 있다. 12가지의 다른 성격 유형이 각자의 고유한 방식으로 소통하는 걸 생각해보라. 대인관계에서 일어날 수 있는 잠재적인 갈등과 오해를 상상해보라. 이러한 다양성을 고려할 때, 당신은 어떤 사람이 다른 91.66%에 적응하지 못할 때 발생할 수 있는 일을 방지하기 위해 개입할 능력이 있다.

당신은 다른 사람들과의 다른 점을 인식하고 관리할 수 있다. 당신은 자기 자신과 대화할 때나 다른 사람들과 합의에 도달하거나 토론을 건설적으로 진행하기 위해 이러한 노력을 하곤 한다. 그렇기 때문에 이러한 다양성을 인정하고 소통하며 함께 일하는 데 능숙하다. 다른 사람의 소통 방법을 빠르게 인식하고 다른 사람의 '주파수'에 맞춰 접근 방식을 자연스럽게 수정할 수 있다. 이는 마치 라디오에서 다른 채널로 다이얼을 돌려 주파수를 맞추는 것과 같다. 요약하자면, 당신은 다재다능한 자신이 되기 위해 의도적으로 노력을 기울인다.

다재다능형 성격의 다차원적인 건강

✳

스스로 창의적이라거나 너무 강렬하다거나 예민하다거나 잠재력이 높다거나 영재라고 생각하는가? 원자력, 높은 지능, 인공 지능, 유전자의 이해와 같은 특별한 것들처럼, 다재다능형도 인생을 통해 위험과 놀라운 잠재력을 모두 경험할 수 있다.

심리분석가이자 정신건강 전문가인 허버트 프로이덴버거(Herbert Freudenberger) 박사의 『번아웃: 성취의 높은 대가(Burn-Out: The High Cost of Achievement)』를 읽었던 기억이 난다. 이 책이 '번아웃'이라는 용어를 처음 사용한 책이라고 하는데, 다음 구절이 나에게 큰 영향을 주었다.

> "불에 타버린 건물을 본 적이 있다면 그 광경이 얼마나 처참한지 알 것이다. 한때 활기차고 생명력이 넘치던 건물은 이제 황량하기 그지없다. 한때 활기가 넘쳤던 곳에는 이제 에너지와 생명의 흔적만 남아 있다. 겉으로 보기에는 거의 손상되지 않은 것처럼 보일지 모른다. 그 안으로 들어가야만 황량함의 진수를 느낄 수 있다."

이것은 다차원적인 성격을 가진 사람이 하고자 하는 모든 일에 압도되어 더 취약해질 수 있다는 프로이덴버거 박사의 경고다.

클린트 이스트우드는 영화 「더티 해리」에서 "사람은 자신의 한계를 알아야 한다"는 명언을 남겼다. 불에 탄 집은 번아웃에 빠진 사람의 상태를 적절하게 묘사한다. 번아웃은 '시스템 전반에 걸친 기능의 균열'이다. 너무 많은 방향으로 성과를 추구하고, 두뇌와 신체를 한계까지 밀어붙이고, 야망을 한계까지 밀어붙이고, 정서적 행복을 잠재력의 한계까지 밀어붙이면 이러한 결과가 초래된다. 다재다능형은 일반 사람들보다 더 많은 것을 보고, 더 많이 느끼고, 삶에 더 강하게 반응한다. 단 몇 시간만 더 있어도 너무 많은 것을 느끼게 될 때가 있다.

다재다능형이 보인 가장 큰 정신 건강 문제는 무엇일까? 아무래도 불안, 우울증, 낮은 자존감, 사회적 고립감, 심지어 학업 문제까지 겪을 위험이 높다. 신기하게도 고등학교, 대학교 등 학교를 중퇴할 확률이 높고, 자신의 잠재력을 최대한 발휘하지 못할 것이라는 잘못된 믿음을 가지고 있을 수 있다. 이에 한 가지 해결책은 더 많은 휴식을 취하고, 명상하고, 운동을 하는 등 더 나은 자기 관리를 실천하는 것이다. 그리고 세상에 유능한 사람은 자신뿐만이 아니라는 것을 잊지 마라.

다재다능형 성격을 위한 식단

앞에서 언급했듯 다재다능형은 걱정, 즉 불안감을 더 많이 느끼는 경향이 있으며, 이로 인해 식욕이 저하되는 경우가 많다(또는 행동 특성에 따라 식욕이 증가할 수도 있다). 다재다능형은 집중력이 매우 뛰어나기 때문에 몰입한 상태일 때 뇌가 여러 가지 작업을 처리하는 경우가 많다. 미켈란젤로가 그림을 그릴 때 그랬던 것처럼, 작업에 너무 몰두한 나머지 식사를 잊어버리거나 식사를 귀찮은 일로 여길 수 있다.

다재다능형은 특정 작업이나 과제에 집착하고 건강에 해로운 일에 집착하느라 식사를 소홀히 할 수 있다. 마이클 잭슨은 음악 작업에 몰두하느라 평생 저체중이었던 것으로 알고 있다. 반면에 엘비스 프레슬리는 강박적이고 고뇌하는 예술가로 묘사될 수 있지만, 그는 확실히 음식을 사랑했다고 한다. 하지만 안타깝게도 이런 나의 관찰을 뒷받침할 만한 연구 자료는 없다.

다재다능형 성격을 위한 커리어 조언

✳

"자신이 하는 일에 매우 적합할 뿐만 아니라 자신의 일에 열정을 품은 사람만이 탁월한 결과를 만들어낸다." - 래리 캐시

다재다능형 성격의 커리어에 관한 난제

오늘날 빠르게 변화하는 취업 시장은 점점 더 경쟁이 치열해지고 있으며, 안타깝게도 과거에 성공으로 이끌어주었던 스킬은 구식이 되어가고 있다. 점점 더 많은 고용주가 다차원적인 능력과 다양한 재능을 갖춘 인재를 채용하는 데 집중하고 있다. 다재다능한 인재가 되면 다양한 분야에 걸쳐 적용가능한 기술을 효율적으로 마케팅할 수 있으므로 다른 동료들보다 돋보일 수도 있다. 전문가가 되는 것도 장점이지만, 다재다능한 직원은 전문가보다 더 포괄적인 능력을 갖추고 있어 발전 가능성을 높일 수 있다.

60년 넘게 진로 상담사로 일하면서 내가 가장 마음이 가는 사람들은 다재다능한 사람들이었다. 한편으로 그들은 직업을 선택할 때 고를 수 있는 옵션이 너무 많아서 성공할 게 뻔해 보였다. 그런데 안타깝게도 이것은 한 내담자의 가장 큰 문제이기도 했다.

> "수많은 가능성 중에서 어떻게 선택해야 하나요? 마침내 결정을 내렸다고 생각할 때마다 하나 혹은 그 이상의 다른 선택지를 포기해야 하는 고통에 사로잡히게 돼요. 심리학자, 화학자, 대학교수, 철학자, 수학자, 건축가, 심지어 엔지니어가 되는 것도 진지하게 고려했습니다."

사실 다재다능형이라면 누구나 훌륭한 커리어를 쌓을 수 있다. 요컨대, 최선의 선택을 하기 위해 고군분투하는 과정에서 당신의 다재다능함은 축복이자 저주이기도 하다. 가능한 방향이 너무 많고, 각기 다른 경로와 결과로 인해 때때로 스트레스를 받기도 한다. 다행히도 당신과 같은 다재다능한 사람들은 결단력을 가지고 있다. 여러 가지 잠재력이 있지만 결국에는 다른 선택보다 뛰어난 한 가지, 또는 양립 가능한 두 가지를 선택하게 된다.

다재다능한 에밀리 와프닉(Emily Wapnick)은 커리어 코치, 블로거, 커뮤니티 리더, Puttylike.com의 창립자이자 크리에이티브 디렉터로, 자신과 같은 다중 잠재력이 있는 사람들이 다양한 관심사를 통합하여 역동적이고 성취감 넘치며 계획된 순차적 커리어 경로를 만들도록 돕는 데 열정을 쏟는다. 그녀는 다재다능한 성격의 진정한 본질을 포착하기 위해 '다중 잠재력'이라는 용어를 만들었다.

그녀는 한 분야를 선택하여 전문가가 되는 사람과 달리, 다재다능한 사람을 여러 분야에 걸쳐 관심과 능력을 가진 사람으로 정의했다. 이 구분은 필요하다. 예를 들어 나는 작가이자 연구원, 과학자, 심리치료사, 산업심리학자이며, 이전에는 아동심리학자이자 운동선수였다. 하지만 내 타고난 재능과 관심의 핵심은 심리학이라는 한 가지 분야에만 있다. 심리학에 대한 다양한 관심에도 불구하고 나는 심리학을 배우는 학생이자 실무자를 넘어서는 것을 상상할 수 없다. 그렇게 했을 때 생겨날 고통이나 기쁨을 상상할 수 있기 때문이다.

다재다능형 성격에게 최고의 조언은?

- '관심 있는 모든 직업을 추구할 수 없다'는 사실을 인정하라. 진로 상담사로서 관찰한 바에 따르면, 커리어 측면에서 가장 성공한 사람은 자신의 야망에 집중하는 사람이다. 직업은 성취, 숙달, 재정적 안녕, 삶의 질에 대한 열정을 제공한다는 사실을 기억하라. 하지만 커리어에 모든 것을 쏟아붓지 말고 삶의 우선순위를 균형 있게 잡는 것을 꼭 훈련하길 바란다.

- 인생을 살아가면서 느끼는 즐거움 중 하나는 강렬한 호기심과 다양한 관심사에 빠져드는 즐거움일 것이다. 당신의 경우 이러한 관심사는 매우 다양할 수 있다. 하지만 여기에는 대가가 따른다. 어떤 직업에도 얽매이지 않는 삶에는 많은 불안과 자기 의심의 시기가 찾아오기 때문이다.

- 마지막으로, 평생 한 가지 방향이나 분야로만 커리어를 제한해야 한다고 생각하지 말았으면 좋겠다. 내가 아는 행복한 다재다능형 사람들은 의도적으로 다양한 커리어를 추구하기도 한다. 그들은 한 분야에서 다른 분야로 전환하는 복합적인 계획을 세웠고, 이를 위해 35년 동안 여러 교육 학위와 전공을 공부했다. 당신은 배우는 것을 좋아한다. 그렇기 때문에 교육을 목적의 수단으로 여기고 최대한 빨리 끝내려고 노력하는 사람들과 달리 '학교로 돌아가는 것'이 당신에게는 부담스러운 일이 아닐 것이다.

부록

12DNA
진단의
과학적
이해

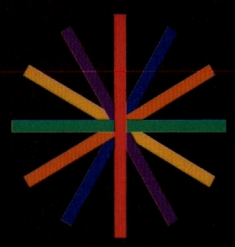

12✱DNA

왜 성격 DNA인가?

유전자와 성격에 관한 4,600만 건 이상의 참고자료가 있고 이 주제에 대한 연구도 풍부하다. 근래 이 분야의 연구들은 유전 코드와 DNA가 실제 개인을 형성하는 데에 얼마나 큰 영향을 미치는지 밝혀내고 있다. 과거에 믿었던 것처럼 인생의 경험이 자기 본연의 성격을 규정짓는 결정적 요인이 되지 않는다는 사실 또한 분명해지고 있다.

현재의 유전자 테스트만으로는 타고나는 개인의 성격 유형을 완벽하게 파악하기란 어렵다. 현재 연구 추세가 전반적으로 성격 유형의 복합성보다는 개별 기질에 중점을 두기 때문이다. 매우 복합적인 심리 상태를 감안하여 당신의 진짜 성격 '유전자'에 가장 가까이 접근하는 방법이 바로 '성격 DNA 진단'이다.

4,600만 건에 달하는 유전자 조사와 성격 연구를 통해 알게 된 것은 무엇일까? 유전학과 성격 심리학에 대한 깊은 지식을 바탕으로, 성격이 유전체 또는 유전자에 기반한다는 증거가 압도적이었다. 성격은 MBTI와 같은 네 가지가 아니라 12~15개의 독립적인 기질로 구성되고 표현된다. 12가지 성격 유형을 연결하는 특정한 유전적 결과가 각 성격 유형에 내재되어 있을 것이라는 이론적인 확률을 실제로 확인할 수 있었다. 여기서 발견한 내용은 우리의 다음 책 『성격 DNA-당신이 당신인 이유』에서 다룬다.

성격 DNA 연구 과정

우리는 종합행동평가를 완료한 4만여 명의 표본을 뽑아 요인 분석을 실시하고, 여기서 발견한 수학적 알고리즘을 개발하는 것으로 시작했다. 이들 4만 명의 표본에 나타나는 통계상 구별되거나 독립적인 총 85개의 성격 기질에 대한 광범위한 데이터를 분석했다. 이 과정에서 놀랍게도 통계적으로 구별되고, 복합적이면서 광범위한 성격 요인 6가지를 파악할 수 있었다. (이것은 외향성, 개방성, 신경성, 친화성, 성실성 등 Big 5의 5가지의 성격요소와는 다르다.) 이 6가지 독립적이고 포괄적인 성격 요인은 통계적 극단을 잇는 연속체를 따라 존재하는 뚜렷한 성격 유형 12가지를 식별해낼 수 있었다. 각각의 극단은 10~15개의 다른 성격 특성들을 포함하고 있다.

6가지 포괄적인 성격 요인이 통계상으로 중요한 해석 근거가 되기 때문에, 우리는 그것들이 근본적으로 모든 사람에게 자연스러운 것이라는 가설을 세웠다. 따라서 이는 생물학적으로 구성된 것이다. 그런 다음 우리는 각 성격 유형과 관련된 DNA를 찾아 4,600만 건의 연구 참고 자료에서 유전자 및 성격 연구 문헌을 체계적으로 검토했다. 12가지 성격 유형의 가장 지배적인 특성들이 특정 유전자 게놈이나 표현형과 연결된다는 사실을 입증해주는 연구결과가 있는지 확인하고자 했다.

6가지의 포괄적인 성격 요인을 파악하는 요인 분석에서는 통계 컴퓨터 프로그램을 통해 85가지 특성들 간에 잠재적인 통계적 패턴이나 관계성을 찾아야 했다. 예를 들면 우리가 조사한 것 중, 혁신, 직관, 문화 특성은 '예술형 통찰 요인'으로 이름 붙이고, 단순하고 통계적으로 유의미한 하위 요인을 만들었다.

마찬가지로 여러 의미 있는 조합을 찾아본 결과, 혁신, 직관, 문화, 자아실현, 모험, 서면 소통, 유머, 위험 감수, 사회적 존재감, 자기표현 그리고 가시성과 같은 특성들이 통계적으로 유의미한 양의 상관관계를 형성하여 우리가 '예술형'으로 분류한 복합 요인을 형성하고 있음을 확인했다. 이러한 과정에서 데이터 분석에만 거의 40시간 이상을 쏟아 부었고, 이 프로그램은 통계상 잠재적으로 유의미한 비진틸리언(vigintillion, 1000의 21곱)의 조합을 찾아냈다. 이 수치를 정확히 표현하면 1에 0을 63개 붙인 수이고, 숫자로 표현하면 1,000,000,000,000,000,000,000,000,000,000,000,000,000,000,000,000,000,000,000,000,000 이다.

보통 85개의 통계상 구분되는 행동 기반의 특성들이 조합하여 단 6개의 복잡한 성격/요인을 만들어낼 확률은 지극히 희박하다. 그렇기에 우리가 발견해낸 것은 전혀 예상치 못한 것이었다.

기본적으로 이 과정은 여러 면에서 8가지 유전자/DNA 기반 혈액형을 구분해낸 것과 같은 과학적 발견만큼이나 천문학적인 규모였다. 이 수학적 과정을 통해 6가지 성격 요인 각각이 10~15개의 개별적이고 특정한 성격 특성 간의 통계적 결합을 포함한다는 사실이 밝혀졌다.

성격 진단을 위한 새로운 방향성

레아타 휴(Leaetta Hough) 박사와 연구진은 2015년 「조직적 행동의 연간 리뷰(Annual Review of Organizational Behavior)」학술지에 'Big 5를 넘어서: 성격 연구와 사례연구의 새로운 흐름(Beyond the Big Five: New Directions for Personality Research and Practice)' 라는 제목의 논문을 기고했다. 이 논문에서 그들은 보다 정확성 있는 성격 연구를 위해서는 측정 방법을 개선하고 모델링 접근법들을 재고할 필요성을 강조했다.

> "새로운 패러다임이 성격 연구에 도입되어야 한다. Big 5와 같은 광범위한 요인들 중 한 가지에만 주목하면 중요한 상관관계를 놓칠 수 있다. 이는 성격의 복합성을 이해하고 설명하기에 충분치 않다."

그들의 의견은 다음과 같다.

> "과학적인 완전성을 측정하는 한 가지 방법은 분류 체계의 질을 보는 것이다. 예를 들어 화학 원소의 주기율표는 완성도가 높고 과학계에서 가장 강력한 아이콘 중 하나라고 할 수 있다. 주기율표와 같은 성격 평가 모델을 만들어보면 어떨까?"

1) 이 모델은 원자적 요소(예: 수소)가 아닌 한 가지 단위의 성격 특성(예: 내향성)으로 구성된다.
2) Big 5 성격 모델에서 '개방성'이 통계적으로는 '내향성'과 구분되는 것과 같은 방식으로 각 특성은 통계적으로 서로 구별될 수 있어야 한다.
3) 화학의 분자와 마찬가지로 단일 분자를 형성하기 위해 복합체 원자들이 결합하는 것과 같은 방식으로(예: H_2O는 물을 형성하는 반면 H_2O_2 과산화물 과산화수소를 형성) 기본 구성 요소가 결합하여 '강력한 리더십'(예: 주장, 리더십, 결단력과 관련된 관련 특성들)과 같은 복합적 특성을 형성할 수 있어야 한다.
4) 마찬가지로 핵심적인 특성도 복합적인 성격 유형(예: 기회형 성격)을 형성할 수 있으며,

각 유형은 일반적으로 10~15개의 특성이 특정 배열로 서로 연결된 사슬(즉, 복합 요인)로 구성된다. 이는 화학에서 특정하게 배열되어 연결된 20개 이상의 원자로 구성된 아미노산 및 단백질과 같은 복합적인 유기 분자와 매우 유사하다.

위의 왼쪽에 있는 96가지 화학 원소 주기율표를 참고해보자. 주기율표에 있는 96개의 자연 원소 중 화학에서는 20개의 원자가 결합하여 복잡한 폴리펩타이드 분자를 형성한다(아래 그림 참조). 이제 85가지의 타고난 성격 특성을 가진 성격 주기율표를 보자. 화학에서처럼 특성의 띠가 서로 결합하여 복합적 성격 요인(유형)을 자연적으로 형성한다. 즉 복합 화학 분자들의 원자 사슬과 동일하다. 아미노산을 떠올려보라.

더 나아가, 우리는 요인 분석을 통해 6가지 광범위한 성격 요인이 각각 행동 연속체를 따라 확장된다는 걸 알게 되었다(예를 들어 기회형 vs 이타형). 12가지 성격 유형은 단일 요인으로 구성되는 것이 아니라(예를 들어 내향성 vs 외향성) 각각 10~12개 이상의 통계적으로 독립적인 파생 성격 특성으로 구성된다. 이 6가지 요인은 성격상에 존재하는 극단적인 특성을 보여준다. 이를 통해 우리는 통계적으로 차별화된 12가지 성격을 식별했다. 이는 6가지 요인은 그 연속체의 한 끝에서 하나의 극단(양의 상관관계의 특성들) 유형을, 다른 한 끝에서는 반대(음의 상관관계의 특성들) 유형을 나타냄을 의미한다.
철학자 아리스토텔레스의 미덕에 대한 개념, 즉 '용감함 vs 비겁함'을 떠올려보자. 이것은 미덕에 관한 균형 잡힌 표현이다. 우리 연구에서는 바로 기회형이 성격 요인 연속체[404]의 한쪽 끝에서, 기회형의 변형된 덕목인 이타형은 동일한 연속체 의 다른 끝에서 나타났다.

성격 DNA 3부작 시리즈

래리 캐시 박사는 성격 DNA를 주제로 하는 연작 시리즈를 집필하고 있습니다. 『12DNA』는 이 시리즈의 첫 번째 책입니다.
『Personality DNA - Discover Your True Self』는 12가지 고유한 성격 유형을 측정하

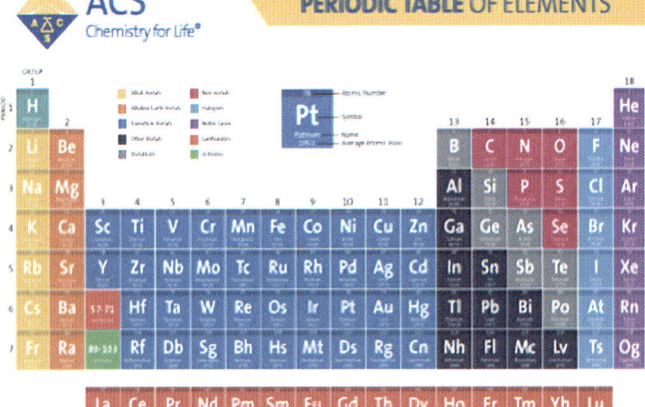

주기율표

진로 찾기 주기율표

는 정교한 성격 진단 체계를 담고 있습니다. 각 성격 유형에 대한 상세한 개요를 통해 자신의 성격을 깊이 있게 이해할 수 있도록 안내합니다.

『Personality DNA - The Science of Why You Are You』는 12가지 성격 유형과 개인의 고유한 유전자 간의 과학적 연관성을 최신 연구 결과를 통해 살펴봅니다. 이 책을 통해 태생적으로 형성된 자신만의 독특한 성격의 근원을 이해할 수 있을 것입니다.

『Personality DNA - Recover Your True Self)』는 후성유전적 경험이 우리 삶에 미치는 부정적 영향을 다룹니다. 이 책은 개인의 잠재력 발현을 저해하는 10가지 핵심적인 '자기효능감' 문제를 분석하고, 이를 극복하여 본연의 성격을 회복하고 진정한 자신을 되찾는 방법을 제시합니다.

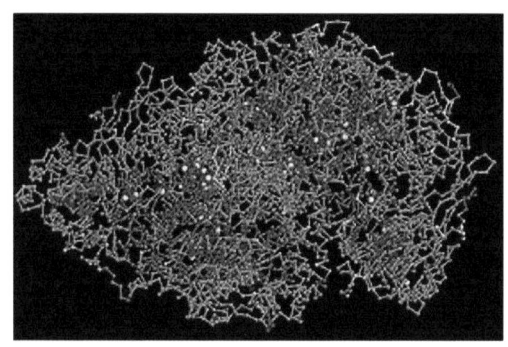

19개의 펩타이드로 결합된 복합 분자

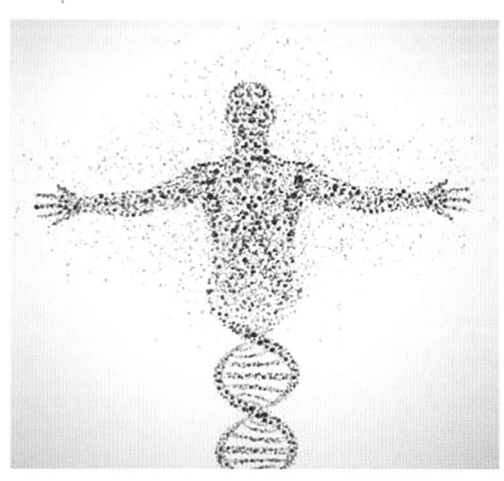

12개의 이타형 결합체의 한 유형인 복합적 성격

12✳DNA

12DNA는 12가지 성격 유형을 바탕으로
구성원들의 주요 성향을 분석하는
성격 진단 솔루션입니다.

이를 통해 서로의 관점 차이를 이해하고 존중하면서
팀 내에서 조화를 이루는 방법을 모색할 수 있습니다.
또한, 각자가 어떤 역할로 기여할 수 있을지
명확히 파악할 수 있도록 돕습니다.

12 DNA
활용 프로그램 소개

팀의 소통과 협업 강화 프로그램

자신을 발견하고 서로를 이해함으로써
팀 내 소통을 원활하게 하고,
협업 시너지를 강화할 수 있습니다.

I
자신의
Personality DNA
이해

YOU
타인의
업무 스타일과
소통 방식 이해

WE
- 성향과 관점의 차이 인식
- 상대방에 따른 맞춤형 소통
- 서로의 특성을 고려한 업무분담과 협업

One Team
팀 내 소통 효율성 향상

갈등 예방 및 협업 강화

팀 시너지 향상

12 ✳ DNA 결과보고서

 12DNA Result Report

12DNA 진단 결과로 6가지 중요한 질문에 대한 답을 얻을 수 있습니다.

- 당신이 세상을 지금처럼 바라보는 이유
- 당신이 특정한 심리적 특성을 갖게 된 이유
- 당신이 삶에서 따르고 있는 가치를 받아들이는 이유
- 당신이 대부분의 사람들과 비슷한 방식으로 관계를 맺는 이유
- 당신이 특정한 리더십 스타일로 사람들에게 영향을 미치는 이유
- 수많은 선택지 중 일부의 특정 직업만이 당신에게 동기부여와 금전적 성공을 제공하는 이유

 **12DNA Team Synergy Report**

구성원들의 결과를 하나의 맵으로 시각화하여
팀 전체의 시너지를 분석할 수 있습니다.

Part 1. TeamDNA Map: 전체 팀원의 대표 유형 분포

- 개인별 성격 유형 파악
- 팀의 특성 및 주요 관점 파악
- 조직 구성 및 업무분배 전략 수립

Part 2. Team Dynamics Map: 각 팀원의 성격요인별 균형

- 팀 내부 상호작용 파악
- 각 팀원의 기여 가능한 역할 파악
- 시너지 강화를 위한 실행계획 도출

12 DNA 워크숍

원팀을 위한 팀 시너지 워크숍

목적
- 개인과 팀 내 데이터 기반의 협업 소통 강화 프로그램

대상
- 빠르게 원팀이 되어 효율을 높여야 하는 팀
- 소통 이슈를 해결하고 협업을 강화하고 싶은 팀

기대효과
- Personality DNA 기반의 객관적 자기인식을 통해 성장 방향성 수립
- 상호 다양한 관점을 인식하고 유형별로 적합한 커뮤니케이션 방식을 적용하여 파트너십 함양
- 팀의 역동과 시너지 향상을 위한 전략을 수립하여 팀 성과 향상에 기여

프로그램 구성

모듈	주요 내용	교육 방법
사전 12DNA 진단	• 온라인 진단	
M1 원팀으로 가기 위한 준비	• 나를 보여줘 • 팀워크와 팀 코칭의 필요성 • 가치 기반의 협업 • 상생적 파트너십	강의, 토론, 시청각 자료 활용
M2 나는/우리는 누구인가?	• 12DNA 성격 유형 소개 및 디브리핑 • 유형별 커뮤니케이션 스타일 • 우리 팀 성격 유형의 특성 이해	강의, 토론, 역할극 실습 활동
M3 원팀을 위한 시너지 전략	• 팀 효과성 진단 • 고성과 팀의 커뮤니케이션 • 팀 역동 분석과 팀 아이덴티티 정립 • 팀 시너지를 위한 액션플랜 수립	진단, 토론, 강의, 전략수립 실습, 발표

커리어 개발, 소통 역량 향상, 리더십 개발 등
대상과 목적에 따라 다양하게 활용할 수 있습니다.

주니어를 위한 Career Coaching	리더를 위한 Coaching Language Course	직장인을 위한 Job Crafting
대상 • 커리어 목표 설정에 도움이 필요한 신입사원 • 앞으로의 성장 방향과 리더십 개발 계획 수립이 필요한 주니어	**대상** • 맞춤형 코칭으로 구성원의 성장을 촉진하고 싶은 팀장 • 다양한 성향의 구성원을 이끌어 팀의 성과를 높여야 하는 리더	**대상** • 현재 하는 일의 의미와 목적을 찾고 싶은 시니어 • 새로운 일에 빠르게 몰입하여 업무 성과를 높이고 싶은 경력자

참고문헌

1. https://www.wf-lawyers.com/divorce-statistics-and-facts/#:~:text=The%20divorce%20rate%20per%201000%20married%20women%20is%20nearly%20double,end%20in%20divorce%20or%20separation.
2. https://www.inc.com/marcel-schwantes/a-new-study-reveals-70-percent-of-workers-say-they-are-actively-looking-for-a-new-job-heres-reason-in-5-words.html
3. https://www.insidehighered.com/news/2017/12/08/nearly-third-students-change-major-within-three-years-math-majors-most
4. https://borderzine.com/2013/03/college-students-tend-to-change-majors-when-they-find-the-one-they-really-love/

기회형

5. https://en.wikipedia.org/wiki/List_of_largest_employers
6. https://www.forbes.com/sites/neilpatel/2015/01/16/90-of-startups-will-fail-heres-what-you-need-to-know-about-the-10/#74864599667
7. https://www.leadershipnow.com/leadershop/6763-7.html
8. https://mises.org/library/capitalist-and-entrepreneur-essays-organizations-and-markets
9. https://hbr.org/2004/09/why-people-follow-the-leader-the-power-of-transference
10. https://www.history.com/topics/inventions/henry-ford
11. https://www.abouttimemagazine.co.uk/life/top-10-young-female-entrepreneurs-to-watch-uk/
12. https://rollingout.com/2017/12/30/savannah-britt-youngest-magazine-publisher-turned-industry-plug/
13. https://millennialentrepreneurs.com/philip-hartman-2008-young-inventor-of-the-year/
14. https://in.pinterest.com/pin/292874781987109170/
15. https://www.bloomberg.com/news/articles/2010-01-12/philosophy-is-back-in-business
16. https://www.inc.com/geoffrey-james/business-success-can-cause-brain-damage-according-to-scientists.html
17. https://www.forbes.com/sites/prudygourguechon/2018/02/20/why-inspiring-trust-and-trusting-others-are-essential-leadership-capacities-within-bounds/#6df5426b5359
18. https://www.salesforce.com/ca/blog/10-communication-skills-for-business-success/
19. https://www.researchgate.net/publication/45092549_The_effects_of_becoming_an_entrepreneur_on_the_use_of_psychotropics_among_entrepreneurs_and_their_spouses
20. https://www.theatlantic.com/magazine/archive/2017/07/power-causes-brain-damage/528711/
21. https://www.independent.co.uk/life-style/powerful-people-brain-injury-traumatic-empathy-mirroring-keltner-study-science-a7807946.html
22. https://www.partnermd.com/blog/4-common-health-issues-faced-by-busy-executives
23. https://www.ncbi.nlm.nih.gov/pmc/articles/PMC1373477/?page=1
24. https://www.corporatewellnessmagazine.com/article/executive-health-a-top-priority
25. https://www.corporatewellnessmagazine.com/article/executive-health-a-top-priority
26. https://www.workitdaily.com/health-risks-facing-business-executives

이타형

27. https://greatergood.berkeley.edu/topic/altruism/definition
28. https://readingpartners.org/blog/martin-luther-king-day/
29. https://johnawarnick.typepad.com/seedlings/
30. https://www.fastcompany.com/38214/only-pronoid-survive
31. https://www.facebook.com/pearsonplc/posts/the-moral-of-the-traditional-chicken-little-story-is-to-have-courage-even-when-i/10155628234037068/

32	https://www.adl.org/sites/default/files/documents/assets/pdf/education-outreach/Responding-to-Bigotry-and-Intergroup-Strife-on-Campus.pdf
33	https://positivepsychology.com/compassion-at-work-leadership/
34	https://en.wikipedia.org/wiki/Altruism
35	https://www.goodreads.com/quotes/7503249-love-is-the-only-thing-that-doubles-every-time-it-s
36	https://profiles.nlm.nih.gov/spotlight/mm/catalog/nlm:nlmuid-101584639X135-doc/
37	https://www.goodreads.com/quotes/704857-a-beautiful-death-is-for-people-who-lived-like-animals
38	https://www.npr.org/sections/thetwo-way/2017/06/02/531218958/after-appeal-by-portland-survivor-more-donations-for-the-girls-he-defended
39	https://www.facebook.com/UCDavisHealth/posts/uc-davis-health-patient-missy-ewing-who-donated-a-kidney-to-a-stranger-is-featur/1791795880854865/
40	https://www.nationalgeographic.com/magazine/2017/08/science-good-evil-charlottesville/
41	https://www.nationalgeographic.com/magazine/2017/08/science-good-evil-charlottesville/
42	https://link.springer.com/article/10.1007/s10640-014-9836-2
43	https://www.theatlantic.com/magazine/archive/2007/10/the-selfless-gene/306196/
44	https://www.amazon.ca/Sociobiology-Abridged-Edward-Wilson/dp/0674816242
45	https://en.wikipedia.org/wiki/Physical_attractiveness_stereotype
46	https://greatergood.berkeley.edu/article/item/altruism_is_sexy
47	https://greatergood.berkeley.edu/article/item/altruism_is_sexy#:~:text=%E2%80%9CIf%20a%20man%20possesses%20 only,parts%2C%E2%80%9D%20the%20researchers%20report
48	https://english.stackexchange.com/questions/21115/is-using-and-or-recommended-for-formal-writing-or-is-it-frowned-upon
49	https://www.berkeleywellbeing.com/altruism.html
50	https://projecthelping.org/helpership/#:~:text=Helper's%20high%20is%20another%20name,is%20beneficial%20to%20human%20survival
51	https://patch.com/illinois/huntley/good-news-family-caregivers-1
52	https://www.lesswrong.com/posts/grP8nTMWm67RbKZwg/effective-altruism-through-advertising-vegetarianism

과정형

53	https://opentextbc.ca/introductiontosociology/chapter/chapter6-groups-and-organization/
54	https://open.library.ubc.ca/cIRcle/collections/ubctheses/831/items/1.0076942
55	https://www.linkedin.com/in/lisa-zaslow-25850a5
56	http://www.thricearoundtheblock.com/2010/11/process-vs-product-people.html
57	https://iep.utm.edu/design-arguments-for-existence-of-god/
58	https://www.nrc.gov/docs/ML0907/ML090710600.pdf
59	https://www.iedconline.org/clientuploads/Downloads/edrp/Leading_from_Within.pdf
60	https://www.eskill.com/blog/task-people-oriented-management/
61	https://fioregroup.org/conductors-in-the-workplace-what-we-can-learn-from-an-orchestras-leadership/
62	https://www.iedconline.org/clientuploads/Downloads/edrp/Leading_from_Within.pdf
63	https://www.facebook.com/story.php/?story_fbid=330848328403078&id=100044337403933&_rdr
64	https://medium.com/swlh/5-strategies-for-living-a-process-driven-life-2307dba048c2
65	https://plato.stanford.edu/entries/freewill/
66	https://positivepsychology.com/self-motivation/
67	https://www.kainexus.com/continuous-improvement/best-practices-for-continuous-improvement/incremental-improvement
68	https://medium.com/@peakberlin/why-we-should-understand-the-4-communication-styles-and-how-to-apply-them-bab43608a358

69 https://courses.lumenlearning.com/boundless-management/chapter/decision-making-in-management/
70 https://www.psychologytoday.com/ca/blog/the-truisms-wellness/201607/the-powerful-psychology-behind-cleanliness
71 https://www.huffpost.com/entry/home-organization-stress-survey_n_3308575
72 https://blog.doist.com/organize-your-life/
73 https://www.shape.com/lifestyle/mind-and-body/how-cleaning-and-organizing-can-improve-your-physical-and-mental-health
74 https://cleanhousemelbourne.com.au/clean-house-melbourne-regular-house-cleaning-service-is-good-for-you/
75 https://www.healthline.com/nutrition/how-to-meal-prep

결과형

76 https://hbr.org/2010/06/the-decision-driven-organization
77 https://hbr.org/2013/01/making-star-teams-out-of-star-players
78 https://www.cnbc.com/2015/01/26/working-more-than-50-hours-makes-you-less-productive.html
79 https://global.oup.com/us/companion.websites/9780199985500/stud/ch12/quiz/mcq/
80 https://www.hci.org/white-paper/power-context-driving-leader-success
81 https://ctb.ku.edu/en/table-of-contents/leadership/leadership-ideas/leadership-styles/main
82 https://www.insider.com/kim-kardashian-best-quotes-2018-10
83 https://money.cnn.com/2015/04/15/technology/mark-zuckerberg-hours/index.html
84 https://www.cnbc.com/2016/08/05/billionaire-richard-branson-says-a-key-to-his-success-is-a-habit-anyone-can-form.html
85 https://www.shrm.org/topics-tools/tools/toolkits/developing-sustaining-employee-engagement
86 https://www.goodreads.com/quotes/8192295-when-it-rains-look-for-rainbows-when-it-s-dark-look
87 https://www.telegraph.co.uk/family/relationships/glad-married-workaholic/
88 https://hbr.org/2018/07/creating-a-purpose-driven-organization
89 https://www.researchgate.net/publication/264117897_Research_on_Behavioural_Addictions_Work_Addiction
90 https://researchgate.net/profile/Pawel_Atroszko/publication/264117897_Research_on_Behavioural_Addictions_Work_Addiction/links
91 https://pmc.ncbi.nlm.nih.gov/articles/PMC4871532/
92 https://med.stanford.edu/news/all-news/2018/08/the-molecular-mechanism-underlying-hypertrophic-cardiomyopathy.html
93 https://pubmed.ncbi.nlm.nih.gov/36055959/
94 https://www.ncbi.nlm.nih.gov/pmc/articles/PMC3735932/
95 https://www.ncbi.nlm.nih.gov/pmc/articles/PMC4175558

통찰형

96 https://www.pinterest.ca/pin/349943833520503470/
97 https://ruor.uottawa.ca/bitstream/10393/32476/1/Wood_Matthew_2015_thesis.pdf
98 https://www.apm.org.uk/community/systems-thinking-sig/
99 https://medium.com/@wrydeology/developing-true-intelligence-is-this-f-scott-fitzgeralds-greatest-insight-b2b582b3551b
100 https://www.brainyquote.com/quotes/james_allen_133802
101 https://www.goodreads.com/quotes/9381119-our-intuition-about-the-future-is-linear
102 https://www.hawaii.edu/intlrel/pols382/Reflective%20Thinking%20-%20UH/reflection.html
103 https://www.circlesstudio.com/blog/what-is-thought-leadership/

104	https://www.forbes.com/sites/shelisrael/2012/03/05/what-makes-a-thought-leader/
105	https://www.ncbi.nlm.nih.gov/books/NBK216194/
106	https://www.brainyquote.com/quotes/abraham_maslow_159012
107	https://www.huffpost.com/entry/gloria-steinem-biggest-issue-women-face_n_562fa575e4b06317990f884a
108	https://www.bbc.com/news/magazine-21337504
109	https://quotefancy.com/quote/933/Albert-Einstein-The-world-as-we-have-created-it
110	https://www.metmuseum.org/toah/hd/epic/hd_epic.htm
111	https://www.globalonenessproject.org/sites/default/files/education/resources/livingonenessstudyguide_0.pdf
112	https://www.guerinconsulting.com/post/reading-about-mystical-experience
113	https://www.finn.agency/thought-leadership
114	https://www.goodreads.com/author/show/13906904.L_W_Brook/blog/tag/writing
115	https://www.insidehighered.com/views/2020/03/02/teaching-students-think-critically-opinion
116	https://en.wikipedia.org/wiki/Anthropic_principle
117	https://www.quora.com/Whats-it-like-being-married-to-a-genius
118	https://jamesclear.com/first-principles
119	https://www.fastcompany.com/919234/do-you-talk-think-or-think-talk
120	https://www.amazon.ca/Quiet-Power-Introverts-World-Talking/dp/0307352153
121	https://www.quotetab.com/quotes/by-marcus-tullius-cicero/11
122	https://www.artofmanliness.com/articles/lessons-in-manliness-the-childhood-of-theodore-roosevelt/
123	https://www.forbes.com/sites/alicegwalton/2013/08/06/why-the-brains-of-high-powered-people
124	https://www.goodreads.com/quotes/7786541-sleep-is-the-best-meditation-dalai-lama-quote
125	https://www.researchgate.net/post/Humanity_What_is_its_purpose
126	https://www.cambridge.org/core/journals/journal-of-psychologists-and-counsellors-in-schools/article/abs/purpose-in-life-a-brief-review-of-the-literature-and-its-implications-for-school-guidance-programs/A831B52159D191E5A7DDC0BD06774A5B
127	https://www.health.harvard.edu/blog/nutritional-psychiatry-your-brain-on-food-201511168626
128	https://www.amazon.ca/Think-Eat-Yourself-Smart-Neuroscientific-ebook/dp/B012H106Y4

사교형

129	https://personalitymax.com/multiple-intelligences/interpersonal/
130	https://www.mindtools.com/pages/article/building-rapport.htm
131	https://secure.glbrain.com/index.php?r=content/view&id=25993
132	https://www.weforum.org/agenda/2018/10/the-5-biggest-challenges-cities-will-face-in-the-future/
133	https://www.jstor.org/stable/26955974
134	https://interactioninstitute.org/tag/systems/page/6/
135	https://www.chronicle.com/article/how-to-make-your-teaching-more-engaging/
136	https://www.azquotes.com/quote/648340
137	https://www.healthline.com/health/what-is-an-extrovert
138	https://www.leadershipnow.com/leadershop/5091-4excerpt.html
139	https://courses.lumenlearning.com/atd-hostos-education/chapter/foundations-of-education-and-instructional-assessmenteffective-teachingintelligence/
140	https://linkstream2.gerstein.info/2019/09/10/on-the-origin-of-certain-quotable-african-proverbs/
141	https://www.forbes.com/sites/rodgerdeanduncan/2018/08/25/titles-dont-make-leaders/#2ec33cb56021
142	https://gethppy.com/leadership/social-leadership-changing
143	https://2012books.lardbucket.org/books/a-primer-on-communication-studies/s14-leadership-roles-and-problem-s.html

144	https://www.iedconline.org/clientuploads/Downloads/edrp/Leading_from_Within.pdf
145	https://www.newyorker.com/magazine/1998/10/12/american-hunger
146	https://healthland.time.com/2012/01/27/the-great-introverts-and-extroverts-of-our-time/slide/margaret-thatcher-prime-minister/
147	https://healthland.time.com/2012/01/27/the-great-introverts-and-extroverts-of-our-time/slide/bill-clinton-president/
148	https://www.theguardian.com/technology/2012/apr/01/susan-cain-extrovert-introvert-interview
149	https://blog.ted.com/an-introverted-call-to-action-susan-cain-at-ted2012/
150	https://www.goodreads.com/author/quotes/4101935.Susan_Cain
151	https://www.academia.edu/10433130/_ENG_PDF_Quiet_The_Power_of_Introverts_in_a_World_That_Cant_Stop_Talking
152	https://muse.jhu.edu/article/582065/summary
153	https://www.facebook.com/Paperbackstories/photos/im-generally-a-cheerful-person-im-usually-full-of-love-life-and-happiness-i-open/1156766967732220
154	https://theconversation.com/men-and-women-experience-happiness-differently-heres-why-104507
155	https://quizlet.com/321492588/interpersonal-communication-midterm-com-220-ua-flash-cards/
156	https://coolcommunicator.com/5-simple-ways-to-get-more-assertive/
157	https://www.ncbi.nlm.nih.gov/books/NBK327674/
158	https://www.sciencedaily.com/releases/2019/09/190917100449.htm
159	https://www.scientificamerican.com/article/quiet-disadvantage-study-finds-extroverts-are-happier-even-when-theyre-really-introverts/
160	https://www.sciencedaily.com/releases/2014/04/140415084528.htm
161	https://www.sciencedaily.com/releases/2019/05/190529113033.htm
162	https://www.newscientist.com/article/mg22530054-000-extroverts-may-have-stronger-immune-systems/
163	https://abcnews.go.com/Health/Sleep/sleep-loss-hits-extroverts-harder/story?id=12036024
164	https://www.nudge-it.eu/topics/you-are-what-you-eat-personality-and-brain-responses-to-food.html
165	https://www.researchgate.net/publication/223502596_Sweet_taste_preference_and_personality_traits_using_a_white_wine
166	https://www.indiatoday.in/world/story/if-you-are-an-extrovert-you-are-more-likely-to-be-fat-study-245879-2015-03-25

분석형

167	https://courses.lumenlearning.com/austincc-learningframeworks/chapter/chapter-7-critical-thinking-and-evaluating-information/
168	https://www.slideshare.net/slideshow/101-engineering-quotes-from-the-minds-of-innovators-workflowmax/72335048
169	https://whatagraph.com/blog/articles/analytical-intelligence
170	https://www.scc-csc.ca/judges-juges/spe-dis/bm-2003-03-07-eng.aspx
171	https://www.forbes.com/sites/forbescoachescouncil/2018/07/19/analytical-leaders-five-key-tips-to-increase-your-performance/
172	https://fs.blog/2017/10/finding-truth-history/
173	https://www.pearson.com/content/dam/one-dot-com/one-dot-com/us/en/higher-ed/en/products-services/course-products/berman-10e-info/pdf/CH10.pdf
174	https://online.hbs.edu/blog/post/data-driven-decision-making
175	http://www.scholarpedia.org/article/Inattentional_blindness
176	https://www.britannica.com/biography/Barbara-McClintock
177	https://medium.com/sci-illustrate-stories/dorothy-hodgkin-2b27d4f1adc1
178	https://www.hedgethink.com/michael-steinhardt-king-wall-street/#:~:text=From%20 1967%20 to%201995%20his,after%20a%2020%25%20performance%20fee.

179	https://hbr.org/1982/05/managers-can-avoid-wasting-time
180	https://observer.com/2015/03/love-is-not-enough/
181	https://hbr.org/2016/01/the-limits-of-empathy
182	https://www.aconsciousrethink.com/2347/20-things-you-should-know-before-dating-a-girl-who-thinks-too-much/
183	https://www.ncbi.nlm.nih.gov/pmc/articles/PMC5411330/?fd=5919341930653900|5317710456904024&lp=/what-fasting-can-do
184	https://www.medicalnewstoday.com/articles/270202#health-benefits
185	https://undark.org/2019/07/18/science-of-eggs/
186	https://www.health.harvard.edu/staying-healthy/butter-vs-margarine
187	https://www.insider.com/bad-habits-healthy-according-to-science-2018-5
188	https://www.inc.com/jeff-haden/yes-thomas-edison-actually-made-job-candidates-try.html
189	https://www.wprl.org/post/gastronomy-genius-historys-great-minds-and-foods-fueled-them
190	https://www.npr.org/sections/thesalt/2016/03/11/469543237/the-gastronomy-of-genius-food-and-drink-that-inspired-great-minds

통합형

191	https://geediting.com/11-signs-youre-a-highly-observant-person-who-sees-things-others-dont/
192	https://www.leadershipnow.com/leadingblog/personal_development/
193	https://www.verywellmind.com/carl-rogers-biography-1902-1987-2795542
194	https://www2.deloitte.com/us/en/insights/economy/covid-19/heart-of-resilient-leadership-responding-to-covid-19.htm
195	https://www.researchgate.net/publication/258040204_Fluid_Movement_and_Fluid_Social_Cognition_Bodily_Movement_Influences_Essentialist_Thought
196	https://hbr.org/2015/01/the-authenticity-paradox
197	https://learningforsustainability.net/systems-thinking/
198	https://www.scientificamerican.com/article/the-elusive-thoery-of-everything/
199	https://www.simplypsychology.org/carl-rogers.html
200	https://onlinelibrary.wiley.com/doi/abs/10.1002/9781119206477
201	https://hbr.org/2004/09/why-people-follow-the-leader-the-power-of-transference
202	https://www.amazon.ca/Why-CEOs-Fail-Behaviors-Derail/dp/0787967637
203	https://hbr.org/2011/12/first-lets-fire-all-the-managers
204	https://futureofworking.com/8-visionary-leadership-examples/
205	https://www.researchgate.net/publication/350500645_A_DETAILED_DESCRIPTION_OF_THE_DEVELOPMENT_OF_NINE_ACTION_LOGICS_ADAPTED_FROM_EGO_DEVELOPMENT_THEORY_1_FOR_THE_LEADERSHIP_DEVELOPMENT_FRAMEWORK
206	http://www.prizms-ahealingplace.com/spirit.html
207	https://www.huffpost.com/entry/6-ways-a-holistic-approach-can-change-your-life_b_8427336
208	https://www.ncbi.nlm.nih.gov/pmc/articles/PMC1479546/
209	https://www.frontiersin.org/articles/10.3389/fpubh.2016.00260/full
210	https://plato.stanford.edu/entries/moral-responsibility/
211	http://factsanddetails.com/china/cat3/sub10/item91.html
212	https://www.tandfonline.com/doi/full/10.1080/1553118X.2018.1456634
213	https://www.linkedin.com/pulse/holy-grail-effective-communication-dan-rust
214	https://www.emergenetics.com/blog/courageous-leadership/
215	https://directmedia.biz/news/the-best-communication-strategies-are-built-on-holistic-approaches-to-business/
216	https://healthateverysizeblog.org/tag/ivan-illich/
217	https://www.mentalhealth.org.uk/sites/default/files/impact-spirituality.pdf

218 https://summitforclinicalexcellence.com/partners/faculty/jon-robison/
219 https://pmc.ncbi.nlm.nih.gov/articles/PMC318470/

책임형

220 https://www.inspiringquotes.us/author/2545-august-wilson
221 https://www.weforum.org/stories/2017/10/how-growing-your-connectedness-can-make-a-global-difference/
222 https://blog.cognifit.com/responsibility/
223 https://topresume.com/career-advice/responsibility-vs-accountability-for-leaders-key-differences
224 https://www.livechat.com/success/stories-from-leaders-mistakes-lessons-learned/
225 https://www.mentorcliq.com/blog/steward-leadership
226 https://www.un.org/esa/socdev/documents/ifsd/SocialJustice.pdf
227 https://www.goodreads.com/quotes/18493-parents-can-only-give-good-advice-or-put-them-on
228 https://gowlingwlg.com/en/insights-resources/articles/2020/how-can-employers-look-after-employees/
229 https://www.goodreads.com/quotes/18493-parents-can-only-give-good-advice-or-put-them-on
230 https://www.brookings.edu/articles/the-sequence-of-personal-responsibility/
231 https://www.workboard.com/blog/language-of-accountability.php
232 https://www.workboard.com/blog/language-of-accountability.php
233 https://www.healthline.com/health/people-pleaser
234 https://sharischreiber.com/do-you-love-to-be-needed/
235 https://www.helpguide.org/articles/depression/depression-in-women.htm
236 https://positivepsychology.com/intrusive-thoughts/
237 https://www.camh.ca/-/media/health-info-files/guides-and-publications/ocd-guide-en.pdf
238 https://www.health.com/food/stop-food-guilt

개인형

239 https://www.goodreads.com/quotes/183896-man-is-by-nature-a-social-animal-an-individual-who
240 https://en.wikipedia.org/wiki/Individualistic_culture#:~:text=Individualistic%20culture%20is%20a%20society,identifying%20with%20a%20group%20mentality.
241 https://archive.vcu.edu/english/engweb/transcendentalism/authors/emerson/essays/selfreliance.html
242 https://www.researchgate.net/publication/275714450_Individualism_and_Collectivism
243 https://www.inc.com/laura-garnett/27-quotes-that-will-change-way-you-think-about-success.html
244 https://hbr.org/2018/05/structure-thats-not-stifling
245 https://courses.lumenlearning.com/atd-hostos-interpersonalrelations-1/chapter/communication-in-the-real-world-an-introduction-to-communication-studies/
246 https://eml.berkeley.edu/~groland/pubs/IEA%20papervf.pdf
247 https://www.brainyquote.com/authors/kobe-bryant-quotes
248 https://en.wikipedia.org/wiki/Ayn_Rand
249 https://www.brainyquote.com/authors/thomas-jefferson-quotes
250 https://www.brainyquote.com/authors/howard-hughes-quotes
251 https://www.goodreads.com/quotes/23471-the-smallest-minority-on-earth-is-the-individual-those-who
252 https://europepmc.org/article/med/25750808
253 https://en.wikipedia.org/wiki/Individualism
254 https://www.iedconline.org/clientuploads/Downloads/edrp/Leading_from_Within.pdf

255	https://philosophyterms.com/individualism/
256	https://www.reddit.com/r/quotes/comments/891rap/society_exists_only_as_a_mental_concept_in_the/
257	https://www.verywellmind.com/what-are-individualistic-cultures-2795273
258	https://www.justice.gc.ca/eng/csj-sjc/rfc-dlc/ccrf-ccdl/cases.html
259	https://www.slideshare.net/JohnDroz/energy-student
260	https://mog.dog/files/Intimate%20Relationships%20%287th%20Edition%29%20-%20Rowland%20Miller.pdf
261	https://www.lifehack.org/articles/communication/how-being-independent-improves-your-long-term-relationship.html
262	https://www.leadershipnow.com/leadingblog/personal_development/
263	https://www.enotes.com/shakespeare-quotes/thine-own-self-true
264	https://tinybuddha.com/blog/how-to-find-real-lasting-love-without-looking-for-it/
265	https://en.wikipedia.org/wiki/High-context_and_low-context_cultures
266	https://writingcenter.baruch.cuny.edu/files/2013/09/merkin_power_distance_and_facework_strategies.pdf
267	https://immi.se/intercultural/nr39/merkin.html
268	https://pubmed.ncbi.nlm.nih.gov/25750808/
269	https://archive.sharedjustice.org/domestic-justice/2017/6/14/how-individualism-undermines-our-healthcare
270	https://www.ecdc.europa.eu/sites/portal/files/media/en/publications/Publications/lets-talk-about-protection-vaccination-guide.pdf
271	https://www.nap.edu/read/24624/chapter/5
272	https://www.ncbi.nlm.nih.gov/pmc/articles/PMC2716237/
273	https://opentextbc.ca/introductiontosociology2ndedition/chapter/chapter-3-culture/
274	https://examine.com/nutrition/does-metabolism-vary-between-two-people/
275	https://en.wikipedia.org/wiki/Human_nutrition
276	https://examine.com/nutrition/does-metabolism-vary-between-two-people/
277	https://biblehub.com/exodus/16-16.htm

예술형

278	https://www.quotations.co.uk/topic_quote.php?topic=imagination
279	https://www.brainyquote.com/quotes/albert_einstein_121643
280	https://opentextbc.ca/introductiontosociology2ndedition/chapter/chapter-3-culture/
281	https://www.lrb.co.uk/the-paper/v20/n10/m.f.-burnyeat/art-and-mimesis-in-plato-s-republic
282	https://hi-in.facebook.com/windingwillowstudio/posts/joseph-campbell-philosopher-now-passedand-an-american-buddhist-once-said- that-w/1032832113592242/
283	https://scholar.google.ca/scholar?q=Source+%E2%80%93+MOMo++Features+and+perspectives+on+art+and+culture&hl=en&as_sdt=0&as_vis=1&oi=scholar
284	https://quizlet.com/19306010/apr-300-chapter-4-flash-cards/
285	http://marvin.cs.uidaho.edu/About/quotes.html
286	https://www.forbes.com/sites/worldeconomicforum/2020/01/09/when-an-artist-becomes-a-leader/
287	https://www.basicknowledge101.com/subjects/problemsolving.html
288	https://en.wikipedia.org/wiki/Walt_Disney_Animation_Studios
289	https://memoryou.it/persona/jane-austen/
290	https://en.wikipedia.org/wiki/Philip_Kotler
291	https://stories.moma.org/thinking-like-an-artist-translating-ideas-into-form-1ebed5bbd45
292	https://philosophynow.org/issues/108/What_is_Art_and_or_What_is_Beauty

293 https://iep.utm.edu/art-and-emotion/
294 https://resolutioncounselling.ca/resolution-articles/intimate-relationship-spiritual-crucible/
295 https://jonimitchell.com/music/song.cfm?id=83
296 https://www.businessinsider.com/do-creative-people-have-more-sex-partners-2012-1
297 https://www.sleek-mag.com/article/creative-couples-cope-isolation-love-lockdown/
298 https://www.bakadesuyo.com/2011/12/do-creative-people-have-more-sex-partners/
299 http://www.angelfire.com/md2/timewarp/tolstoy.html
300 https://www.linkedin.com/pulse/how-does-art-affect-culture-society-enri-mato/
301 https://courses.lumenlearning.com/suny-realworldcomm/chapter/3-2-functions-of-language/
302 https://www.independent.co.uk/news/science/bipolar-sufferers-likely-to-be-creative-6255435.html
303 https://www.amazon.com/Flight-Wonder-Investigation-Scientific-Creativity/dp/019998879X
304 https://www.amazon.com/Well-Informed-Patients-Arthritis-Surgical-Library/dp/0440212537
305 https://observer.com/2014/03/new-yorker-artists-eat-meat/
306 https://news.harvard.edu/gazette/story/2001/10/eat-art
307 https://www.featureshoot.com/2015/02/the-favorite-foods-of-famous-artists-illustrated-with-conceptual-still-life-photos/
308 https://www.finedininglovers.com/article/artists-palate-creatives-favourite-foods-zachary-zavislak

발명형

309 http://bonvictor.blogspot.com/2014/11/the-term-lateral-thinking-was-coined-in.html
310 https://hbr.org/2018/11/bring-your-breakthrough-ideas-to-life
311 http://marvin.cs.uidaho.edu/About/quotes.html
312 https://quoteinvestigator.com/2012/04/19/edison-no-rules/
313 https://www.creativityatwork.com/2014/02/17/what-is-creativity/
314 https://idea-sandbox.com/blog/difference-between-artistic-creative-ability/
315 https://www.researchgate.net/post/What_is_the_difference_between_creative_thinking_and_innovative_thinking
316 https://courses.lumenlearning.com/boundless-management/chapter/adapting-and-innovating/
317 https://hbr.org/2019/09/research-companies-led-by-inventors-produce-better-innovations
318 https://www.boldbusiness.com/human-achievement/bold-leader-spotlight-henry-ford-captain-of-industry/
319 https://br.pinterest.com/pin/100627372898769386/
320 http://www.notable-quotes.com/e/edison_thomas_ii.html
321 https://github.com/jammmo/OptimusPrime/blob/master/quotes.txt
322 https://www.theatlantic.com/magazine/archive/1995/12/the-undiscovered-world-of-thomas-edison/305880/
323 https://www.uspto.gov/learning-and-resources/inventors-entrepreneurs-resources
324 https://www.invent.org/blog/inventors/margaret-e-knight-paper-pag
325 https://www.washingtonpost.com/archive/lifestyle/1990/04/24/ideas/c38ea909-d98a-4e5a-a3bb-e4b2e53c2b2f/
326 https://thelifeadventure.co/how-technology-will-unleash-womens-true-potential-teslas-predictions/
327 https://teslauniverse.com/nikola-tesla/articles/nikola-tesla-and-women-only-love-great-scientist
328 https://www.nms.ac.uk/discover-catalogue/did-alexander-graham-bell-invent-the-telephone
329 https://www.ctvnews.ca/health/pocket-sized-ultrasound-machines-make-imaging-easy-1.2061274
330 https://worldwidescience.org/topicpages/s/smart+textile-based+wearable.html

331 https://time.com/5710295/top-health-innovations/
332 https://www.jonathanrothberg.com/about
333 https://hydrolit.weebly.com/blog/archives/11-2014
334 https://www.goodnet.org/articles/7-inventions-to-keep-food-fresh-for-longer-list
335 http://www.fao.org/3/a-i3437e.pdf
336 https://singularityhub.com/2019/10/20/the-technologies-changing-how-we-grow-distribute-and-consume-food/
337 https://www.chloerutzerveld.com/edible-growth#:
338 https://www.foodlogistics.com/sustainability/video/12042677/students-in-sweden-create-glutenfree-banana-flour

하이브리드형

339 https://lifehacker.com/i-am-large-i-contain-multitudes-5807145
340 https://spiritualgiftstest.com/spiritual-gifts/
341 https://www.nature.com/scitable/blog/accumulating-glitches/the_evolution_of_personality/
342 https://www.researchgate.net/publication/247857346_Arts_Foster_Scientific_Success_Avocations_of_Nobel_National_Academy_Royal_Society_and_Sigma_Xi_Members
343 https://en.wikipedia.org/wiki/Science_and_inventions_of_Leonardo_da_Vinci
344 https://www.babycenter.com/pregnancy/your-baby/your-likelihood-of-having-twins-or-more_3575
345 https://thesaurus.plus/synonyms/multifaceted
346 https://www.iedconline.org/clientuploads/Downloads/edrp/Leading_from_Within.pdf
347 https://in.sagepub.com/sites/default/files/upm-assets/67536_book_item_67536.pdf
348 https://discovery.rsm.nl/articles/117-combination-of-leadership-styles-means-success/
349 https://www.scientificamerican.com/article/hedy-lamarr-not-just-a-pr/
350 https://www.jagranjosh.com/general-knowledge/a-p-j-abdul-kalam-1531230250-1
351 https://web.stanford.edu/~wine/202/g-and-b.html
352 https://medium.com/@MikeSturm/why-we-should-embrace-contradiction-2e1f1decc972
353 https://en.wikipedia.org/wiki/Malcolm_X
354 https://devrant.com/rants/1080851/her-complexity-is-a-glorious-fire-that-consumes-while-her-simplicity-goes-unappr
355 https://www.mindtools.com/pages/article/good-relationships.htm
356 https://www.businessinsider.com/how-to-skip-small-talk-and-have-deep-conversations-2015-12
357 https://hackspirit.com/7-signs-unique-personality-everybody-secretly-admires/
358 https://www.vice.com/en/article/vdxgw9/when-multiple-personalities-are-not-a-disorder-400
359 https://www.ncbi.nlm.nih.gov/pmc/articles/PMC5468408/
360 https://marginalrevolution.com/marginalrevolution/2015/05/are-multiple-personalities-always-a-disorder.html
361 https://en.wikipedia.org/wiki/Eidetic_memory
362 https://www.britannica.com/biography/Phil-McGraw
363 https://www.ameridisability.com/post/island-dolphin-care-makes-a-splash-with-animal-assisted-therapy
364 https://movies2.nytimes.com/books/first/g/goff-fly.html

카멜레온형

365 https://www.goodreads.com/quotes/6876131-i-was-always-an-unusual-girl-my-mother-told-me
366 https://leadlifewell.com/blog/3-ways-to-be-a-remarkable-chameleon-like-leader/
367 https://www.pinterest.ca/pin/565835140666566386/
368 https://www.theemotionmachine.com/how-to-be-100-honest-with-yourself/

369	https://www.aconsciousrethink.com/10490/social-chameleon-personality/
370	https://www.leadershipnow.com/leadingblog/personal_development/
371	https://www.institute4learning.com/2020/04/10/the-stages-of-life-according-to-carl-jung/
372	http://webspace.ship.edu/cgboer/genpsyhumanists.html
373	https://www.nytimes.com/1985/03/12/science/social-chameleon-may-pay-emotional-price.html
374	https://www.bizjournals.com/phoenix/news/2020/04/15/leadership-lesson-great-leaders-respond-not-react.html
375	https://www.researchgate.net/publication/307598681_Effective_Leadership_is_all_about_Communicating_Effectively_Connecting_Leadership_and_Communication
376	https://findanyanswer.com/how-is-contingency-theory-applied-in-business
377	https://medium.com/management-matters/situational-leadership-explained-by-chameleons-8c5722761a1e
378	https://www.businessnewsdaily.com/4991-effective-leadership-skills.html
379	https://www.imdb.com/list/ls000797420/
380	https://www.imdb.com/title/tt0107614/trivia
381	https://www.biography.com/actor/robin-williams
382	https://rivjudephoenix.tumblr.com/post/175074919148/i-have-a-lot-of-chameleon-qualities-river-once
383	https://www.brainyquote.com/quotes/carmen_dellorefice_612639?src=t_identity
384	https://en.wikipedia.org/wiki/Philosophy_of_self
385	https://plato.stanford.edu/entries/identity-ethics/
386	https://opentextbc.ca/introductiontopsychology/chapter/1-2-the-evolution-of-psychology-
387	https://opentextbc.ca/introductiontopsychology/chapter/1-2-the-evolution-of-psychology-history-approaches-and-questions/
388	https://ses.library.usyd.edu.au/bitstream/handle/2123/16934/keith_kp_thesis.pdf?isAllowed=y&sequence=1
390	https://www.helpguide.org/articles/relationships-communication/effective-communication.htm
390	https://hbr.org/2020/05/the-downside-of-flex-time
391	https://leadlifewell.com/blog/3-ways-to-be-a-remarkable-chameleon-like-leader/
392	https://www.nytimes.com/1985/03/12/science/social-chameleon-may-pay-emotional-price.html
393	https://www.healthline.com/health/rapid-mood-swings
394	https://positivepsychology.com/introversion-extroversion-spectrum/
395	https://2012books.lardbucket.org/books/management-principles-v1.0/s06-personality-attitudes-and-work.html
396	https://2012books.lardbucket.org/books/a-primer-on-communication-studies/s06-02-conflict-and-interpersonal-com.html
397	https://www.linkedin.com/advice/0/how-can-you-adapt-your-conflict-resolution
398	https://exploringyourmind.com/social-chameleons-people-who-change-according-to-the-circumstances/
399	https://en.wikipedia.org/wiki/Self-monitoring
400	https://exploringyourmind.com/social-chameleons-people-who-change-according-to-the-circumstances/
401	https://www.nytimes.com/1985/03/12/science/social-chameleon-may-pay-emotional-price.html
402	https://psycnet.apa.org/record/2016-44067-004
403	https://www.jstor.org/stable/256612?seq=1

부록

404	https://plato.stanford.edu/entries/aristotle-ethics/

12가지 성격 DNA: 내 성격의 문을 열다

초판 1쇄 발행 2025년 2월 10일
지은이 Larry M. Cash, Carlos Davidovich
옮긴이 / 펴낸이 김재은
편집 및 교정 홍의숙, 정문미, 김순희, 최진영, 오유진, 허영숙
디자인 인권앤파트너스

펴낸곳 (주)인코칭
주소 서울특별시 서초구 효령로36길 28 502호 (방배동, 롯데빌라트2차)
전화 02-780-5464 / **팩스** 02-780-5465

등록 2018년 7월 27일 제 2018-000151호
ISBN 979-11-964797-5-6 (03180)

이 책에 대한 의견이나 오탈자 및 잘못된 내용에 대한 수정 정보는 12DNA 홈페이지 (https://12dna.me)나 이메일(support@incoaching.com)을 통해 알려주십시오. 잘못된 책은 구입처에서 교환해드립니다. 책값은 뒤표지에 있습니다.

*이 책의 저작권은 인코칭에게 있으며 무단 복제와 전재는 법으로 금지되어 있습니다.

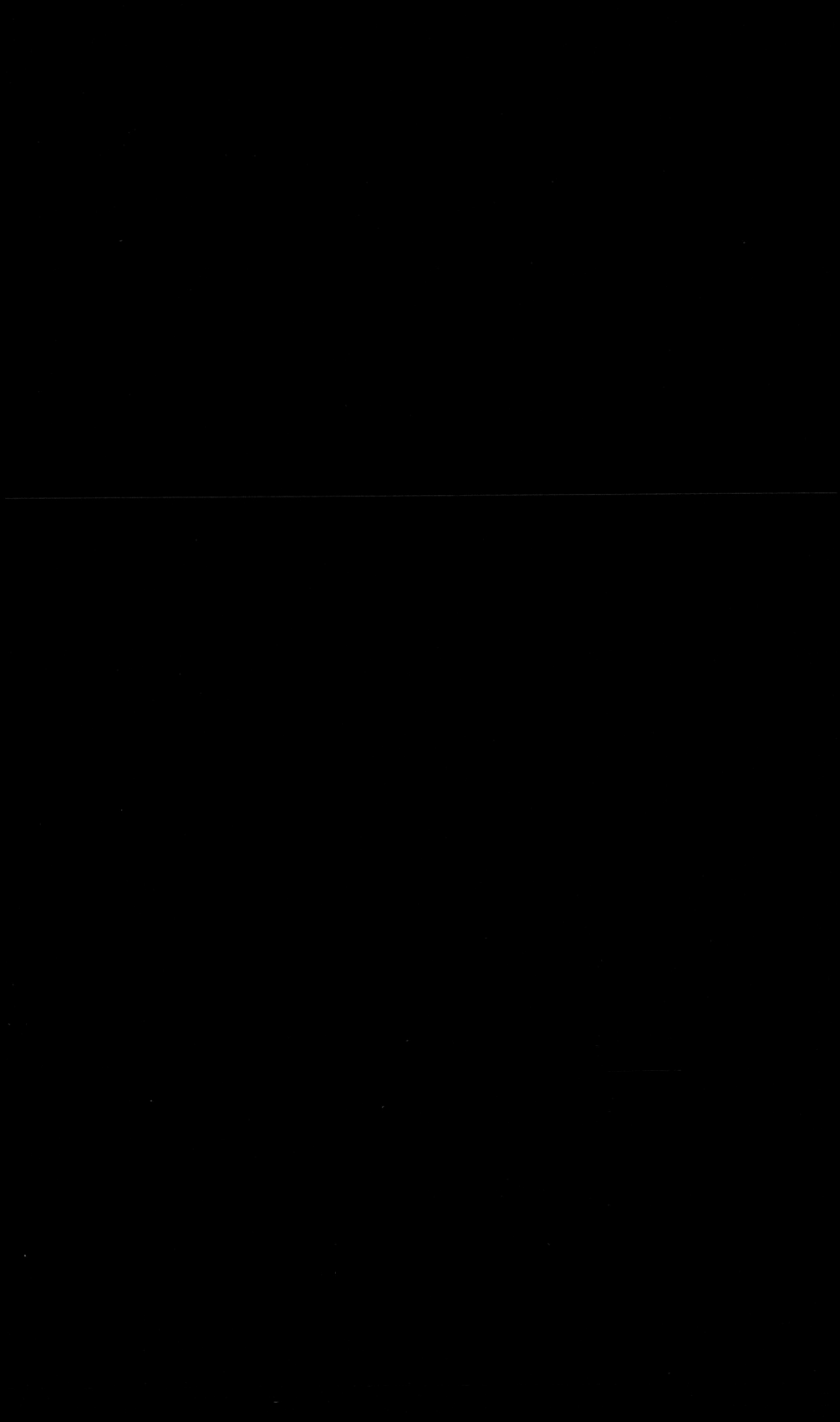